能源科学与管理论丛

主编 雷仲敏

Energy Law

能源法学

李响 陈熹 彭亮 ◎ 编著

山西出版传媒集团

山西经济出版社

总　序

当青岛科技大学雷仲敏教授主编的《能源科学与管理论丛》这样一套巨著摆在我面前时，我只能当学生了。虽然花了不少时间阅读，但感觉还是没有学透。

首先，作者们三年耕耘的认真治学态度和《论丛》涉猎内容的广度与深度均令我十分感动。其次，这套《论丛》有一个视野广阔的顶层设计，从已读到的《能源系统工程学》《能源工程学》《能源经济学》《能源环境学》《能源政策学》《能源管理学》和《能源法学》等，便可看到其内容的丰富和重要的参考价值。

能源是一个应用领域，也是一个综合性交叉学科。它既涉及科学、技术、工程与产业实践，又横跨自然科学、社会科学与哲学，并深度交叉于经济学、管理学、环境学、政策学与法学等各个方面。科学地规划和把握能源的发展，这些方面的知识真是一样都不能少。

在世界各国面临的能源问题中，恐怕中国的能源问题是最复杂、最费思索的。我们既面对着全球能源向绿色、低碳、高效转型的共同机遇，又需直面中国能源结构的高碳天然禀赋、资源环境制约、气候容量有限等严峻挑战。中国的能源工作者有责任深入研究我国能源问题的各个方面，推动能源革命、重塑能源发展路径、建设创新中国，实现中国的可持续发展。这条中国特色新型道路的创新将是中国对人类做出的最重要贡献。从这个意义上说，这套丛书作为宝贵的教材，对各行各业均是十分有益的参考书。

是为序。

杜祥琬

2016年元月6日

低碳时代能源科学研究的若干思考

（论丛前言）

人类社会发展的历史表明，人类关于社会与自然发展的科学认识，都是建立在特定历史时期人类关于自身与可感知的自然世界水平之上的。人类对其生存所依附生态环境的认识水平、价值观念、道德伦理等，必然会对包括能源科学在内的科学理论产生深远而又广泛的影响。当前，以全球碳失衡为主要标志而引发的低碳研究热潮，必将引发一系列新的产业革命，并进而有可能推动能源科学研究的历史性变革。

一、碳失衡与当代能源科学研究的历史使命

自人类社会诞生以来，人类的社会生产和生活方式大体经历了狩猎、农耕、前工业社会、后工业社会等四个阶段，目前正在向信息化社会过渡。在不同的经济发展阶段，人类社会面临的困难和矛盾也各不相同，因而能源科学研究也有其所不相同的历史任务。从不同时代人类社会经济增长的主要制约因素看，人类先后经历了体能约束和资源约束，目前正面临着以全球碳失衡为主要标志的生态约束挑战；从人类与自然生态的关系看，在不同社会生产生活方式下，人类对自然生态的扰动程度和扰动模式也不尽相同，并相应建立起与自然生态所不相同的关系，即由被动接受型、盲目破坏型到协调共存型。

在狩猎生活方式下，人类的生存是建立在大自然形成的自然生物环链基础之上的，人类对自然生态没有选择的余地，只能被动地接受大自然的恩赐。人类作为自然界的一个物种，其活动能力、活动范围还十分有限，特别是工具的使用还十分简陋，人类所面临的主要任务是如何克服体能的不足，在现实自然条件下，实现自身的生存发展。因此，对自然生态几乎没有任何扰动。

在农耕生活方式下，人类为了满足自身日益增长的需求，开始以耕作的方式对自然界的土地资源施加人类的影响，以种植、养殖的方式开始对自然物种进行选择，形成了以人类为中心的对自然界生物群进行选择淘汰的过程，优选

并扩大了在既定生产生活方式下对人类社会生活有用的生物物种，而尽力淘汰或消灭对人类有害的物种。人类社会所面临的主要任务是如何扩展自身的活动空间，开拓更多的可赖以生存的土地。但此时，人类的社会生产活动仍停留在以自然界可再生资源为劳动对象的阶段，社会生产活动的规模较小且相对稳定。

18 世纪发端于英国的产业革命，使人类社会的生产和生活方式发生了第一次革命性变迁。工业文明的诞生使人类开始步入前工业社会生活的新阶段。以能源变革为核心的现代科学技术由于极大地解放了人类的四肢，完成了人类的体能革命，因而也大大拓展了人类的资源选择空间，并进一步丰富了人类的社会生活内容。在现代科学技术的帮助下，人类不仅开始对自然界的各种不可再生矿产资源进行了史无前例的大规模开发，而且对各类生物资源也进行了掠夺性的利用。

20 世纪 50 年代以来，第三次技术革命的出现，使人类社会的生产、生活方式开始了第三次大变迁。航天技术使人类实现了对宇宙空间的探索，自动化技术使人类体能和智能得到进一步的解放，机器体系不仅普遍地运用于各产业的生产，其在人们生活过程中的使用也日益普遍化，煤、石油、天然气等不可再生资源已成为人类特定生产和生活方式维系的战略资源。人类占统治地位的文化价值取向是对高品质生活的追求，是消费较多数量且经过深度加工的产品，而社会生产规模的急剧膨胀，全球经济一体化格局的形成，地球数十亿年所沉积的化学物质在人类无节制的使用下，其物质循环的生态平衡逐渐被打破，人类社会面临的全球性生态环境问题日益严重。

可见，人类文明总是伴随着能源的变革而不断进步，而人类文明的进步也对能源变革提出新的更高水平的要求。当前，随着新一轮能源科技革命的快速演进，全球能源科技创新进入高度活跃期，呈现多点突破、加速应用、影响深远等特点。而以资源枯竭和全球碳失衡为标志，以绿色低碳为理念的生态文明发展观必将引发新一轮产业革命，并进而再一次推动人类生产生活方式的变革，这无疑将对能源科学研究产生深远而广泛的影响。

二、低碳时代经济发展表现出的新特点

当前，尽管人们还难以看到以绿色低碳为核心价值的新经济体系的全貌，对其认识和分析也仅仅停留在感性阶段，还难以对其给予人类未来社会生活的影响做出理性的科学判断。然而，它的出现无疑将会给我们传统的思维方式、社会生活、经济结构、管理模式等带来巨大的震撼，进而将会使人类社会的生产、生活方式发生更为深刻的第五次大变革。

(一) 低碳经济时代的基本特征

1. 主导产业的绿色化。绿色化是以某个产业绿色化程度以及所提供的绿色产品或服务的数量多少为标志的，即当某一产业所提供的绿色产品和劳务形成一定数量规模时，可以认为是形成了绿色产业。绿色产品分为绿色用品和绿色食品两大类。绿色用品是指在使用过程中不产生或较少产生对环境或人有害的废弃物的产品；绿色食品是指无公害、无污染的安全、优质营养类食品的统称。绿色企业就是采用绿色技术、进行绿色管理、生产绿色产品、实行绿色包装、通过绿色认证并获得绿色标志的企业。只有生产过程和产品都符合绿色标准时，企业才是绿色企业。

2. 资源利用的循环化。资源循环利用是在不断提升物质重复利用水平的基础上实现发展经济的目的的。与传统工业社会的经济单向流动的线性经济，即"资源→产品→废弃物"相比，循环经济的增长模式是发展路径和模式的根本变革。循环经济通过生产、流通和消费等过程中的减量化、再利用、资源化活动，实现资源节约和保护环境，最终达到以较小发展成本获取较大的经济效益、社会效益和环境效益的目标。

3. 消费选择的理性化。随着消费者生态价值观的演变和经济生活的个性化，经济活动的各方面主体行为在消费选择上更加理性，绿色低碳的理念将贯彻于设计、生产、流通、消费等各个环节，工业革命时代高耗能、高污染的大批量、标准化生产和销售模式，将被极具理性思维的消费主体所主宰。

4. 市场主体的低碳化。全球生态失衡所构造的低碳发展平台将成为社会经济活动的重要舞台，在这一舞台上，人们将构建起一系列新的经济运行理念，制定出新的游戏规则，建立起与传统经济生活相对应的各类经济机构，包括低碳产品生产企业、低碳服务组织，甚至包括低碳政府，从事包括低碳设计、低碳生产、低碳交易、低碳营销、低碳消费等在内的一系列经济活动。低碳经济活动在整个社会生产和生活中所占的比重越来越大，低碳行为所创造的社会财富越来越多，为人们开创出一个全新的经济世界。

5. 生态约束的全球化。碳失衡所产生的全球性生态灾难使得生态影响呈现出人人不能幸免的特征，生态约束成为一种不受时间、空间局限的全天候持续影响。随着人类发展空间的不断拓展，未来还有可能将外空间联结为一个整体，全球乃至外空间范围内的生态问题将会呈现，生态影响把整个世界变成了"地球村"，生态影响越来越趋向薄平化、网状化、墨迹化、立体化和跨代际化，不同区域空间的生态依存性将大大提高，一个动态开放、不断变化的生态经济命运体将会应运而生。

6. 贸易规则的道德化。随着生态约束的日益刚性化，其对市场分工和全球贸易格局必然产生多方面的影响，世界经济发展的不平衡和利益的不一致将会进一步被拉大。因此，有必要在全球低碳生态价值共识基础上形成具有普世价值的生态道德贸易规范，即要求企业在生产商品赚取利润的同时，承担起全球生态失衡的历史责任和社会责任。

（二）低碳经济体系的基本规律

1. 交易原则不同。传统经济是以物质所表现、以商品为载体的能量交换型经济，自然界客观存在着的不可再生资源的有限性，使其交易通行"物以稀为贵"的原则，商品价格对供求变化的刚性较大，资源匮乏是导致经济运行受阻的根本原因。低碳经济是以生态价值所表现、以生态道德为载体的质量型经济，人类全球生态保护意识的增强，使其交易通行"碳耗越少，价值越大"的原则，在这一原则下，其商品价格可最大限度地接近严格反映生态价值供求关系变化的市场价格，买卖双方可实现互动协商、互利双赢的结局。

2. 经济运行的表现形态不同。传统经济运行表现出一定的周期性波动，其很难摆脱高增长、高通胀的发展怪圈；低碳经济则表现出一定的持续性，在一定程度上可实现"两高一低"（高增长、高就业、低通胀）的目标，并使经济运行的周期性波动幅度明显减缓。

3. 经济运行的规律不同。低碳经济运行主要受三大规律所支配：一是低碳技术功能价格比法则，此法则决定了低碳经济快速发展的动力根源；二是全球政府间合作机制及其各自公共政策的约束法则，此法则决定了低碳市场的供需数量；三是全球经济活动中优劣势反差的马太效应法则，低碳信息不对称使得交易双方处于不平等的地位，为信息优势者站在道德高地提供了操纵控制信息弱势者的现实可能。

三、低碳时代能源科学研究的新课题

建立在生态文明价值观基础之上的低碳经济时代的出现，使建立在化石能源开发利用基础之上的传统能源科学理论面临着一场新的革命。尽管目前还难以对低碳经济时代的能源科学理论框架进行勾画，但至少可以从以下几方面提出新的理论命题：

（一）能源科学研究的基本使命——维护人与自然界碳生态系统的动态平衡

传统能源科学理论最基本的特征是关注人及其周围的物质世界，是建立在自然人能源需求保障这一最基本的命题之上的。低碳研究则把目光转向人类及其生存所需的碳生态世界，将理性生态人及其生存所维系的碳动态平衡确定为人类社会发展的基本经济问题。以此为基点，将人类对全球碳属性资源的开发利用、全球碳生态演变的基本规律、不同主体的碳生态经济行为、不同低碳干预方式的生态经济绩效、碳生态均衡的全球合作等问题，作为能源科学理论研究的基本使命。

（二）能源科学研究的基本逻辑起点——人类与自然界碳生态系统共存的理性生态人、碳权公平与责任对等的前提假设

以这一前提为逻辑起点作为构建能源科学研究的理论基础。以低碳价值为核心的生态加权价值论，即低碳价值及其产生的规律、价值基本构成、价值实现途径及其评估等成为能源科学体系推演的基本逻辑。

（三）能源科学研究的新领域——低碳生态伦理约束

在传统能源科学理论中，科技要素被认为是价值中立的，属于事实判断；而在低碳研究理论中，所有的生产要素均被赋予了生态学意义上的伦理道德属性，因而属于价值判断。这便为能源科学理论研究开拓出新的领域，使生态伦理学在这一背景下获得新的成长空间。

（四）能源经济研究的主要内容——低碳资源的横向优化配置与纵向可持续均衡

由于全球自然生态基础、经济社会发展水平和低碳资源控制等方面所存在的严重不对称，再加上不同国家体制、文化背景、经济发展阶段所存在的差距，使得低碳资源在全球的配置不仅存在一个横向的公平问题，更面临一个纵向代际之间的可持续均衡。这便使得以低碳资源横向公平配置和代际可持续均衡为基本使命的低碳经济学研究，必须把"应该怎么样"或"应该是"的问题放在更为优先考虑的位置上。缓解全球低碳资源不对称将成为各国政府的重要职责之一，低碳生态价值的道德约束使规范分析成为具有更重要主导地位的分析方法。

（五）能源管理研究的新焦点——低碳价值管理体系

低碳领域中的全球合作及其法规约束体系创造出全新的低碳市场需求，并由此而诞生了新的贸易规则和市场体系，进而使厂商的组织行为和经营方式也发生新的衍变。碳收支、碳成本、碳标识、碳绩效、碳核算、碳价值等一系列新的管理理念将会伴随着企业核心价值观的转变而流行。在全球低碳监测技术及其信息日益清晰的状况下，低碳价值将会明显提升企业产品和服务的附加价

值，并改写现有的会计准则，进而将使传统的产权理论面临着新的挑战。低碳价值将成为一种新的对经济运行过程产生重大影响的制约因素。企业竞争的重点也将会从传统的质量、成本、服务、技术等生产要素，转移到低碳价值的挖掘和维护上。

（六）能源法学研究的新内容——低碳权利识别及其维护规律占主导地位的规律体系

低碳权利识别及其维护规律将与经济领域、社会领域、自然领域等共同组成法学研究的四个部分。其中，低碳权利识别及其维护规律将占据支配地位。

（七）能源行为分析的基本着力点——低碳行为的无边界分析

低碳时代在对人的社会活动行为分析时，更注重分析的是人类作为一个物种，其个体生存和自然界碳生态系统整体之间均衡的生态行为。在进行宏观分析时，更注重国家之间的全球合作与共识，更注重协调不同发展阶段、不同发展水平的国家权益的维护。可见，在科学技术高度发展和全球化背景下，任何个人、组织和国家的经济行为都将会突破其所生存的空间边界。因此，能源科学中关于经济行为的研究事实上是一种无边界分析，其对微观及宏观经济行为的分析，建立在对个人、组织生态经济行为进行理性把握和分析的前提条件之下。

2015 年 9 月 28 日于青岛

前　言

　　能源法是调整能源开发、利用、管理活动中的社会关系的法律规范总和。国家通过能源法的调整，以实现能源安全、能源效率，以及可持续发展。简言之，能源法是调整国家能源管理关系的法律规范的总称。能源法学是以能源法为研究对象的一门科学。

　　中共十八届四中全会明确提出建设具有中国特色社会主义法治。毫无疑问，能源法律体系的建立和完善是社会主义法治建设的重要组成部分，随着社会主义法治建设的不断深入，能源法学也将会出现前所未有的繁荣。目前，国内关于能源法学的研究主要是针对国外能源法研究居多，国内的能源法研究相对较为分散，这与国内起到能源基本法作用的《能源法》尚未出台不无直接关系。因此，我们有必要在对现有能源法律体系概括总结的基础上，向社会推出一本系统介绍能源法学的著作，有助于人们进一步了解能源法理论体系，发挥能源法的功能和作用。

　　正是在此背景下，《能源科学与管理论丛》编委会经过认真研究，将《能源法学》作为本系列丛书的一部，希望通过本书的研究，一方面在总结国内外最新成果的基础上，探求能源法学的基础理论和相关能源法律规定；另一方面，通过对能源法学的研究，为我国现行能源法律的立法、执法及司法实践提供指导，为立法机关提供立改废释的建议和意见。

　　本书注重能源法学基础理论研究，同时兼顾现行的能源法律制度。全书分为上、下两编，上编为能源法学基础理论，下编为能源法学分论，共计14章。

　　第一章，能源法概论。从理论分析的角度，对能源法及调整对象等基本概念进行法律界定，分析了能源法的立法宗旨及作用；通过对能源基本法和专项法的梳理，为后续章节系统展开研究奠定基础。

第二章，能源法的产生与发展。能源法的制定与完善是社会现实的需要，是与能源发展与经济发展密切联系的过程。通过对能源法发展阶段不同侧重点的梳理，厘清能源法从开发、经过效能利用再到能源与生态环境的保护的变迁。分析国外能源法、能源法渊源及能源法律体系。

第三章，能源法律体系是一国能源法及其制度健全和完善的标志，也是一国法律建设的重要组成部分，对具体能源法律实施具有全局性指导作用。本章对美国、日本和澳大利亚的相关规定进行介绍，对我国的能源法律体系构建提供了借鉴。在此基础上，本章对中国能源法体系进行了探讨。

第四章，能源法基本法律制度。能源法是由一系列的法律制度构成的。从制度内涵入手，对能源法基本制度的确立标准、确立的必要性进行分析。通过国外能源制度比较，构建能源法律基本制度。

第五章，能源法律关系。法律关系是经过法律调整的社会关系，它包括主体、内容和客体三个基本要素。本章对能源法律关系的管理主体和被管理主体进行分析，对能源权利与能源义务进行内容分析，对能源法客体即能源行为进行分析。

第六章，能源法律责任。能源法律责任是违背能源法律制度应承担的消极法律后果。在分析归责原则的基础上，论证了能源法律责任的责任种类和承担方式。

第七章，主要西方国家能源政策与法律。通过对美国、英国及欧盟等能源法律政策的分析，为中国能源法律政策的进一步完善提供借鉴。

第八章，石油法律制度。本章是分论的开始。通过石油法的概念、特点及调整对象的界定，对国外相关石油法进行分析，针对中国石油立法存在的问题，提出我国《石油法》的立法框架和基本制度。

第九章，天然气法律制度。在对国外天然气立法模式和经验借鉴的基础上，制定中国天然气法律。其主要框架应包括：天然气发展战略与政策、天然气行业监管体制、天然气从业主体资格、天然气勘探与开采、天然气输送和销售及法律责任等。

第十章，煤炭法律制度。《中华人民共和国煤炭法》（简称《煤炭法》）实施以来，对完善我国煤炭法律法规体系，合理开发利用和保护煤炭能源，规范煤炭生产、经营活动，促进和保障煤炭行业的发展发挥了重要和积极的作用。本章通过比较研究的方法，对国外煤炭法进行比较研究，对中国煤炭法律制度进行论证分析。

第十一章，电力法律制度。主要分析了电力法律制度相关的立法背景、基本原则、作用及主要内容；电力法律基本制度；相关法规在供用电中的有关规定；供用电过程中常见的法律纠纷及纠纷的处理等。

第十二章，核能源法律制度。本章主要通过核能安全利用的国际立法来反观中国核能利用及核能法发展、核能法律制度基本原则以及我国核能立法现状。

第十三章，可再生能源法律制度。本章以现行《中华人民共和国可再生能源法》（简称《可再生能源法》）的颁布实施为立论依据，结合可再生能源法律制度在我国的发展，以及美国、德国、日本先进的立法经验，从比较研究的角度，提出中国可再生能源立法路径优化。

第十四章，节约能源法律制度。本章通过《中华人民共和国节约能源法》（简称《节约能源法》）的立法背景、沿革的介绍，对节能主要法律制度进行梳理。对美国、德国、日本节能立法进行分析，论证了节能法的主要制度的特点。

总之，全书紧紧围绕能源法律制度这条主线，以能源法律体系的完善为出发点，对现行法律的立改废释进行剖析，运用比较研究的方法，借鉴发达国家的能源法立法经验，对能源法学基本理论和制度体系进行了比较系统、全面地分析和研究，既有理论探讨，又有实践剖析。把理论性、前沿性与实践性、可操作性融为一体是本书的突出特点。因此，本书既可以为读者进一步研究能源法学理论和方法提供一个平台，也可以为立法、执法、司法部门提供法律理论研究之用。诚然，作为一部探索之作，也由于受各方面条件的限制，书中肯定存在不少缺点、不足和值得商榷的地方，敬请广大读者批评指正。

目　录

上编　能源法学基础理论

下编　能源法学分论

上编 能源法学基础理论

第一章 能源法概论

　　能源是人类社会存在的物质基础，也是国民经济的重要保障，关系到人类社会的可持续发展，也关系到一国经济发展、国家安全和民族根本利益。中国的可持续发展，不仅有赖于稳定可靠的能源供应，更取决于能否妥善解决大规模能源使用所带来的负面影响。这些发展中的能源问题需要通过法治的方式来解决。同时，在能源勘探开发、生产建设、经营管理、输送供应、利用消费等各个环节，均存在着方方面面、千丝万缕的社会关系，需要用法律的手段进行调整和规范。

第一节 能源法的概念和调整对象

　　从狭义上讲，能源法就是国家有关能源领域的基本法律；从广义上讲，能源法是一切调整能源关系的法律法规规章的总称。能源驱动整个世界，能源与人类的生活息息相关。要了解能源法，先要厘清能源的概念。

一、能源的概念

　　什么是能源？要对它进行清晰明确的定义并非那么容易。1973 年第一次能源危机发生时，法国能源部长在电视上高调阐述法国如何应对能源危机，但是当记者提问他什么是能源时，部长竟然不知道如何回答，只能顾左右而言他。[①]目前在学界关于能源的定义也有多种说法，有资源说[②]、能量说[③]等，各种说法各有侧重。

从物理学的观点看，能量可以简单地定义为做功的本领。广义而言，任何物质都可以转化为能量，但是转化的数量及难易程度是不同的。比较集中而又较容易转化的含能物质称为能源。[④]由于科学技术的进步，人类对物质性质的认识及掌握能量转化的方法也在深化，因此能源的定义也在不断发展之中，这也与人类在认识与利用能源上的不断进步息息相关。综观各种定义，从能源科学的角度，可以将比较集中的含能体或能源过程称为能源。

从能源法的角度而言，我国能源法学界已经有学者对能源进行了定义，提出能源是指能够提供某种形式能量的物质或物质运动。[⑤]同时，我国也已经有立法文本草案对能源进行了定义。《中华人民共和国能源法》（征求意见稿）（简称《能源法》）第 2 条将能源定义为："本法所称能源是指能够直接取得或者通过加工、转换而取得有用能的各种资源，包括煤炭、原油、天然气、煤层气、水能、核能、风能、太阳能、地热能、生物质能等一次能源和电力、热力、成品油等二次能源，以及其他新能源和可再生能源。"该部法律草案在附录中对这一定义涉及的能源相关专业名词进行了释义："石油，是指原油和成品油的统称。新能源，是指在新技术基础上开发利用的非常规能源，包括风能、太阳能、海洋能与地热能、生物质能、氢能、核聚变能、天然气水合物等。可再生能源，是指风能、太阳能、水能、生物质能、地热能、海洋能等连续、可再生的非化石能源。清洁能源，是指环境污染物和二氧化碳等温室气体零排放或者低排放的一次能源，主要包括天然气、核电、水电及其他新能源和可再生能源等。低碳能源，是指二氧化碳等温室气体排放量低或者零排放的能源产品，主要包括核能和可再生能源等。高碳能源，是指二氧化碳等温室气体排放量高的

---

① 陈新华：《能源改变命运》，新华出版社，2008，第 62 页。

② 我国的《能源百科全书》认为："能源是可以直接或经转换提供人类所需的光、热、动力等任一形式能量的载能体资源。"见中国大百科全书出版社编辑部：《能源百科全书》，中国大百科全书出版社，1997。

③《大英百科全书》提出："能源是一个包括所有燃料、流水、阳光和风的术语，人类用适当的转换手段便可让它为自己提供所需的能量。"

④ 王革华、欧训民等：《能源与可持续发展》，化学工业出版社，2014，第 1 页。

⑤ 肖乾刚等：《能源法》，法律出版社，1996。

能源产品，主要是煤炭、石油等化石能源。农村能源，是指用于农业生产、农村工商业经营和农村居民生活的能源。"

此外，2008 年 4 月 1 日起施行的《中华人民共和国节约能源法》（简称《节约能源法》）第 2 条明确了"本法所称能源，是指煤炭、石油、天然气、生物质能和电力、热力以及其他直接或者通过加工、转换而取得有用能的各种资源。"2006 年 1 月 1 日起施行的《中华人民共和国可再生能源法》（简称《可再生能源法》）在第 2 条指出："本法所称可再生能源，是指风能、太阳能、水能、生物质能、地热能、海洋能等非石化能源，水力发电对本法的适用，由国务院能源主管部门规定，报国务院批准；通过低效率炉灶直接燃烧方式利用秸秆、薪柴、粪便等，不适用本法。"可见，我国立法文本中对能源的定义借鉴了能源科学中关于能源的定义，并以罗列的方式做了进一步的明确。

二、能源法的调整对象

（一）能源法的调整对象

廓清能源法的调整对象有利于科学地界定能源法的概念。所谓法律的调整对象，我国法理学学者认为通常是人的行为或者社会关系。"法律的调整对象是行为，而所谓社会关系不过是人与人之间的行为互动或交互行为，没有人们之间的交互行为，就没有社会关系。法律是通过影响人们的行为而实现对社会关系的调整"。①"法律是调整一定社会关系中，即人与人的关系中的意志行为，调整这种意志行为，实际上也就是调整了这种社会关系。"②人与人之间的社会关系是因为人的意志行为才得以建立和存在的，行为和社会关系之间是现象和本质的关系，人的行为表现出来的现象，其本质是社会关系。社会关系实质上也是人的行为的结果。通过影响人们的行为，法律实现对社会关系的调整。社会生活的复杂性、多样性带来了社会关系的多样性，如：财产关系、人身关系、劳动关系、行政关系等。如此范围广泛、领域复杂的社会关系，不可能都受同一法律规范的调整。因此，根据社会关系的性质和种类，不同的法律规范分别调整不同的社会关系。基于所调整的社会关系的不同，各个法律规范又组合成为各自相对独立的法律部门。

---

① 张文显：《法哲学范畴研究》（修订版），中国政法大学出版社，2001，第 60~61 页。
② 孙国华、朱景文主编《法理学》，中国人民大学出版社，1999，第 229 页。

简单而言，能源法就是国家有关能源领域的基本法律。在能源领域存在着错综复杂、千丝万缕的社会关系，这些关系存在于能源勘探开发、生产建设、经营管理、输送供应、利用消费等各个环节，能源法的调整对象，应当是在这些环节中的人与人的社会关系。法律在这些环节通过影响人的行为来调整作为人之行为结果的社会关系，使之趋向于能源法的目的。这种社会关系有两个特点，首先这种社会关系始终是以能源为中介的，以能源活动中的权利义务为内容，是一种能源社会关系。其次，这种社会关系被限定在基于能源的开发、加工转换、储运、供应、贸易、利用等人类行为中形成的关系。能源法所调整的能源领域的广泛社会关系和行为，共同构成了它特定的调整对象。能源法通过对这一社会关系的调整以保证能源安全、有效、持续供给，实现能源法的目的。[①]

（二）能源法的概念

廓清了能源法的调整对象，对能源法的概念可以这样表述：能源法是由国家制定或认可，由国家强制力保证实施，调整在能源勘探、开发、生产、运输、贸易、消费、利用、对外合作、安全、环境保护等环节中产生的人与人之间的权利义务关系，以实现能源安全、能源效率，以及可持续发展的能源法律规范的总称。

第二节　能源法的宗旨和作用

所谓宗旨，意思是指"主要的意图和目的"，能源法的宗旨，简言之，是指能源法调整所要达到的目的。法律宗旨体现着法律的价值取向，指导具体的法律规范制定，并通过反映此种价值来彰显自己的理性基础。

一、能源法的宗旨

（一）保障能源安全

安全是主体对现有利益所存的能够持久、稳定、完整存在的心理期盼。[②]安全是人类行为实现可预期的前提条件，能源法中安全的价值也是实现能源法其

---

① 王树义、桑东莉：《客观地认识环境法的调整对象》，《法学评论》2003 年第 4 期。
② 杨震：《法价值哲学导论》，中国社会科学出版社，2004，第 219 页。

他价值的重要基础。

保障能源安全在不少国家能源立法中被明确为立法宗旨。如德国 1998 年发布的《能源法案》中，能源供应安全与廉价能源以及能源和环境的相容性被列为能源法的三大宗旨，根据第 1 节第 16 款规定，能源设施必须以一种确保它们技术上安全的方式构造和运行。在不对其他法律条款持有偏见时，必须遵守普遍接受的技术规则。[①] 这一规定突出了能源使用中的技术安全问题。

能源安全的概念随着时代不断发展。在 20 世纪 80 年代之前，能源安全的概念主要强调以稳定原油供应和合理价格为中心的能源安全。这一内涵最早由国际能源机构（IEA）提出，强调能源供应的安全，保证以可承受的价格获得充足能源，保障能源与电力的可靠和连续的供应。自 80 年代中期以来，随着全球一体化进程的推动，能源安全概念的内涵不断丰富和发展。国家能源安全问题已不仅是单纯的能源供应安全问题，生态环境保护、可持续发展等思想为能源安全问题注入了新的内涵。能源安全不仅包括能源供应的安全，也包括对由于能源生产与使用所造成的环境污染的治理，其内涵发展为能源供应安全和能源使用安全的有机统一。[②]

中国并不是一个能源富裕的国家，石油、天然气人均储量都很低。随着经济的不断增长，能源消费将进一步增加，提高对国际市场的依赖程度。大量依赖进口能源，不仅对经济造成影响，也威胁到国家的能源安全。同时，随着化石能源使用的增多，由此带来的环境问题日益突出，大气污染、气候变化等问题为环境安全、生态安全带来隐患。因此，能源安全是我国能源法最重要的宗旨，能源法律制度的安排应以保障能源安全为宗旨进行具体的制定与设立。在能源法中，建立能源战略储备、建立能源安全保障体系、建立能源应急制度和安全预警机制、制定国家能源开发的长期规划、强化能源开采过程中的安全生产措施、加强能源新技术的研究、加强能源领域的国际合作都是保障能源安全的重要途径。

（二）实现节能与能源效率的提高

世界能源委员会对能源效率的定义为"减少提供同等能源服务源投入"。节能与能源效率指的是节约利用、合理利用能源，提高能源的使用效率，以最小

---

① 龚向前：《试论德国能源安全法律及启示》，《德国研究》2006 年第 4 期。

② 谭柏平、黄振中：《论我国能源法的四项基本原则》，《中外能源》2010 年第 15 卷第 8 期。

的能源成本获得最大的经济效率。节能是指能源消费增长在物理上的减少，是通过节约和缩减来应付能源危机，所以节能的方法之一是减少消费，甚至还包括能源消费紧急状态下的定量配给。这样就有可能牺牲产量、消费或舒适，而能源效率并不涉及牺牲或减少产量、消费或舒适，它更强调通过技术进步提高能源效率，以增加效益、保护环境。

自 20 世纪 90 年代后各国颁布的几乎所有节能立法都集中于促进能源效率的措施。2007 年我国新修订了《节约能源法》，进一步深化了节能的内涵。《节约能源法》对节能的定义是：加强用能管理，采取技术上可行、经济上合理以及环境和社会可以承受的措施，从能源生产到消费的各个环节，降低消耗、减少损失和污染物排放、制止浪费，有效、合理地利用能源。对节能的定义吸收了提高能源效率的含义，体现了节能概念的发展。[1]

中国长期以来采取粗放型经济增长模式，能源利用率现状不容乐观，根据《2007 中国能源发展报告》，中国能源系统的总效率为 9%，不到发达国家的 1/2。其中，开采效率为 32%，中间环节（加工、转换、储运）效率为 70%，终端利用效率为 41%。中间环节和终端利用效率的乘积通常称为能源效率，为 29%，比国际先进水平大约低 10%，终端利用效率比国际先进水平低 10%以上。[2]中国综合能源效率仅为 33%，是世界上单位能耗最高的国家之一。

我国能源利用效率低、耗能高。要解决能源的可持续发展问题，必须要坚持开发与节约并举，节约优先的方针，大力推进节能降耗，提高能源利用效率。[3]因此，节能与提高能源效率也是能源法应当明确的重要立法宗旨。

（三）促进能源发展与环境保护的相容

能源既是经济发展必不可少的物质保障，又是主要的环境污染源。能源和环境之间存在着相互影响、相互依赖的关系。能源的开发利用对生态环境必然会产生消极影响，环境保护是制约能源发展的因素，又是影响能源决策的关键，也是能源创新的动力。

能源利用导致的主要环境问题包括酸雨污染、灰霾天气、荒漠化加剧、生

---

[1] 谭柏平、黄振中：《论我国能源法的四项基本原则》，《中外能源》2010 年第 15 卷第 8 期。

[2] 崔民选：《2007 中国能源发展报告》，社会科学文献出版社，2007，第 25 页。

[3] 国务院新闻办公室 2007 年 12 月发布的《中国的能源状况与政策》白皮书。

物多样性减少、能源废料污染等。酸雨污染主要来自燃煤时排放的二氧化硫以及矿物燃烧中含氮物质。酸雨不仅对人体健康产生直接危害，也酸化水体，破坏土壤、植被和森林，腐蚀建筑材料和金属结构。灰霾天气的形成也与化石能源在交通中的大量运用有关。

气候变化也与能源利用密切相关。人类使用化石能源所产生的温室气体是全球气候变化的主要原因，解决气候变化问题需要能源法的变革与创新。目前，随着全球气候变暖逐渐加剧，能源生产与能源活动日益受到关注。气候变化对地球生态、农业、水资源以及人类生活环境都会产生广泛、深远和复杂的影响，其中大部分以负面影响为主，其影响是全球性的、多层次的。气候变化已构成了对地球最基本的挑战之一。在这一背景之下，环境保护问题成为能源法律制度建设中必须考量的关键因素。促进能源开发利用与生态环境保护的协调发展，成为能源法的宗旨之一。

（四）促进能源科技创新

科技创新，促进能源进步是进行能源建设的重要动力，也是节能与提高能效的关键。能源安全、能源效率、能源清洁等诸多价值的实现都需要依靠科技创新。通过制度安排促进能源科技创新是能源法的宗旨之一。

中国的能源政策（2012）指出"改革开放以来，中国能源科技水平有了显著提高，能源科技进步在促进节能减排、优化能源结构、保证能源安全方面发挥了重要作用。但与发达国家相比，中国能源科技水平仍存在较大差距，自主创新的基础比较薄弱，核心和关键技术落后于世界先进水平，一些关键技术和装备依赖于国外引进。中国将更加重视科技创新，加快建设和完善适合中国特点的产学研一体化的能源科技创新体系。"

能源发展"十二五"规划也提出坚持科技创新的原则，提出了加快创新型人才队伍建设，加强基础科学研究和前沿技术攻关，增强能源科技创新能力，依托重点能源工程，推动重大核心技术和关键装备自主创新等政策思路。[1]不进行能源科技创新，其他能源安全、能源效率的价值也很难实现。

---

[1] 莫神星：《论在能源开发利用中坚持科技创新与技术进步原则》，《上海节能》2012年第3期。

二、能源法的作用

法的作用是指法对人与人之间所形成的社会关系所发生的一种影响，法的作用可以分为规范作用和社会作用。规范作用是从法是调整人们行为的社会规范这一角度提出来的，而社会作用是从法在社会生活中要实现一种目的的角度来认识的，规范作用是手段，社会作用是目的。

（一）能源法的规范作用

法的规范作用分为五个方面：指引作用、评价作用、预测作用、强制作用、教育作用。能源法的规范作用是指通过对能源法律关系进行指引、控制、管理、评价、确认、限制、约束、禁止、惩罚和引导，来实现能源法的目的。表现在：

通过能源法实现对能源管理法律关系的指引、评价、预测和强制等作用。这种作用表现在：政府通过机构增设和升级来强化对能源工作的管理；通过增加公共预算支持能源科技进步项目的实施；通过提高管理手段促进节能工作不断完善；通过设计政策激励促使能源发展方式的变革等。同时，能源法也通过对能源市场的调节，依靠市场力量来确定价格和分配物资，实现能源资源的有效配置。依靠市场力量，确保能源市场力量不受操纵以及能源市场的透明公开操作，以有利于能源生产者和消费者做出理性的和具有成本效益的计划，实现能源法的预测作用。

（二）能源法的社会作用

法律的社会作用大致包括两个方面：维护阶级统治方面的作用和维护社会公共利益的作用。执行社会事务的法律，从客观上说，有利于全社会而不是仅有利于统治阶级。其社会作用即使在不同制度下，往往是相似的，是可以相互借鉴的。能源法的社会作用着重体现在执行社会公共事务上。表现在：

一方面，通过能源法实现经济与社会的可持续发展。可持续发展（Sustainable Development）概念于 1987 年由世界环境与发展委员会在《我们共同的未来》报告中第一次提出，是指既满足当代人的需要，又不对后代人满足其需要的能力构成危害的发展。这一概念提出后得到了国际社会的广泛赞同。[1]人类社会经济

---

[1] 世界环境与发展委员会：《我们共同的未来》，王之佳等译，吉林人民出版社，1997年，第52页。

的发展基本上是建立在大量化石能源的消耗的基础之上的，生态环境的恶化在很大程度上与能源活动有关，实现能源的可持续发展也是支持经济社会可持续发展的保障。2002 年 9 月 4 日，可持续发展世界峰会（WSSD）提出在可持续发展要求下重新审视能源问题，随后联合国可持续发展委员会确立了"可持续能源法"的基本理念：促进获得可靠的、可负担的、可接受的和有利于环境的能源服务和资源。通过能源法的实施，我国应在能源开发与利用上实现科学发展，实现经济、社会、资源和环境保护协调发展，支持经济社会的可持续发展。

另一方面，通过能源法实现能源领域权利分享与责任分担的公平与公正。和谐社会要求保护社会公平与正义。社会公平主要是指人们享有同等的竞争机会和权利及利益分配上的公平，要求保障社会主体的多元化及人们的基本权利，实现社会成员之间利益的平衡与调节，缩小贫富差距，在公平与效率、经济增长与资源环境之间进行协调与平衡。能源领域权益的分享与相关责任的公正分担状况、能源市场中的公平竞争状况、能源领域职业公平及职业健康的维护状况等直接影响着社会公正领域实现的过程与程度。通过能源法的调节，逐渐消除能源领域不公正现象，促进社会公正与能源的有效利用。

第三节　能源法律体系

大陆法系国家讲究建构理性，注重法律的体系化建设。法律规范作为法律体系的要素，彼此之间存在诸多可能的联结方式，可能形成不同的"子体系"。当代法理学中，凯尔森等人的规范层级构造理论，将价值与原则接纳为法律规范的一种独立类别，并从法律体系的层面加以重新讨论。[①] 但在传统上，法学家们通过法律渊源、法律部门等对法律规范予以分门别类，建构法律体系。

一、能源法律体系的概念

所谓法律体系，即是通过若干法律要素以及这些法律要素之间形成的若干关系，按照一定的结构所形成的集合。这些法律要素，依据彼此之间的不同关

---

① 冯威：《法律体系如何可能？——从公理学、价值秩序到原则模式》，《苏州大学学报（法学版）》2014 年第 1 期。

系，也可能分别形成若干子体系（子集），然后进一步形成统一的法律体系。法律体系，通常是指部门法体系，是由本国各部门法构成的，具有内在联系的一个整体。各部门法的划分通常按照法律规范自身的不同性质、调整社会关系的不同领域和不同方法来进行划分和界定。在同一部门法下不同法律规范的总和构成这一部门法的法律体系。

所谓能源法律体系，是能源法部门各法律要素的集合。综合而言，是以国际能源法为背景，以《中华人民共和国宪法》（简称《宪法》）为基础，以《能源法》为龙头，以能源基本法和能源专项法为主体，包括能源行政法规与地方法规的体系。法律体系是否完备是衡量法律制度是否完善的重要指标。我国能源法的法律体系正处在一个不断完善的过程中。

二、能源法律体系的内容

（一）宪法

《宪法》是我国的根本大法，是包括《能源法》在内的所有法律的渊源，也是《能源法》必须遵循的最高规则和最高制度。《宪法》规定了国家的政治制度、经济制度、能源资源的国家所有权属、贯彻环境保护原则等内容，这些是能源立法必须遵守的基本制度。

目前我国现行《宪法》中尚缺乏对能源予以专门性的规定，从全球范围来看，也很少有国家在《宪法》中直接规定能源开发利用规则。但我国《宪法》对自然资源所有权做出了原则性规定。《宪法》第9条第2款规定："国家保障自然资源的合理利用，保护珍贵的动物和植物。禁止任何组织或者个人利用任何手段侵占或者破坏自然资源。"这一条文是直接针对自然资源的规定，是能源立法的《宪法》基础。

从未来发展看，可持续发展思想将有可能入宪，这将成为能源立法的重要原则，能源法必须解决在能源开发利用领域的可持续发展问题，如果未来《国家能源战略》能够成为宪法性文件，这将成为能源法律体系中最直接的宪法基础。①

---

① 肖国兴：《〈能源法〉与中国能源法律制度结构》，《中州学刊》2010年第6期，第80页。

（二）能源法

《能源法》是能源法体系的龙头，是能源法律体系中的纲领性法律，它调整能源领域中具有共性、根本性和全局性的社会关系，为其他单行法的创设与修订提供法律依据和根据，是其他能源单行法的上位法。它既要为能源法体系提纲挈领，确定国家能源发展的总体思路，对相关立法进行方针指导，又要解决并克服能源单行法之间的交叉、重叠与冲突的地方，以协调能源法律法规与《中华人民共和国环境法》《中华人民共和国自然资源保护法》等其他法律的关系，同时还要为能源单行法没有涉及的问题填补空白，因此《能源法》作为能源法律中的基本法其重要性非常显著。①

（三）能源基本法和专项法

能源基本法和能源专项法是能源法律体系的主体。能源基本法包括《节约能源法》《可再生能源法》等，能源专项法包括《中华人民共和国石油法》（简称《石油法》）、《中华人民共和国天然气法》（简称《天然气法》）、《中华人民共和国电力法》（简称《电力法》）、《中华人民共和国煤炭法》（简称《煤炭法》）、《中华人民共和国核能（原子能）法》（简称《核能（原子能）法》）、《中华人民共和国新能源法》（简称《新能源法》）、《中华人民共和国能源公用事业法》（简称《能源公用事业法》）等。我国在1995年颁布了《电力法》，1996年颁布了《煤炭法》，1997年颁布了《节约能源法》，2006年颁布了《可再生能源法》这四部单行法。能源法律体系仍有待进一步完善。

（四）能源规章条例

国务院也颁布实施了《乡镇煤矿管理条例》《煤矿安全监察条例》《电网调度管理条例》《中华人民共和国电力供应与使用条例》（简称《电力供应与使用条例》）、《中华人民共和国对外合作开采海洋石油资源条例》（简称《对外合作开采海洋石油资源条例》）、《中华人民共和国对外合作开采陆上石油资源条例》（简称《对外合作开采陆上石油资源条例》）、《中华人民共和国石油天然气管道保护条例》（简称《石油天然气管道保护条例》）、《中华人民共和国民用核设施安全监督管理条例》（简称《民用核设施安全监督管理条例》）、《中华人民共和国核材料管制条例》（简称《核材料管制条例》）等20多部能源行政法规以及大量的能源行政规章，包括地方性法规、规章和能源规范性文件，

---

① 朱蓉：《论我国能源法律体系的构建》，硕士学位论文，中国地质大学，2009。

国家能源标准等内容，这些也属于我国能源法律体系的组成部分。

（五）国际能源法

我国目前批准和签署了《联合国海洋法公约》《联合国气候变化框架公约》《京都议定书》《及早通报核事故公约》和《核材料实物保护公约》等与能源有关的五项国际条约。这些条约构成了我国能源法律体系的背景。

第四节　国际能源法

近年来，中国对能源的需求急剧增长，对外能源合作的需求增强，国际能源法逐渐对中国能源发展产生越来越大的影响。中国作为发展中国家的大国，能源消费大国，不但需要遵循现有的国际能源法律规则，而且要积极推动和影响国际能源法律机制构建。

一、国际能源法的发展

第二次世界大战之后，联合国大会通过了一系列关于国家对自然资源永久主权的决议，如 1952 年《自由开采自然财富和资源的权利》、1962 年《关于自然资源之永久主权宣言》、1974 年《各国经济权利和义务宪章》。这些关于自然资源权利的国际法律文件，构成了后来国际能源法发展的基础。

在这些基础性国际法的保障下，1960 年石油输出国组织（Organization of Petroleum Exporting Countries，OPEC，简称"欧佩克"）成立，旨在协调和统一各成员国的石油政策，并确定以最适宜的手段来维护它们各自和共同的利益。1968 年，阿拉伯石油输出国组织（Organization of Arab Petroleum Exporting Countries，OAPEC）成立，其宗旨是协调成员国间的石油政策，维护成员国的利益。随着 1973 年第四次中东战争爆发，经济合作与发展组织（the Organization for Economic Cooperation and Development，OECD，简称"经合组织"）成立了国际能源机构（the International Energy Agency，IEA）。正是在这样的背景下，国际能源法开始创立并逐渐发展起来。[1]

---

[1] 李威：《论国际能源法在国际法体系中的定位》，《河南工程学院学报（社会科学版）》，2010 年第 25 卷第 4 期，第 48 页。

可见，国际能源法是在能源危机引发能源安全忧患的背景下发展起来的，是建立在国与国之间规范能源生产与流通的规范性文件。围绕着能源问题，这些规范性文件不断增加，内容日趋丰富。包括各种多边条约，如《国际原子能机构规约》《国际能源纲领协议》《能源宪章条约》《联合国气候变化框架公约》和《国际新能源机构规约》；也包括政府间能源合作的双边协约，如 2009 年《中俄石油领域合作政府间协议》、2009 年《中美清洁能源联合研究中心合作议定书》、2004 年中国和哈萨克斯坦签署的《关于在油气领域开展全面合作的框架协议》、1997 年《中国国家计委和美国能源部关于和平利用核技术合作的意向性协议》、2007 年巴西与塞内加尔签署的《生物能源合作协议》等。

二、国际能源法的内容

能源国际法，泛指调整各国之间因能源产生的跨国关系的法律规则和制度，所调整的对象并不限于国家层面的关系，还包括国家通过其他主体，包括国际组织、区域组织、非政府组织、跨国公司等形成的关系。[1]国际能源法所涉及的内容包括能源合作、能源环境、能源投资和能源贸易等方面：

（一）能源合作条约

1978 年以来，各国签署的双边合作条约达 457 个，涉及能源数据与统计、能源研究与开发、信息与人员交流、科学与技术合作等多个方面的内容。其中代表性的有 20 世纪 70 年代的《国际能源方案协定》以及欧洲在 20 世纪 90 年代实施的《能源宪章条约》。[2]

《国际能源方案协定》是旨在国际能源机构体制内执行一项能源合作的综合方案。其主要内容是：制定一项紧急情况下的分配计划，包括紧急储备的保持和一项需求限制方案；制定关于国际石油市场的一个完备资料系统；制定与石油公司进行协商的一项体制；制定关于能源保护、发展替代能源、研究和发展新能源等领域的一项长期合作方案；促进石油生产国和其他包括发展中国家在内的石油消费国之间的合作关系。该公约提出了石油储备的思想，以应对情势危急的需要，提出了建立健全国内能源信息报告法律制度，并提出节约能源、

---

[1][2] 余敏友：《国际能源法的演进》，《人民法院报》2007 年 10 月 18 日，第 5 版。

发展研究新能源的思路。该公约提倡国际合作，但该公约参加的国家和地区不多，内容比较少，规定比较抽象，操作性比较差，也没有提及各成员国不履行该公约的法律义务，是国际能源法处于早期阶段的产物。[①]

《能源宪章条约》于1994年11月17日在里斯本签订，在1998年4月开始生效。到2002年，已经有欧盟、日本、澳大利亚、蒙古等51个国家签署了该条约及相关议定书，但美国、俄罗斯、中国等能源大国没有参加。能源宪章组织是能源合作的专门性国际组织，其主要目的与任务是制订具有国际法效力的，尽可能考虑能源出口国、进口国和过境运输国能源利益的，发展欧亚地区多边能源合作的各种实施机制。《能源宪章条约》是全球性的具有法律约束力的多边投资保护协定，共八大部分50条。具体包括：定义和目的、商业、促进及保护投资、其他条款、解决争端、临时条款、组织机构等。而其包括的相关法律文件有：《能源宪章贸易条款修正案》《投资补充协定》《能源效率与环保问题议定书》《能源运输协定》等。

《能源宪章条约》主要有五项原则：第一，在能源物资及相关设备的贸易中遵循世界贸易组织（WTO）的组织原则；第二，对外国投资给予法律上的保护；第三，提高能源利用效率，最大限度地防治能源方面的污染；第四，保障能源及能源产品的安全运输；第五，通过协调、专家委员会调解和国际仲裁等形式解决出现的争端。

（二）能源环境公约

能源发展与环境保护密不可分。国际能源立法中也包含很多关于环境保护的公约，如《1990年国际油污防备、响应和合作公约》《气候变化框架公约》《联合国海洋法公约》。这些条约提出了在能源领域内的可持续发展、环境生态中心主义思想，从不同的角度，确立了各国在能源生产、利用、消费等活动中对环境应尽的保护义务，影响十分广泛。

《1990年国际油污防备、响应和合作公约》的目的是促进各国加强油污防治工作，强调有效防备的重要性，在发生重大油污事故时加强区域性或国际性合作，采取快速有效的行动，减少油污造成的损害。

比较重要的环境法公约如《气候变化框架公约》，对相关能源方面的问题做

---

① 李扬勇：《国际能源法刍议》，http://www.tsinghua.edu.cn/news_view.asp?newsid=409，访问日期：2014年6月3日。

出了规定。《气候变化框架公约》序言中指出："感到忧虑的是，人类活动已大幅度增加大气中温室气体的浓度，这种增加增强了自然温室效应，平均而言将引起地球表面和大气进一步增温，并可能对自然生态系统和人类产生不利影响"，所谓的人类活动，实际上就是人类生产、利用、消费能源，尤其是化石能源的活动。在这一重要能源环境公约的影响下，新能源得到了迅速发展。

（三）能源投资与贸易条约

能源投资在跨国投资的构成中举足轻重，影响力最受人瞩目，可以说，"国际能源法通过多边投资条约为全球经济提供了基础"。

早期的能源跨境投资由双边协定《特许协议和友好通商航海条约》加以调整，20 世纪 70 年代以后向多边条约过渡，但尚未形成统一的国际投资法律框架，也没有统一制定规则和解决分歧的场所。目前有逾 5500 项双边及区域性条约，为外国直接投资制定规则，包括《多边投资协定》（MAI）、《国家与他国国民间投资争端解决公约》（《华盛顿公约》ICSID）、《多边投资担保机构公约》（《汉城公约》MIGA）、世界贸易组织的《与贸易有关的投资措施协议》等。这些条约的主要功能是"便利交易，降低政治与监管风险，减少不良治理交易成本，确立最低保护标准"。①

在以关税与贸易总协定体制为主导的现行国际贸易法律框架中，并未就国际能源贸易做出专门规定。但一些国家在《服务贸易减让表》中，分别对于不同形式的能源服务贸易做出承诺，近年来形势的发展正在推动着这一进程，精炼油和石油制品贸易逐年增长，OPEC 国家相继加入 WTO，《京都议定书》带来碳减排交易，全新的国际能源贸易格局使得在 WTO 中进行新一轮针对能源问题的全球贸易谈判的呼声日渐高涨，若能成为现实，则 WTO 能源规则将会成为国际能源法的重要组成部分。②

（四）国际能源组织法

随着能源经济的发展，各种全球性和地区性能源组织相继成立。在 20 世纪 60 年代欧佩克成立，在主要石油输出国之间协调石油生产，是国际上第一个全球性的能源政治协调中心。之后，在 20 世纪 70 年代中期，国际能源机构（IEA）成立，由主要的能源消费国组成，为了制衡石油输出国组织，保障各成

---

①② 李扬勇：《国际能源法刍议》，http://www.tsinghua.edu.cn/news_view.asp newsid=409，访问日期：2014 年 6 月 3 日。

员国的集体能源安全，建立了共同运用战略石油储备制度。自 1991 年始，全球性的能源生产国与消费国的对话会议——国际能源会议（2000 年后被称为"国际能源论坛"）每年举行一次，旨在认识世界石油市场，推进能源市场上主要国家的合作与政治对话。此外，八国集团、联合国的相关机构、世界能源理事会等国际组织对全球能源的协调也起了很大作用。

国际能源机构（International Energy Agency，IEA）成立于 20 世纪 70 年代，为了应对冷战时期石油危机对石油消费国的影响，世界主要的石油消费国决定建立国际能源机构，并签署了《国际能源纲领协议》，其总部设在巴黎。1976 年 1 月 19 日，《国际能源纲领协议》正式生效，目前已有 26 个成员国。石油输出国组织（Organization of Petroleum Exporting Countries，OPEC）成立于 1960 年 9 月 14 日，沙特、科威特、伊拉克、伊朗和委内瑞拉在巴格达举行的会议中通过了成立石油输出国组织的决议。目前成员国共有 11 个，总部设在维也纳。石油输出国组织的组织机构主要包括石油输出国组织大会、理事会（每个成员国一名理事，通常由石油部长担任）、秘书处，以及咨询委员会和经济委员会等。八国集团（G8）由美国、英国、法国、德国、俄罗斯、意大利、加拿大和日本组成。它是在 20 世纪 70 年代，西方主要经济国家为了研究国际经济形势，协调各个国家的政策而形成的，在国际能源经济中也发挥着重要影响。其他能源组织还包括国际能源论坛（International Energy Forum，IEF），它成立于 1991 年，目的是在产油国和消费国之间建立积极的对话机制。国际能源组织活动中产生的法律制度成为国际能源组织法的重要内容。[①]

---

① 耿丽君：《能源的国际法律机制研究》，硕士学位论文，广西师范大学。

第二章 能源法的产生与发展

纵观能源法发展历史，能源法虽久已有之，甚至可追溯到 15 世纪英国普通法中的财产法则，但蔚然成形则是在 20 世纪 70 年代石油输出国组织（OPEC）禁运与油价猛涨的时候。[①] 能源法的制定与完善是社会现实的需要，是与能源发展与经济发展密切联系的过程。

第一节 能源法产生与发展阶段概述

能源法的发展经历了能源开发法阶段，保障提高能效和能源安全的能源法阶段，能源、经济、环境、生态协调发展的能源法时期，继而不断完善，不断适应新的能源发展需要。本节内容主要是将能源法的产生与发展分阶段进行阐述，以求对能源法的发展脉络有一个基本的认识，从而从宏观上把握能源法的发展特点。

一、能源法产生与发展阶段的划分

有学者认为，能源法的产生和发展经历了三个阶段：20 世纪 70 年代以前的能源矿业法时期、20 世纪 70 年代末到 90 年代初的能源利用法时期、20 世纪 90 年代以后的能源法体系化时期。[②]

还有的学者将能源法的发展阶段划分为 20 世纪 70 年代以前的前能源法时期、20 世纪 70 年代到 80 年代初的国有化时期和 20 世纪 80 年代以后的自由化

---

① 马俊驹、龚向前：《论能源法的变革》，《中国法学》2007 年第 3 期。
② 黄振中、赵秋雁、谭柏平：《中国能源法学》，法律出版社，2009，第 21 页。

时期。这些学者认为能源立法及其推进，反映了经济和体制改革与发展的需求，承载着国家规范能源经济运行的调节和控制的客观需要，[1] 反映了各国经济调控方式从政府监管到市场调节的转变，使世界能源的发展逐步走向了"能源有限市场化"[2]之路。

以上两种划分是从不同的角度对能源法的发展过程的梳理，各有一定道理，本书基于以上划分方式，根据能源法调整重心的发展，认为可以将能源法的发展划分为以下阶段：第一阶段为 20 世纪 70 年代及其以前的能源开发法阶段，第二阶段为 20 世纪 70 年代至 80 年代初的致力于保障提高能效和能源安全的能源法阶段，第三阶段为 20 世纪 80 年代后的致力于能源、经济、环境、生态协调发展的能源法时期。

二、致力于提高能源总量的能源开发法时期

20 世纪 70 年代以前，政府对能源市场不予干预或者监管宽松，原因在于，这一时期对能源的认识往往是"取之不尽，用之不绝"，政府往往采取自由放任的经济政策。在这一时期，能源法主要规范的是煤炭、石油、原子能等能源资源的开发活动，如英国的《石油（生产法）》（1834）、日本的《石油法》（1963）等，规定了石油资源所有权、矿业权，石油的加工冶炼、供应、使用以及石油合同等内容。[3]

三、致力于提高能效和保障能源安全的能源法阶段

西方国家于 1973 年爆发了第一次石油危机，世界能源供应形势紧张，各国所面临的最紧迫的问题是有效合理利用常规能源，紧压石油消费，节约能源，各国对能源问题的重视达到空前的高度。在这一阶段，国家对于关系国家经济安全和公众生活的能源的监控逐渐加强。主要体现为：一是能源企业的行政化，即能源企业在实际上承担政府机构的职责，并行使了政府机构的权力。它们往

---

① 张勇：《能源基本法研究》，法律出版社，2011，第 16~17 页。
② "能源有限市场化"是指在能源市场化的基础上对某些特殊能源领域的市场化进行严格的限制。
③ 马俊驹、龚向前：《论能源法的变革》，《中国法学》2007 年第 3 期。

往以国有企业的形式由政府掌控，在非盈利的基础上按政府意志运营，具有法律上的垄断地位，并负有开发、生产、输送与销售能源的公共服务的职责。二是对私有能源企业的严格管制。① 这个时期，许多国家加快了能源立法的进程，开始制定单行法规、能源法规汇编或制定能源法。例如，联邦德国 1973 年颁布《国际供应保证法》，1974 年发布《能源研究开发计划》《补充能源计划》，1976 年发布《建筑物节约能源法》和《发电法》；日本于 1976 年出台《石油储备法》（目前日本的石油战略储备已达 161 天），1979 年颁布《能源使用合理化法律》、1980 年发布《节能设计标准》；1974 年法国制定了《节能法》；1976 年英国颁发了《能源法》；美国 1977 年成立国家能源部，1978 年发布了《国家能源法》。

这个时期的能源立法是公共行政法的一个分支，其职能是促进和维护能源开发体系的发展，重在最大限度地提高效率、保障能源安全。② 能源法带有浓重的行政色彩，国家对能源产业的监控并不是现代意义上国家对市场的宏观调控，没有确立起以市场为主导的资源配置体系。

四、致力于能源、经济、环境协调发展的能源法时期

能源的利用多依赖于化石燃料，即煤炭、石油和天然气等这些增加二氧化碳浓度并最终引起气候变暖的能源资源。它们已经构成了世界经济和社会发展的关键物质基础。传统的能源法倾向于保障能源的安全、有效和持续供给，主要解决的是能源供应与能源利用效率的问题，各国能源法缺乏对如何能够更好地对能源开发过程承担经济或生态责任做出明确规定，绝大多数国家只是被动地采取措施进行补偿，对于矿物燃料引起的二氧化碳浓度也很少关注。

随着追求经济效益和对能源资源的随意利用，环境问题越来越受到重视，各国也逐渐认识到环境污染与法律制度安排不合理有关，如何以更有效率和更有利于气候的方式利用能源也开始进入能源法的视野。1992 年里约联合国环境与发展会议上首次明确了可持续发展目标，并间接地涉及能源和气候的关系问

---

① 马俊驹、龚向前：《论能源法的变革》，《中国法学》2007 年第 3 期。
② 〔澳〕艾德里安、布拉德布鲁克等主编《能源法与可持续发展》，曹明德等译，法律出版社，2005。

题，承认现行的化石燃料循环对人类健康与环境具有长期的危险后果。2002 年在联合国可持续发展世界峰会上通过的约翰内斯堡实施计划中，将能源效率与能源选择（结构）问题作为可持续发展的一项关键因素。最为重要的国际法《联合国气候变化框架公约》也要求能源、运输、工业等部门控制温室气体排放。①

20 世纪 80 年代以后的能源法将如何提高能源利用效率、承载生态保护的功能作为重点，而不是局限于解决如何确保供应安全的问题。各国尤其是发达国家与经济发展大国对能源法进行了重大的调整与创新，通常包括以下几方面：第一，以有利于环境的方式开发利用能源，重点是减少化石能源的温室气体的排放量。第二，调整能源结构，逐步减少化石能源的比例，优先发展新能源与可再生能源。第三，节约能源，抑制浪费，提高能源效率，降低能源强度。

第二节　国外能源立法概况

目前为止，许多国家都已经积累了不少能源立法的经验，了解国外能源立法概况，对于分析能源立法现状具有重要意义。

一、美国能源立法

作为世界上最大的能源生产国和消费国，美国历来重视能源法律法规的制定。在美国，1978 年颁布《国家能源法》，该法包括五个法律：《公用事业管制政策法》《能源税法》《国家能源储备政策法》《发电厂及工业使用燃油法》《天然气政策法》。《国家能源法》的立法目的是维持社会经济的平稳运行以保证经济科学技术的增长，鼓励发展可再生能源，降低国家对国外石油的依赖程度，减少能源供应中断造成的国家损失。美国是既有能源法又有煤炭法、电力法、石油燃气法、原子能法的典型国家之一。在美国，1992 年颁布了《能源政策法》，该法是一部旨在为美国提供连贯一致的能源政策的综合性法律。2005年 8 月 8 日，总统布什又签署了新的能源法案《能源政策法 2005》，这是近 40

---

① 马俊驹、龚向前：《论能源法的变革》，《中国法学》2007 年第 3 期。

年来包含内容最广泛的能源法。这部能源政策法主要内容涉及：提供消费税优惠，促进提高家庭用能效率；设定新的最低能效标准，提高商用和家用电器效率；通过税收优惠，废止过时的不利于基础设施投资的规定；加强和提升国内电网等能源基础设施；通过减税等措施促进可再生能源的开发利用；支持高能效汽车生产；减少对国外能源的依赖等。美国的这部最新的能源基本法，旨在鼓励提高能源效率和倡导能源节约，促进发展替代能源和可再生能源，减少对国外能源的依赖。[①]

总之，美国的能源立法既有能源政策法，又有石油、天然气、电力、煤炭、原子能等能源单行法。美国能源立法的状况为我国能源法的制定提供以下经验。第一，有效的能源监管。在能源领域，美国的能源监管是通过价格和税收手段，以法律的形式进行的。第二，与时俱进的监管模式。从美国的能源法体系的发展来看，美国能源监管的政策和法律随着美国社会、政治、经济发展的变化而变化。第三，能源法立法注重安全、效率、环保。

二、德国能源立法

德国一直注重用法律手段确认、规范、指引能源政策和能源产业的发展，建立了较为完善的能源法律体系。主要涉及煤炭、石油、天然气、可再生能源与核能、节约能源等方面。主要法规有：《能源法》《可再生能源法》《矿物油税法》《联邦矿产法》《石油储备法》《和平利用原子能和防止危害法》《电力行业可再生能源立法修正法》等。德国的能源立法注重根据形势的变化及时修改，其法律制度具有较强的灵活性。法律条文中提出具体的量化指标，实现能源立法目标的具体化。同时，德国能源立法突出先进的节能思想，通过控制整体能耗达到有效节能目的。这都值得我国能源立法借鉴和参考。[②]

三、日本能源立法

日本是能源消费强国，也是能源短缺的国家之一，因此，其能源安全问题

---

① 赵仕玲：《能源法立法研究》，硕士学位论文，中国地质大学。
② 陈海嵩、任世丹：《德国能源立法及其对我国的启示》，《政法学刊》2009 年第 2 期。

显得尤为重要。因此，日本的能源法的重要目标是实现能源安全、经济增长和环境保护，能源立法与国家能源政策相结合，随着能源政策的变化而不断修改、变化。日本的能源法体系主要包括三个内容：一是能源基本法，即日本于2002年颁布实施的《能源政策基本法》，是国家能源政策的立法基础；二是能源专门法，例如《石油业法》《电力事业法》《天然气事业法》《原子能基本法》等；三是能源法相关配套法规，如《电力事业法实施令》《电力事业法实施规则》《用电限制规则》《电力实业会计规则》等。

日本能源法体系较为完整，包括基本法及各专门法律和配套法规，注重节能和提高能源利用效率，将保障能源安全尤其是石油安全作为能源立法的重中之重。

四、加拿大能源立法

加拿大实行两级立法体制，其能源立法体系分为以下三个方面：第一，能源基本法，即1985年颁布的《能源管理法》，是加拿大能源领域内的宪法性法律，范围涵盖能源法律的基本方面。第二，能源单行法。主要包括石油天然气、电力、煤炭、核能、能效等相关法律。第三，能源行政法规和规章，这些法规和规章主要负责能源法的可操作性实施。如《国家能源局法》《电力保护法》《管道法》《合作能源法》《能源监督法》《能源矿产节约法》《能源行政管理法》等。

加拿大的能源立法体系结构清晰，分工明确，也值得我国借鉴。

第三节　能源法的渊源

能源法的渊源，也称能源法的效力渊源或者形式渊源，是指能源法律规范的外部表现形式。我国能源法的渊源包括有关能源法律、行政法规、规章及地方性法规等国内法规范，以及我国参加、缔结和承认的国际公约等国际法规范。

一、国内法渊源

（一）宪法

宪法是我国的根本大法，在法律体系中具有最高的法律地位和法律效力，对能源法具有根本性的指导意义。

我国法律并没有直接使用能源资源所有权一词，而是在《宪法》中对包括能源资源在内的自然资源国家所有的制度做出了明确规定。《宪法》第9条第1款规定，矿藏、水流、森林、山岭、草原、荒地、滩涂等自然资源，都属于国家所有，即全民所有；由法律规定属于集体所有的森林和山岭、草原、荒地、滩涂除外。该规定所列举的各种自然资源中，虽然没有对能源做出相应规定，但应当理解为其中也包括了能源自然资源。这一规定实际上是对我国能源资源的权属进行了限定，在能源立法体系中具有根本性的指导意义。

（二）能源法律

法律是由全国人民代表大会及其常务委员会制定颁布的行为准则，其地位低于宪法，但高于其他的法律渊源。能源法的法律渊源主要包括：一是能源领域的专门法律，如《电力法》《煤炭法》《可再生能源法》等；二是与能源相关的法律，例如《中华人民共和国矿产资源法》（简称《矿产资源法》）、《中华人民共和国清洁生产法》（简称《清洁生产法》）、《中华人民共和国环境保护法》（简称《环境保护法》）、《中华人民共和国循环经济促进法》（简称《循环经济促进法》）等。

（三）能源领域的行政法规和部门规章

行政法规是指由国家最高行政机关即国务院根据宪法和法律制定的有关国家行政管理方面的规范性文件。部门规章是指国务院各部委、中国人民银行、审计署和具有行政管理职能的直属机构根据法律和国务院的行政法规，为执行法律或者国务院的行政法规，在本部门的权限范围内制定的部门规章。[1] 行政法规和部门规章的效力低于法律，行政法规的效力高于部门规章。能源领域的行政法规和部门规章主要有：《对外合作开采海洋石油资源条例》《电力设施保护条例》《石油天然气管道保护条例》《电力监管条例》《中华人民共和国核两用品及相关技术出口管理条例》等。

（四）能源领域的地方性法规和地方政府规章

地方性法规，是指省、自治区、直辖市以及省、自治区的人民政府所在地的市和经国务院批准的较大的市的人民代表大会及其常务委员会，根据本行政区域的具体情况和实际需要，在不同宪法、法律、行政法规相抵触的前提下制

---

[1] 黄振中、赵秋雁、谭柏平：《中国能源法学》，法律出版社，2009，第29页。

定的地方性法规。地方政府规章是指省、自治区、直辖市和经国务院批准的较大的市的人民政府，根据法律、行政法规和本省、自治区、直辖市的地方性法规，为执行法律、行政法规、地方性法规的规定需要或对属于本行政区域的具体行政管理事项制定的地方政府规章。[①] 例如，《天津市煤炭经营监管办法》《云南省煤炭经营监管实施细则（暂行）》《深圳经济特区建筑节能条例》等。

（五）能源领域的司法解释

司法解释，是指我国最高人民法院、最高人民检察院做出的法律适用解释，如《关于审理破坏电力设备刑事案件具体应用法律若干问题的解释》等。

二、国际法渊源

改革开放以来，我国积极参加国际能源合作，缔结、承认的、与能源相关的国际条约和国际惯例在一定条件下成为我国能源法的渊源，但我国声明保留的条款除外。在这里，需要注意的是，第一，作为法律渊源的国际条约或者国际惯例必须是我国缔结、参加或承认的；第二，我国声明保留的条款不得作为我国能源法律的立法渊源；第三，我国加入的国际条约主要包括：《能源宪章条约》《联合国气候变化公约》《京都议定书》《国际油污防备、响应和合作公约》等。

---

① 黄振中、赵秋雁、谭柏平：《中国能源法学》，法律出版社，2009，第29页。

第三章　能源法律体系

能源法律体系是一国能源法及其制度健全和完善的标志，也是一国法律建设的重要组成部分，对具体能源法律的实施具有全局性指导作用。明确能源法律体系的确立依据，对于建构和完善能源法律规范，具有重要的意义。

第一节　能源法律体系概述

能源法律体系是指根据能源法的基本原则，由调整能源法律关系的一系列能源法律规范而形成的相对完整的实施规则系统。能源法律体系，其基本要素是能源法律规范。这些能源法律规范体现了能源法律思想和精神，覆盖和贯穿能源开发利用及其规制的全过程和主要方面。因而构成能源开发利用及其规制最基本的行为准则。[①]

一、能源法律体系的特点

能源法律体系必须满足一定的要求和标准：第一，能源法律体系必须充分体现某一部门法律规范的共性特征，而不是针对单一特定的问题或者领域，即具有普遍性；第二，能源法律体系必须充分体现法律规范的共性特征，即具有概括性；第三，能源法律体系必须以统一的价值观为指导，而不是单打独斗、各自为政，即应具有一致性。[②]

按照上述对于能源法律体系标准的概括，能源法律体系应当具有下列特点：第一，能源法律体系必须充分体现能源法的共性特征，而不能仅仅针对煤炭、

[①] 肖乾刚、肖国兴编著《能源法》，法律出版社，1996，第77~78页。

[②] 宁琛：《我国能源法基本制度体系研究——以环境风险预防原则为视角》，中国政法大学硕士学位论文。

石油、天然气等单一能源的特定的问题或者领域，即必须具有普遍性；第二，能源法律体系必须充分体现法律规范的共性特征，而不是与具体煤炭法、可再生能源法等部门法并驾齐驱的具体法律规范，即必须具有概括性；第三，能源法律体系体现的价值观必须具有一致性。

二、能源法律体系确立的必要性

（一）能源产业转型的需要

法律在任何经济转型中都具有直接和深刻的影响作用，或者决定经济转型的方向，或者决定经济转型的速度。而无论其对经济转型的作用是积极的促进，还是消极的阻碍，法律作为经济转型工具的优势在于法律具有正当性、理性、权威性、制度化，一般不具有破坏性并且拥有一套机制保障其实施。与其他制度相比，通过法律进行经济转型作用更明显。因为"基于法律之上的变迁更有针对性，也更具体。通过法律的变迁是一种深思熟虑的理性活动，它有意识地改变具体行为或者惯例……本质上，通过法律的变迁旨在矫正、改善或控制具体情境下的行为和实践"。① 当然法律与经济转型总是相伴而行的，对社会变迁来说，法律既是因变量又是自变量，它直接或间接地影响着社会变迁，它重新定义规范秩序，拓宽正式权利以及达成预定目标。② 正因为如此，通过法律转型进行经济转型成为现代经济转型的基本特征。

以能源生产开放与非垄断化、能源市场透明化、自由化与国际化、能源工业民营化与政府监管规范化为主要内容的能源产业市场化转型从 20 世纪 70 年代末起就已经在世界方兴未艾。能源产业的发展与变化过程中产生的各种问题的解决，单靠规章制度、政府监管是没有比较明显的作用的。法律在主客体之间的权利与义务、法律责任等方面具有明确的规定，与其他制度相比作用更为明显。

（二）能源法制度建构发展的需要

能源法的制度设计以能源资源管理为轴心，并且这些制度都是在单行法里被规定，彼此之间没有位阶之分，各自有其规范规定的能源领域。且法律出台

---

① 〔美〕史蒂文·瓦戈：《法律与社会》，梁冲等译，中国人民大学出版社，2011，第252页。

② 〔美〕史蒂文·瓦戈：《法律与社会》，梁冲等译，中国人民大学出版社，2011，第264~265页。

的年代、原因、目标各不相同，甚至有不同的执法部门，彼此独立，因此不能形成制度合力。能源法制度的缺陷远比能源法本身的结构缺陷、体系缺陷要深刻。能源法立法不只是要形成一个高位阶的法律以及能源法律的制度结构，更为重要的是这些制度设计会与现行的体制与制度相冲突，因此，能源法制度的设计选择显得较为困难。[①]

能源的开发利用涉及基本经济制度及多重社会关系，既需要包括能源战略、能源政策等组成的能源对策体系规范，也需要根本法和基本法及其他法律组成的法律体系规范。因此，能源法律体系的完善，关系到能源法基本法律制度的建构。

（三）现有产权结构亟待能源法律体系的建构

能源领域，特别是石油、电力、核能等，是中国亟待实现从计划经济向市场经济转型的重要方面。我国社会主义市场经济体制已经初步建立，但仍存在不少问题，党的十八届三中全会明确指出，"使市场在资源配置中起决定性作用和更好地发挥政府作用"。要更好地发挥好"政府"与"市场"两只手的作用，能源领域的努力也不容忽视。能源法律体系的建构能够从法律层面更好地为社会主义市场经济保驾护航。基于这样的呼唤，确立并完善能源法律体系，以法律的强制性改变现有的行政垄断加自然垄断的产权结构，加快建立"竞争性能源市场"，具有极其重要的意义。

第二节　其他国家的能源法律体系概述

在能源法律体系方面，其他国家积累了丰富的经验，本节将对美国、日本和澳大利亚的相关规定进行介绍，以期对我国的能源法律体系的构建提供借鉴。

一、美国的能源法律体系概述

美国适用于能源领域的最新的综合性法律为 2005 年 8 月颁布的《能源政策法 2005》。应当说，该法律在美国能源法体系中的地位，一定程度上相当于制

---

① 肖国兴：《〈能源法〉制度设计的困惑与出路》，《法学》2012 年第 8 期。

定当中的中国能源基本法的地位，因此，对《能源政策法 2005》规定的体系进行了解，对我国法律体系的构建借鉴和参考价值很大。其主要内容如下：

（一）能源开发利用多元化

美国《能源政策法 2005》第二章规定了可再生能源的开发利用问题，第三章专章规定了石油和天然气的储备和生产问题，第四章专章规定了清洁煤发电鼓励政策和煤炭租赁问题，第五章规定了印第安能源的诸多问题，第六章规定了核能项目和核能安全问题，第八章对氢能进行了专章规定。由此可见，美国政府正在促进各种能源的多元同步开发利用，以规避单一能源对国家安全和产业发展、社会稳定造成的潜在危害。①

（二）能源效率

美国《能源政策法 2005》非常重视能源效率的提高，例如第一章即为"能源效率"，分别从提高能源效率的联邦计划、能源援助与州计划、节能产品、公众家庭在住房消费和节能器具使用等环节的行为四个方面进行了规定。而联邦计划有包括国会建筑节能节水措施、能源消费剂量、能源产品采购、节能绩效合同、自愿降低工业能耗强度承诺、先进建筑能效测试平台、日光节能等十一节的专项规定。另外，在第七章"汽车和燃料"中，也有关于汽车效率的详细规定。②

（三）研究与开发

美国《能源政策法 2005》的一个突出特点是相当重视对于新能源的研究开发和对于传统能源提高能效的研究开发。例如第九篇专门规定了要加大对分布式能源及电能系统的研究开发、对可再生能源的研究开发、对农业生物资源的研究开发、对核能的研究开发、对化石能源的研究开发等，有利于提高能源集约型部门的能源效率，加快实现能源供应的多元化，降低美国对国外能源供应的依赖性，减少能源相关活动对于环境的影响。③

二、日本的能源法律体系概述

日本建立了较为完善的能源法律体系，主要包括能源管理、能源战略与规划、能源储备、能源开发、能源节约等各方面的内容。

---

① ② 宁琛：《我国能源法基本制度体系研究——以环境风险预防原则为视角》，硕士学位论文，中国政法大学。

③ 美国《能源政策法 2005》第九篇第 902 节。

（一）能源管理

日本实行国家统一管理的能源管理制度。根据能源基本法和各能源专门法的规定，日本经济产业省负责能源管理工作。从总体上看，日本能源主管机构的职责包括：事业许可及取消；对从事石油事业、电力事业、天然气事业等事业者基于相关费用以及其他条件而制定的供给规程予以认可；编制能源基本计划。日本能源法律制度中实行国家统一管理的成功经验表明，对事关国计民生的能源实行国家统一管理，既有利于统筹兼顾、统一规划能源政策，也是避免各职责部门职责不清、相互推诿的最佳选择。①

（二）能源战略和规划

在能源战略方面，日本政府明显加大能源领域的战略筹划，并就确保能源稳定供应、维护能源安全提出了三项战略性的举措：①确立自立的、符合环境要求的能源结构。即在推进节能的同时，大力推进核能、太阳能、风能等清洁能源的发展，继续降低石油在能源消费结构中的比重。②采取战略的、综合性的对策以确保能源资源。一是要积极开展首脑外交和政府间的双边磋商；二是要加强国家对能源开发行业的金融、财政支持；三是通过缔结自由贸易协定和投资协定、提供政府开发援助和国际开发银行的贷款等，与资源提供国建立战略关系。③在亚洲和世界解决能源、环境问题的过程中发挥主动性。强调运用自己处于世界领先地位的节能技术，在减少温室气体排放、推进与亚洲各国的能源合作方面发挥主动性。② 能源基本计划应当规定下列事项：第一，关于能源供需之政策措施的基本方针。第二，长期、综合并有计划地改善能源供需的政策措施。第三，完善以重点研究和开发为目的的有关能源技术的政策措施。第四，除前三项规定之外的，为长期、综合并有计划地推进能源供需的政策所必要的其他事项。除以上内容外，还规定在对有关能源政策措施实施效果进行评估的基础上，至少每三年对能源基本计划进行一次检讨。认为有必要时，应变更能源基本计划。③

---

① 陈海嵩：《日本能源法律制度及其对我国的启示》，《金陵科技学院学报（社会科学版）》2009 年第 23 卷第 1 期。

② 吴寄南：《能源转型能否如愿？解读日本〈2007 能源白皮书〉》，《中国石油石化》，2007 年第 13 期，第 40~43 页。转引自：陈海嵩：《日本能源法律制度及其对我国的启示》，《金陵科技学院学报（社会科学版）》2009 年第 23 卷第 1 期。

③ 陈海嵩：《日本能源法律制度及其对我国的启示》，《金陵科技学院学报（社会科学版）》2009 年第 23 卷第 1 期。

（三）能源储备

日本在战略石油储备上的法治建设较为完备，明确规定了石油储备责任者的义务，石油储备的计划、数量、品种、动用以及惩罚等。至今，日本已建立起国家储备和民间储备的双重体制。

（四）能源开发

日本制定促进新能源利用的基本原则，并予以公布。该基本原则包括：第一，新能源利用中的能源使用者应采取的相关基本事项；第二，为促进新能源利用而进行能源供给的企业（能源供给企业）和从事新能源利用中的机械工具制造和进口的企业（制造企业）应采取措施的相关基本事项；第三，促进新能源利用措施的相关基本事项；第四，其他与新能源利用相关的基本事项。能源使用者、能源供给企业、制造企业均须注意基本原则的规定，努力促进新能源的使用。[①]

（五）能源节约

日本的节能技术处于世界先进水平，其节能方面的法律规定也比较完备。

1. 节能管理

日本有健全的节能管理体制，形成了经济产业省—新能源、产业技术综合开发机构（NEDO）节能中心的组织架构。经济产业省根据国家总体要求，制定完善法规、条例，制定经济、产业政策，对企业的节能提出要求和奖惩措施。[②]在经济产业省下，日本也相应组建了作为独立法人的 NEDO，组织、管理研究开发项目，也负责提供研究经费。

2. 用能单位分类管理

日本根据能源消耗的多少，对能源使用单位进行分类管理，促使企业不断提高能源使用效率。

3.“领跑者”制度

这是日本独创的一种促进企业节能的制度措施。所谓的领跑者制度就是通过确立行业标杆，要求其他企业向其看齐，即确定家电产品、汽车的现有最高节能标准，从而使汽车的油耗标准、电器产品等的节能标准高于目前商品化机电产品中最佳产品性能。[③]

---

①②③ 陈海嵩：《日本能源法律制度及其对我国的启示》，《金陵科技学院学报（社会科学版）》2009 年第 23 卷第 1 期。

4. 建筑物用能管理制度

日本对办公楼、住宅等建筑物提出了明确的节能要求，并制定了建筑物的隔热、隔冷标准。

5. 强制性能效标识制度

标识的格式由日本经济产业省统一规定。日本还与美国联合实施了办公设备的能效标识计划。电脑、显示器、打印机、传真机、复印机、扫描仪和多功能驱动器等，达到了美国能效标准的就贴上"能源之星"标志，并相互承认。标识制度的实施，极大地推动了日本用能产品能效水平的提高。①

三、澳大利亚的能源法律体系

澳大利亚的能源法律体系内容主要集中在以下方面：

（一）行业市场管理

1. 能源权属

澳大利亚所有矿产资源归人民所有，政府代表人民进行管理，但石油天然气储量丰富的西澳大利亚、维多利亚州及北部地区政府对油气资源开发拥有实际的管理权。就海洋石油天然气事务来说，各州或地区有权在三海里范围内制定监管法律，联邦政府则对三海里范围之外的所有海洋石油事务拥有监管权。但由于规模以上油气储量大部分在三海里之外，因此澳大利亚海上油气资源主要还是由联邦政府监管。同时联邦政府在一些具体的监管环节上还须与地方政府合作，各州或地区政府受联邦政府委托履行包括安全事务在内的所有日常监管权力。②

2. 行业市场准入

澳大利亚能源资源的勘探和开发，必须进行申请并获得许可。从事能源资源的勘探和开发，需要根据资源的产权归属，向联邦或州、领地政府部门申请勘探或开发许可。最基本的许可有三种：一是勘探许可。联邦和州资源部门根据申请授予勘探商一定的年限并划定一定的地理区域，供其勘探。二是关于已

---

① 陈海嵩：《日本能源法律制度及其对我国的启示》，《金陵科技学院学报（社会科学版）》，2009 年第 23 卷第 1 期。

② 何晓明：《澳大利亚海上石油天然气开发监管模式及启示》，《中国经济时报》2005 年 8 月 4 日，第 8 版。

证明存在资源的保留租约或是矿产开发许可。在租约或许可期限内,持有人可进一步进行勘探。如资源勘探、开发在商业上不可行,持有人可在租约或许可期限内保有资源勘探开发权,待日后商业可行后再进行。三是生产许可或采矿租约。如资源商业开发可行,开发商可申请生产许可或采矿租约,进行采矿及相关活动。①

3. 能源投资审查

澳大利亚绝大部分大型矿业公司均为跨国资本控制。按澳大利亚外国投资审查委员会(FIRB)规定,投资额超过 5000 万澳元的项目需经其审查。但对于新的石油和天然气勘探、开发项目,如外国公司投资总额在 1000 万澳元以上,需将项目建议通知 FIRB,除非 FIRB 认为项目有损国家利益,否则新项目将获准进行;如投资额在 1000 万到 1 亿澳元之间的油气项目,FIRB 通常不进行详细审查;若投资额超过 1 亿澳元,FIRB 将对项目建议进行详细审查,一般也将予以批准。如欲购买总资产在 5000 万澳元以上的油气勘探或生产公司资产或 15%以上股份,受 1975 年外国并购法案管辖;如目标公司的资产在 5000 万至 1 亿澳元之间,通常不用进行详细审查就能获准;如投资在 1 亿澳元以上,则需进行更详细地审查,除非有损国家利益,一般都能获准。但如外国政府或其机构欲以直接投资的形式参与澳大利亚油气行业,则需提前报 FIRB 审批。②

(二)能源储备和能源安全

1. 能源安全政策

考虑到能源对外依存度比较低和战略能源储备的高额成本,澳大利亚政府认为没有必要建立石油战略储备,一般也不直接干预能源供应的短缺。政府注重通过提高能源效率、鼓励能源开发、发展和使用替代性交通能源和可再生能源来减少对石油的依赖。但随着澳大利亚对外石油依赖程度的提高,国内要求建立国家石油战略储备的呼声越来越高。③

---

① 杜群:《澳大利亚的能源法律制度及其借鉴》,《时代法学》2009 年第 7 卷第 3 期。

② 转引自杜群:《澳大利亚的能源法律制度及其借鉴》,《时代法学》2009 年第 7 卷第 3 期。中华人民共和国商务部对外经济合作子站,澳大利亚能源资源管理体制和投资政策,http: www.mofcom.gov.cn/column/print.shtm?l/duzpb/cf/z/200507。

③ 转引自杜群:《澳大利亚的能源法律制度及其借鉴》,《时代法学》2009 年第 7 卷第 3 期。中华人民共和国外交部驻墨尔本总领事馆经济商务室,澳建立国家石油战略储备的呼声再起,http: //melbourne.mofcom.gov.cn/aarticle/ztdy/200708/20070805010235.shtml。

2. 国家液体燃料突发事件应对计划

澳大利亚政府制定了《国家液体燃料突发事件应对计划》。在长期广泛的燃料供应短缺中，该计划的目标是确保燃料供给和公平有效的分配。该计划管理液体燃料突发事件的措施包括：控制石油在澳大利亚境内的销售与流动，与此同时允许市场通过价格机制减少能源的需求；采取鼓励自愿减少需求的措施；直接的数量配额控制。[1]

3. 能源安全监管

国家石油供应突发事件委员会是澳大利亚主要的能源安全监管机构。该委员会由来自政府、主要石油供应公司和行业协会的代表组成，其主要职责是收集能源信息，作为政府与能源行业沟通的桥梁。[2]

四、国外能源法律体系对我国构建能源法律体系的启示

国外能源法律体系给我国的能源法律体系构建提供了以下借鉴：一是能源法律规范应具有较大的灵活性，根据形势随时修改。二是能源法律规范应注重可操作性，要明确管理主体，在法律中规定量化指标，并及时制定配套法规。三是打破能源领域的市场垄断。我国在完善能源法律体系的过程中，在法律规范中加入吸引能源市场投资、加大能源市场竞争、给予税收优惠等措施促进能源市场改革和发展的规定，运用法律的手段打破能源领域的市场垄断，加强能源市场竞争，以推进能源市场的改革和发展。四是重视能源安全。能源安全包括能源的供给安全和使用安全。我国在能源立法中，必须重视能源安全问题，在保障能源供给安全的同时，也要加强能源使用安全方面的规定。五是注重环境保护，在能源法律体系构建时以环境保护作为考虑因素。

第三节　能源法律体系确立的立法宗旨

能源法律体系确立的立法宗旨，是能源法价值目标的体现，对于能源法的完善具有重要意义。能源环境问题、能源效率问题、社会公平问题等都是能源

---

①② 杜群：《澳大利亚的能源法律制度及其借鉴》，《时代法学》2009 年第 7 卷第 3 期。

法发展必须面临和解决的问题，能源法律体系也不例外，以解决这些问题为主旨，从而确定能源法律体系的方向和基础，促进其自身的完善和功能的发挥。

一、以能源战略作为确定能源法律体系的方向

一国能源对策体系一般包括能源战略、能源政策、能源法律。能源战略也称能源发展战略，是一国为了实现总体经济和社会发展目标，对能源经济发展所规定的总方针、基本原则以及带有根本性的措施。能源战略是国民经济与社会发展战略的重要组成部分，是一国能源经济发展的根本规律和特殊性的总结。[1] 因此，能源战略是能源法确立的依据，能源法往往根据能源战略的需要进行调整。能源战略和能源法律是不能互相替代的。"能源战略是一国解决能源问题的理论、原则和带有根本性的措施，但本身不是行为规范；能源政策是灵活性、策略性对策，但也只限于政府管制的范围内。而能源法则是长期稳定的制度性对策，既可以使能源战略规范化与制度化变为国家和全社会的行动，也可以在法治实践中丰富发展能源战略，同时还可以超出行政规范对投资结构、企业产权制度与竞争制度进行安排。"[2]

在确定我国能源法律体系的过程当中，应当有一定的超前意识，或者说应当充分贯彻可持续发展理论，把创建环境友好型社会作为始终秉承的理念，尤其注重对于能源环境问题的解决和预防。

二、以解决能源环境问题作为确定能源法律体系的基础

能源法律根源于一国的能源问题。因此，要研究一个国家的能源法律体系，就首先应当以该国的能源问题为出发点。能源问题可以细分为能源供给问题、能源效率问题、能源价格问题、能源贸易问题和能源环境问题等。迄今为止，能源法关注的重点依然是能源充足供给、能源安全以及能源使用效率等问题，并没有充分地重视能源对于环境造成的负面影响。能源法只是一种集合各种法

---

① 肖乾刚、肖国兴编著《能源法》，法律出版社，1996，第9页。转引自宁琛：《我国能源法基本制度体系研究——以环境风险预防原则为视角》，硕士学位论文，中国政法大学。

② 林安薇：《能源安全观与能源法的理性建构》，http://www.riel.whu.edu.cn/show.asp?ID=4418。

律法规的杂乱体系，或者说行政管理规章的变种，缺乏基本原则或整体性特别是对自然法则的尊重。[①] 能源法律体系的建构应当将环境保护的理念贯穿始终，纳入能源本身的规制管理过程中。

三、以能源效率作为能源法律体系的中心

能源效率是指单位能源所带来的经济效益多少的问题，带来得多说明能源效率高，也就是能源利用效率的问题。资源的配置效率是指在一定的技术水平条件下各投入要素在各产出主体的分配所产生的效益。这里所指的效率是指资源配置效率，在于"让资源使用达到这样一种状态：任何人要想使自己处境更佳，必须以使其他人处境更差为前提。这是因为，只要稀缺资源的价格较高，而供给丰富的资源价格较低，资源的使用者总是会努力按照有效的方式，即使用较少的稀缺资源，来满足自己对资源的需要"。[②] 追逐效率最大化是每个理性人应当具有的品格，正是在追逐效率最大化的过程中，包括能源在内的资源才能向最能实现其价值的方向流动。而资源配置效率的提高就是产权主体在竞争性能源市场博弈的绩效，围绕资源配置效率的提高而安排的制度是产权制度及其制度环境，产权主体和产权收益归属明确有利于资源配置效率的实现。因此，正是因为有产权制度的区分才有了不同的发展水平，良好的产权制度设计有利于资源配置效率的提高，使能源的利用得到最大价值的发挥。法律作为保障能源发展的制度性设计，应明确设计竞争性能源市场原则，进行以提高资源配置效率为中心的产权制度设计。

四、以确保公民获得基本能源服务及实现社会公平为能源法律体系的目标

一方面，机会均等、产权效率与社会公平的同一性表明，社会公平对待各种产权主体是能源发展转型绩效大于成本的保证。能源法要规定社会公平与产权效率原则，在能源法律体系的完善过程中要规定以下内容：第一，投资者市场准入

---

① 龚向前：《能源法的变革与低碳经济时代》，《中国石油报》2006 年 6 月。

② 〔英〕房姆斯·米德：《效率、公平与产权》，施仁译，北京经济学院出版社，1992，第 2 页。

条件、规模与领域必须明确包括民营企业在内的投资者投资的自由度;第二,要让政府从追逐权力与利益转向追逐产权效率,对产权效率负责;第三,能源矿产资源与清洁能源资源的公平分配制度,要引入竞争机制,实现生产要素与相关资源的公平分配制度;第四,财政激励措施使用限制,要明确财政激励采用的条件与时机,并纳入审计监督;第五,能源信息公布制度,要定期或不定期地公布有关能源投资、政策等信息,并保证能源投资信息的公开、公正与透明。

另一方面,能源法应以维持社会弱势群体基本生存条件、满足基本生活需求为保障。能源作为居民基本生活必需品,法律也应保证能源向居民供给的公平分配与机会均等。

五、以合理界定政府、企业和市场的边界作为能源法律体系的重要内容

现行的能源法律体系有用法律确定或保护部门利益的嫌疑,要么迁就或固化现有体制及其管理模式,要么将竞争排除在开发利用之外。这样的规范模式不仅夸大了政府在能源管理中的作用,也割断了能源技术与能源经济的依存关系,使能源开发利用有压力无动力,有约束无激励或少激励,[1] 使得"能源开发利用效率优先,兼顾公平"仅仅是一句大而空的话。因此能源法律体系的设计必须合理界定政府、企业和市场的边界。

第四节　中国能源法体系

能源法体系是一国能源法及其制度完备和完善的标志。在能源法体系中,每一项能源法律规范和制度都与系统整体有着内在的逻辑联系。从法律体系的结构形式来看,构建能源法体系首先应当有能源基本法,用以确定能源法基本规范和制度,构成能源法体系的核心和框架。其次应当由具体的能源法律规范和制度,构成能源法律体系的基础和内容。只有两者相互补充和衔接,才能形成完整、统一、协调和有内在逻辑联系的系统。[2]

---

[1] 肖国兴:《能源效率与法律制度的理性选择》,《环境保护》2005 年第 12 期。
[2] 张勇:《能源基本法研究》,法律出版社,2011,第 27 页。

一、我国现行能源法律体系

随着我国经济体制改革的不断深化和能源领域市场化建设的不断推进，以及投资主体多元化、市场主体多元化格局的形成，从单纯地运用行政命令方式调整关系，已经转变为在运用政策手段调整的同时，日益重视通过立法对能源法律关系进行调整的一个新的时期。[1]

目前，我国能源领域主要有《电力法》《煤炭法》《可再生能源法》《节约能源法》四部单行法律以及《矿产资源法》《中华人民共和国水法》（简称《水法》)、《环境保护法》《清洁生产法》《循环经济促进法》等 30 多部与能源相关的法律。除此之外，还有多部行政法规、部门规章、地方性法规与行政规章以及我国参加、缔结和承认的多个与能源相关的国际条约和国际惯例。所有的这些构成了我国现有的能源法体系的框架，使得能源开发利用的相关环节大都有相应的法律法规可以依据。

二、现行能源法体系存在的问题

随着我国能源需求的快速增长和国内外能源形势的变化，我国的能源法律体系的不完备和法律法规的不健全，已经成为能源可持续发展的"瓶颈"。

（一）结构性缺陷

结构性缺陷是指龙头作用的能源基本法缺失，石油、天然气、原子能等领域的能源法律缺位，对能源产品的销售和服务缺乏关注，缺少能源公用事业法。[2]

（二）内容性缺陷

内容性缺陷，是指部分能源法律法规与改革方向和 WTO 规则体系中的能源规则不相适应。[3]

（三）配套性缺陷

配套性缺陷，是指现行的几部能源法律规定比较原则，要靠配套大量行政法规和有关部门的行政规章才能有效实施。但因各种原因，一些法律明确规定

---

[1] 黄振中、赵秋雁、谭柏平：《中国能源法学》，法律出版社，2009，第 29 页。
[2][3] 叶荣泗：《能源新时代的立法格局》，《国家电网报》2006 年 10 月 5 日。

要制定的行政法规长期空缺或不能出台。①

（四）协调性缺陷

指新旧能源法律之间、不同位阶的能源法律之间、能源法律与其他相关法律之间不协调，缺少相互呼应，制约了能源法律实施的效果。②

三、能源法体系的完善对策

为了保障经济发展、社会稳定和国家安全，实现能源可持续发展，完善我国的能源法体系尤为重要。

（一）出台能源基本法

当前，国际上存在三种能源立法模式：一是"政策式"立法模式，即规定能源战略和规划思想、目标、措施、基本的政策手段与程序等，用来作为国家能源战略和能源政策的法律基础，如日本的《能源政策基本法》；二是"法律兼政策式"立法模式，即立法中包括能源战略、规划、管理和决策，也涵盖制度性法律规范，如美国的《能源政策法2005》；三是"基本法式"立法模式，重心是建立相应的制度，如市场准入制度、能源管理制度等，如韩国的《能源基本法》。

我国应当采取哪种立法模式，对此，学者们认识不一。本书认为，考虑到我国能源法体系的现状，应采取第三种立法模式，即"基本法式"立法模式。第一，我国现有的能源法体系中缺乏处于局域核心地位，起基础和协调作用的综合性法律，没有一部能够全面体现能源基本原则和基本制度的基础性法律；第二，我国现有的国家能源战略已经通过各种专项规划予以阐明，因此，能源基本法的立足点更加应当放在确立我国的能源管理体制、基本原则和基本制度上来。

（二）完善能源专项立法

能源专项法，是指在能源基本法指导方针下，某一具体行业或者某一具体领域的专门性法律规范。目前完善我国能源专项立法，主要需要做以下工作：①弥补能源专项法空白，例如制定《能源公用事业法》《核能法》等；②针对现行法律滞后状况及时对能源专项法进行修订。例如，《电力法》已经无法体现加强电力监管的宗旨，急需修订完善。

---

①② 叶荣泗：《能源新时代的立法格局》，《国家电网报》2006年10月5日。

第四章　能源法基本法律制度

能源是增强国家综合国力的重要条件，是人类赖以生存和发展的物质基础，对经济繁荣、社会发展都至关重要。完善的能源法律制度对推动能源产业的可持续发展和保护环境将起到巨大的作用。

第一节　能源法基本法律制度概述

不同学者对能源法基本法律制度有不同的划分。例如，有的学者认为能源法应规定的重要基本制度包括能源规划制度、能源生态补偿制度，能源行业的市场准入制度和能源环境影响评价制度；也有的学者认为能源法基本法律制度与专项制度不同，专项制度专门针对某一领域某一范围，而基本制度则处于一个全局性的指导地位，因此我国的能源法的基本制度可归纳为以下四项：一是能源权属制度。其中包括多元化能源产权制度、市场准入制度等。二是能源行政管理制度。既要保证国家能源主管部门对能源全过程实施统一管理又要保证横向的相关部门权责明晰，完善能源工作协调制度，以及部门间、中央和地方间的利益协调制度。三是能源战略与规划制度。四是能源国际合作制度。[①]本章内容将对能源法基本法律制度进行概述，并对制度进行简要介绍。

一、能源法基本法律制度概述

目前，在我国的能源产业领域单行法中也设计了大量的法律制度进行保障。《中华人民共和国节约能源法》早于 1998 年 1 月 1 日就开始施行，以重点管制制度、用能产品标识制度、节能计划制度、节能标准和节能技术开发、节能产

---

① 黄振中、赵秋雁、谭柏平：《中国能源法学》，法律出版社，2009，第 104 页。

品认证制度、产品生产鼓励制度为其重要法律制度。2005 年，我国颁布了《可再生能源法》，该法同样也确立了一系列制度，包括：可再生能源总量目标制度、费用分摊制度、分类电价制度、专项资金和税收、强制上网制度、信贷鼓励措施等。纵观我国能源法律制度，虽然大多数仍为单行法，但在可持续发展理念下，我国的能源法律制度也已经取得了一定的进展。这对我国改善能源结构，提高利用效率和强化能源储备提供了法律依据，也为积极推动可再生能源、新能源的开发利用和能源的可持续发展提供了法律保障。从能源法制建设的整体考虑，《能源法》构建的主要制度不能简单重申各单行能源法律法规局限于行业的能源法律，而应该归纳后纳入自己的内容之中，建立起区别于各单行法调整机制的综合性调整体制和机制。具体而言，能源法律基本制度应当包括以下内容：能源权属制度、能源战略与规划制度、能源市场及其监管制度、能源综合管理法律制度、能源国际合作法律制度、能源领域科技创新制度、能源环保制度、能源法律责任制度、基本人权保障与公平制度。

二、能源法基本法律制度的作用

（一）体现能源法的基本内容

能源法基本法律制度覆盖和贯穿能源开发利用及其规制的全过程和主要方面，是能源法发挥作用的重要载体。能源法基本法律制度是能源开发利用及其规制最基本的行为准则，是能源法中具有根本意义的制度，能源的开发利用及其规制会通过能源法基本法律制度予以体现。因此，能源法基本法律制度规定了事关能源发展全局的、根本性的内容。

（二）促进能源法的实施

英国学者拉兹认为，法律的重要特点可以表述为规范性、制度化和强制性。所谓法律是制度化的，即它的实施和法典化在很大程度上通过特定制度来实现或者规定。[①]能源法的适用需要具体的、特定的能源法律制度来实现，而在这一过程当中，能源法基本制度发挥了促进能源法实施的重要作用。

---

① 〔英〕约瑟夫·拉兹：《法律体系的概念》，吴玉章译，中国法制出版社，2003，第 4 页。转引自宁琛：《我国能源法基本制度体系研究——以环境风险预防原则为视角》，硕士学位论文，中国政法大学。

（三）为其他法律制度的确定提供依据

基本法律制度是其他法律制度的源泉，能源法中其他法律制度和措施均不能背离基本法律制度所确立的价值取向和规范框架。换言之，法律中的基本法律制度统筹其他法律制度，由于制度功能不同，构成体系的一国能源法律制度往往具有不同的层次和地位。能源法基本制度是规范能源开发利用以及规制的基本内容的能源法律制度，是其他能源法律规范的基础和前提，表达了能源法的思想和精神，贯穿于能源开发利用以及规制的全过程与各主要方面，因此能源法基本制度在能源法中具有根本性和决定性的法律地位。但是应当看到，任何一项基本法律制度并不能孤立存在，它需要和其他基本法律制度共同配合、形成合力方能实现既定的立法目的。

第二节　能源权属法律制度

能源所有权制度是能源利用的前提，也是特许与许可的前提。能源所有权是指一个主权国家对其管辖范围内的能源资源具有排他性的支配权，对外体现国家的能源主权，对内体现能源国家所有权。能源资源的使用权是能源资源的非所有权人依法享有的对能源资源的勘探、开发与利用等权利。

一、能源权属法律制度的内涵

能源具有数量的有限性、赋存的不均衡性、生态的整体性等自然属性，同时又具有经济性、政治性和法律性等社会属性。能源的属性决定了法律必须明确能源资源的归属，包括能源产权制度和能源市场的准入制度、能源管理制度等。能源权属制度是指法律关于能源资源归谁所有、使用以及由此产生的法律后果由谁承担的一系列规定构成的规范系统，是能源保护管理中最有影响力、不可缺少的基本法律制度。产权是一个权利束，或者是一个权利群，一般附着于有形的物品或者无形但可以体验的服务上。以资源为中心的产权内容包括对资源的所有权、使用权、转让权，以及收入的享用权。建立归属清晰、权责明确的能源产权制度，是市场经济存在和发展的基础要求。能源资源的产权制度主要是指能源资源的所有权制度、使用权制度以及多元化投资的能源产权制度。

二、能源权属制度的外延

（一）能源所有权法律制度

我国法律并没有直接使用能源资源所有权一词，而是在《宪法》中对包括能源资源在内的自然资源国家所有的制度做出了明确规定。《宪法》第 9 条第 1 款规定，矿藏、水流、森林、山岭、草原、荒地、滩涂等自然资源，都属于国家所有，即全民所有；由法律规定属于集体所有的森林和山岭、草原、荒地、滩涂除外。该规定所列举的各种自然资源中，虽然没有对能源做出相应规定，但应当理解为其中也包括了能源自然资源。所有权的权能之一是"占有"，在自然资源中，风能、太阳能因为其"无形性"无法成为物权法意义上的客体，所以也不宜在宪法中列出其属于某个法律主体所有，包括国家所有。但是太阳能、风能的利用应当由国家管理，必要时需要全国人大常委会做出解释。①宪法作为在我国各种法律形式中具有最高法律地位和法律效力的根本大法，不仅对自然资源的所有权作出规定，也对自然资源的支配权做出了原则性规定，主要体现在《宪法》第 9 条第 2 款："国家保障自然资源的合理利用，保护珍贵的动物和植物。禁止任何组织和个人用任何手段侵占或破坏自然资源。"规定体现了对有限的自然资源进行合理配置、节约使用、高效利用的全局性规划和基础性定位，进而为我国的能源资源的相关事项如开发、利用、储运、贸易等做出了相应的指导性规定。除宪法相应规定外，我国其他的法律法规对能源资源的权属问题也有相应的规定。例如：《中华人民共和国水法》（简称《水法》）第 3 条规定，水资源属于国家所有。水资源的所有权由国务院代表国家行使。农村集体经济组织的水塘和由农村集体经济组织修建管理的水库中的水，归各农村集体经济组织使用。《矿产资源法》第 3 条第 1 款规定，矿产资源属于国家所有。地表或者地下的矿产资源的国家所有权，不因其所依附的土地的所有权或者使用权的不同而改变。

需要注意的是，我国的能源资源可以划分为海上能源资源和陆地能源资源，两者的归属权权属是有差异的，原因就在于，海上能源资源包括石油等关乎国家经济发展命运的重要能源资源，是各国争夺的对象，因此在其所有权归属上

---

① 胡孝红：《各国能源法新发展》，厦门大学出版社，2012，第 143 页。

应当遵循国际法规则，此时的能源资源所有权直接与我国的国家主权相联系。1982 年的《联合国海洋法公约》（以下简称《海洋法公约》）被认为是目前最全面、最完整的海洋法法典，是国际法中对海洋领土规定最为详细的文件。我国于 1995 年批准该公约，成为缔约国。《海洋法公约》将海洋划分为内海、领海、毗连区、专属经济区、大陆架、国际航行海峡、群岛水域、公海、国际海底区域等九类区域，并规定了各个区域的不同法律制度。其中内海与领海属于国家领土，专属经济区不是自然存在的权利，而需要国家以某种形式宣布建立并说明其宽度，而沿海国对大陆架的权利则不需要有效或象征性地占领或任何明文公告，其中专属经济区是领海以外毗邻领海的一定宽度的水域，根据《海洋法公约》的规定，它从领海基线量起不得超过 200 海里；大陆架是指沿海国领海以外依照其陆地领土的全部自然延伸，扩展到大陆边外缘的海底区域的海床和底土。在领土范围内的能源资源归主权国家所有。但是，根据《海洋法公约》的这种多重划分标准，不同的国家从自身国家利益出发采取不同的标准，致使在实际的操作中出现很多争议海域，相关海域的资源自然成为争议资源，从而引发了开发利用上的一系列争议问题。

以上是宪法及其他法律法规对能源资源所有权归属的相应内容，但是这些内容分散于各种法律之中，较为混乱。能源所有权法律制度应以《宪法》的指导性规定为基础，避免宪法及其他法律出现的笼统地针对所有自然资源所有权做出归属规定，明确我国能源资源的所有权归属。

（二）能源资源的使用权制度

能源资源的使用权主要是指能源资源的非所有权人依法享有的对能源资源勘探、开发与利用等权利。在设计能源使用权法律制度时，应考虑发挥企业的积极性和创造性，使能源勘探、开发和利用的范围由法律明确规定。例如，采用招标、拍卖、协议等取得的勘探、开发和利用权力应当附有期限。能源企业可以通过招标、拍卖、协议等方式部分或全部转让其依法取得的能源勘探、开发与利用等权利。[1]提高产权效率就需要发挥其他市场主体和市场的自主性，提高能源市场的灵活性，单位和个人对于能源资源可以按照有偿取得的原则依法享有占有、使用和收益的权利，但不得损害国家的权益。例如，《能源法》草案中规定："企业申请石油、天然气、核能等关系国家安全和国民经济命脉的

———————

① 胡孝红：《各国能源法新发展》，厦门大学出版社，2012，第 144 页。

能源矿产资源勘探或者开采项目，应当符合能源矿产资源准入条件，经国务院能源主管部门批准后，向国务院国土资源主管部门申请勘查或者采矿许可证。"

在能源资源的使用权制度上有一个问题需要重视。在中国，由于私人不享有土地所有权，因此，附于土地之上的土地使用权、承包经营权等用益物权与自然资源开发利用权之间是相互独立的，也就是说，取得其中一项权利并不意味着相应的享有另一种权利。所以单位和个人在进行能源资源的勘探、开发、利用时不能损害土地既存的权利，即已设立的承包经营权等用益物权，如有损害，必须予以赔偿，而赔偿标准可以参照民法上的侵权或者不当得利补偿规则。对于能源资源的勘探、开发和利用权力与土地物权人之间的权利冲突问题，可以通过尊重所有权、按照他物权设定顺位、设定时间或者按照法律规则处理。①

（三）多元化投资的能源产权制度

现代产权制度是权责利高度统一的制度，其基本特征是归属清晰、权责明确、保护严格、流转顺畅。产权主体归属明确和产权收益归属明确是现代产权制度的基础；权责明确、保护严格是现代产权制度的基本要求；流转顺畅、财产权利和利益对称是现代产权制度健全的重要标志。当前我国经济社会发展中出现的一些矛盾和问题，都直接或间接的涉及产权问题。建立健全现代产权制度，是实现国民经济持续快速健康发展和社会有序运行的重要制度保障。②

一方面，多元化投资的能源产权制度并不意味着没有轻重层次，能源资源问题往往涉及国家安全和国民经济命脉，因此在此领域内不能将能源市场完全放开。所以，在能源投资领域，国家还是应当发挥主导作用，这涉及能源安全问题。另一方面，多元化投资的能源产权制度，会使民营资本、外资也可以对能源进行投资，能源领域民间投资不断扩大，增加了能源市场发展的灵活性。

目前，国内资本市场、产权制度发育得还不太健全，所以许多新能源企业选择在海外资本市场上融资，原因在于海外市场的融资额度和融资效率都比较高，并且再融资的手续也十分简单。国外投资者更看重企业未来的成长性，而对当前这些新能源企业的市场地位并不是特别关注。

---

① 清华大学环境资源与能源法研究中心课题组：《中国能源法（草案）专家建议稿与说明》，2008，第85页。

② 黄振中、赵秋雁、谭柏平：《中国能源法学》，法律出版社，2009，第108页。

第三节　能源国际合作法律制度

在全球化背景下，国际能源领域相互依赖的程度日益加深，国家通过缔结国际条约、参加国际组织、协调能源政策、交流能源信息等方式，开展能源资源互利合作，有利于确保世界各国能源安全，推动世界经济的繁荣与发展。

一、国际能源合作法律制度的内涵

国际能源合作是指不同主权国家政府、国家能源公司、国际能源组织和超越国家界限的自然人和法人为了共同的利益，在石油、天然气生产领域中以生产要素的移动与重新组合配置为主要内容而进行的较长期的能源协作活动；国家间的能源政策协调也是国际能源合作的重要内容。[①]国际能源合作具有如下特点：①国际能源合作主体具有多元性。有主权国家、政府间组织、非政府实体以及个人等。②国际能源合作形式具有多样性。包括召开国际会议、设立能源专门机构、签订能源条约、人员互访、能源信息通报、能源情报交流、针对能源项目的谈判、联合调查等。③国际能源合作的方式具有多层次性。既有个别行为的单个国家与国家之间的双边能源合作，也有多个国家的多边能源合作，还有作为集体行为的区域能源合作以及全球能源合作等。④国际能源合作过程中又具有不平等性和不均衡性，这是由于各国综合能力强弱不一。除以上特点外，国际能源合作还表现为全球性加强合作的积极主动性以及稳定性等特点。

二、中国参与能源国际合作应坚持的法律原则

（一）坚持国家的能源主权

能源主权原则是国家经济主权原则的体现，是指一国有权独立自主地选择本国的能源制度、决定能源事务的最高权力。国家的能源主权在国际能源合作中主要体现为以下两方面的内容：首先，一国对于其境内的油气资源享有永久性的占有、使用、处置的权利；同时，国家可以按照本国的利益和意志选择发

---

① 岳树梅：《国际能源合作法律问题研究》，博士学位论文，西南政法大学，2007，第14页。

展道路、发展计划、勘探、开发、运输能源的立法，选择本国的能源制度，管理和调控本国能源活动。其次，为了维护国家的能源安全，一国对于是否参与、采取何种方式参与、参与何种形式的国际能源合作具有决定权，同时有权独立自主确定本国能源外交方面的战略决策，不受别国干涉。中国在参与国际能源合作的过程中，应当处理好、维护好国家能源主权与加强国际能源合作的关系，在国际能源合作法律制度的制定中充分行使主权，参与到合作规则的制定中，并且重视能源科技创新，完善国内能源市场体制，提升自身在国际能源合作中的作用，充分发挥中国的能源主权，尽可能地打破西方发达国家对国际能源合作主导权的垄断。

（二）国际能源新秩序话语权原则

不公正不合理的国际能源秩序，是导致世界能源争夺战争、世界能源环境污染、世界能源危机等国际能源问题的主要原因。因此，建立公正合理、互利合作的国际能源新秩序，是世界大多数国家的共同愿望，也是中国参与国际能源合作的目的。为实现此目的，中国在国际能源合作中应当反对在国际能源领域的霸权主义，以及能源输出国利用能源垄断、限制开采引起的能源危机，从而推动所有国家能够平等地参与国际能源合作；中国应倡导平等互利的能源合作，施行优势互补，共同发展；尊重各国人民自主选择能源发展道路和自主掌握新能源开发的权利；支持加大向发展中国家转移能源合作技术的力度；把新能源开发置于优先地位，根据本国国情调整能源结构，推动能源合作。

（三）保障能源安全原则

能源安全是指在经济发展的一定时期内，保障能源持续、及时、足量地满足国民经济和社会发展的需要，并保持价格的可接受性、发展的可持续性和国家政治的稳定性。能源安全包括能源供应安全和能源使用安全，所谓能源供应安全是指满足国家生存与发展正常需要的能源供应保障的连续与稳定程度；能源使用安全是指能源的消费及使用不应对人类自身的生存与发展环境构成威胁。能源安全原则是国际能源合作的基础，是国际能源合作应该共同遵守的原则，中国的能源安全是与国际能源安全紧密联系的。中国的能源安全具体表现在能源储量、产量、国际能源市场、国际能源贸易、能源储运、能源勘探开采技术、国际能源合作等方面。因此，在国际能源合作中，中国应当更加突出能源安全的地位，加强互利合作、研发先进能源技术、维护能源安全稳定的良好政治环境。

（四）能源可持续发展原则

有学者指出，所谓的能源可持续发展，至少应该具备以下特征：第一，对可更新能源的利用率必须低于他们的生产率；第二，对不可更新能源的利用率不能超过其替代能源的开发速度；第三，污染以及栖息地的环境破坏不能超过环境的同化能力。^①因此，能源可持续发展是指能源的生产和使用可以支持社会、经济及环境的长远发展。能源可持续发展要求国际能源合作要关注人类未来的生存和发展，关注人类与自然界的和谐。

在有关的联合国大会决议、国际条约和文件中也大都对能源的可持续发展指明了方向。中国既是能源消费大国又是能源进口大国，能源利用造成的环境污染问题比较严重。因此，中国进行能源国际合作应当以"提高效率、保护环境、保障供给、持续发展"为基本法律依据来提高能源的开发和利用效率，注重替代能源的开发利用，改变能源结构，发展清洁无污染能源，正确处理好能源与环境的关系，实施保护环境的能源发展战略。

三、能源国际合作制度的内容

（一）合作方针与方式

国家通过缔结国际条约、参加国际组织、协调能源政策、交流能源信息等方式，开展能源资源互利合作。国家建立和完善内外联动、互利共赢、安全高效的开放型能源体系。合作方式是缔结国际条约、参加国际组织、协调能源政策、交流能源信息等。

（二）境外能源合作

鼓励对外能源投资和合作方式的创新，建立境外能源合作管理与协调机制，由国务院能源主管部门会同有关部门统一协调境外能源合作事务。国家保护在境外从事能源开发利用活动的中国公民、法人和其他组织的合法权益以及中国公民的人身和财产安全。国家采取措施有效应对中国公民、法人和其他组织在境外的能源投资项目所遭受的国有化、征收、征用、战争、内乱、政府违约、外汇汇兑限制等政治风险。

（三）境内能源合作

国家依法保护外国公民、法人和其他组织在中国境内从事能源开发利用活动的合法权益。外国公民、法人和其他组织在中国境内从事能源开发利用活动，

---

① 张勇：《能源基本法研究》，法律出版社，2010，第47页。

必须遵守中国有关法律、法规。国务院有关部门应当制定涉及能源发展的外商投资产业指导目录及相关政策。

（四）国际贸易合作

我国应当进一步加强能源贸易的国际合作，建立健全境外能源贸易监管机制，防范和应对国际能源市场风险，保障能源贸易安全。

（五）能源运输合作

统筹规划跨国能源输送管网、能源运输通道及配套设施的建设，保障涉外能源运输的安全、经济和可靠。从事跨国能源输送管网、能源运输通道及配套设施的投资、开发、建设、经营等活动，必须符合国家能源战略和规划，并接受国务院能源主管部门和有关部门的管理、协调和监督。

（六）能源科技与教育合作

采取措施，促进能源科技、教育与人才培训的国际合作，鼓励与其他国家联合培养国内能源领域急需的专业人才，提高对国外先进能源科技的吸收、转化与自主创新能力。

（七）能源安全合作

国家加强与其他国家和相关国际组织沟通、协调与合作，促进能源预测、预警与应急的国际合作，推动全球性或者区域性能源安全协调保障机制的建立和完善。能源安全问题，是影响和制约中国经济发展、威胁国家经济安全的重要问题。通过能源安全国际合作，不仅可以帮助我国建立与主要的能源出口国和进口国之间的沟通和协调，而且可以利用国际组织的制度化力量减少中国和其他国家可能因能源问题出现的冲突，推动国际能源市场的稳定，保障中国经济发展的可持续性。

第四节　其他能源法律制度

除能源权属制度、能源国际合作法律制度外，能源法基本法律制度还包括能源战略与规划制度、能源市场及其监管制度、能源综合管理法律制度、能源领域科技创新制度、能源环保制度、能源法律责任制度、基本人权保障与公平制度等。

一、能源战略与规划制度

所谓能源战略，是指一个国家为了解决能源问题、实现能源发展而确定的长期目标、重大措施和行动纲领，是能源对策体系的指导思想，是一国能源发展的指导思想及长期性、根本性规划。① 国家能源战略是筹划和指导国家能源可持续发展、保障能源安全的总体方略，是制定能源规划和能源政策的基本依据，决定着政府能源政策的重点和国家能源法律的制度安排。国家能源战略应当规定国家能源发展的战略思路、战略目标、战略布局、战略重点、战略措施等内容。

学界对于能源法是否规定能源战略制度目前仍存在争议。我国数年来的能源战略实践分析表明，我国的能源战略内容已经发生了巨大变迁。改革开放以来，我国政府高度重视能源问题，在不同的历史阶段都提出了与国民经济和社会发展基本相适应的战略和政策。② 与世界能源战略发展相比，我国能源战略思想不仅形成的比较晚，而且还缺乏权威性。能源战略在国家能源对策体系中居于核心地位，然而我国长期没有具有法律意义或法律效力的能源战略，致使我国能源对策体系存在不确定性。这无论对于国家应对能源问题还是对于能源实务工作而言，都是不利的。此项制度的核心是确定能源战略的内容、法律效力、编制程序。③ 根据我国现行的立法传统，只要能源法中设计安排了能源战略法律制度，则该项制度就实现了法律化，能源战略就转化成了国家制度。

所谓能源规划，是国民经济规划的重要组成部分，在性质上属于部门规划的范畴，是国家政府对能源的未来发展利用活动做出的部署和安排，是实施国家能源战略的阶段性行动方案。④ 能源规划是根据国家和地区的能源状况和社会经济发展的需要，对一定时期和一定范围的开发、利用、节约、保护和管理工作所做的总体安排。国家能源规划应当制定规划期内能源发展的指导思想、基本原则、发展目标和指标、阶段性任务、产业布局、重点项目、改革措施及

---

① 张勇：《能源基本法研究》，法律出版社，2010，第 79 页。
② 卢霄霄：《我国能源立法模式与制度选择》，硕士学位论文，中国地质大学。
③ 肖国兴：《论能源战略与规划的法律界定》，《郑州大学学报（哲学社会科学版）》2009 年第 5 期，第 68~73 页。
④ 张勇：《能源基本法研究》，法律出版社，2010，第 79 页。

其他重要事项。国家能源规划包括国家能源综合规划和国家能源专项规划。国家能源专项规划包括煤炭、石油、天然气、煤层气、电力、核能、新能源和可再生能源等行业发展规划以及能源节约、能源替代、能源储备、能源科技、农村能源等专题规划。我国能源规划还可以按照不同的标准进行不同的分类：按规划范围分为全国能源战略规划、流域能源规划和行政区域能源规划；按规划期可分为长期规划和近期规划。我国应将能源规划纳入法制化的轨道，使其运作规范化、程序化和科学化，实现能源规划的正义、公平。

二、能源市场及其监管制度

能源市场化主要是打破垄断，鼓励竞争与开放，目的是激励竞争从而提高效率，增强私人部门产权实现的潜力与投资动力。能源市场化通常包括两个方面：一方面是能源部门在所有制模式上的多元化；另一方面是放松对能源部门的政府管制，包括更少的价格控制与进出口限制，促进能源产品与服务的商品化。能源投资与贸易、能源服务的市场准入条件、行政许可与登记的范围界定、能源产权结构将直接决定能源市场的开放度以及竞争的范围与广度，因而成为能源市场制度设计的核心。当然，鼓励规模经济与推进竞争的界限、自然垄断监管、用户与消费者保护和能源的普遍服务也将成为监管的重要内容。此项制度的设计与实施将对中国建立有序竞争的、产权交易成本较低的能源市场机制发挥助力作用。[1]

虽然学术界对监管的内涵众说纷纭，其理解也各不相同，但是归纳起来可以得出监管具有如下基本特征：①须以市场失灵作为进行监管的必要前提条件；②监管的主体是政府行政机构或政府授权机构；③以微观经济主体作为监管对象；④监管的依据是国家法律和法规；⑤监管的目标是直接控制各类微观经济主体的活动；⑥监管是监管者和监管对象的一种互动活动。[2]能源产业关系国家经济命脉，目前能源监管机构职能分散、机构重叠，急需建立和完善相关法律，用法律对政府管制机构的权力和决策过程进行规范和约束，从而真正实现依法

---

① 邓海峰：《能源立法模式与核心制度选择》，《政法论丛》2011 年第 4 期。
② 胡税根：《论新时期我国政府规制的改革》，《政治学研究》2001 年第 4 期，第 70~78 页。

监管。如若上述规定能够生效并得以实施，将从根本上改变我国能源资源管理缺位和监管不力的现状，从而实现能源市场资源的合理配置，最终促进有效竞争，维护公众的合法权益和能源市场秩序的和谐稳定，实现能源行业的可持续发展，保障国家能源安全，使能源行业更好地促进国民经济快速、健康、协调发展。[①]

三、能源综合管理法律制度

能源产业是关系国民经济发展和国家经济安全的重要产业，又是一个综合性很强的产业部门，因此，能源监督管理工作十分重要，改善和完善管理体制，是保证和促进能源工业进一步发展的根本措施之一。能源管理制度主要是明确能源管理部门的职责，防止各个部门各自为政、相互扯皮，使能源资源管理有条不紊地进行。能源管理是在能源的勘探、开发、流转、利用等活动中发生的支配、协调、控制和执行等一般行政和非行政的职能。能源综合管理是能源管理逐步发展而来的，是能源管理演变的基本趋势，是能源管理的高级形式。能源管理走向综合管理阶段，是能源管理的理论研究与实践发展以及人类对能源管理认识深化的必然成果。

能源综合管理是对人类可利用的能源资源的管理，是对能源与环境保护相协调的管理，也包括对人的能源生产经营活动的管理。①能源综合管理是一个管理体系，除了传统的能源行政管理，主要包括以各种形态的能源资源本身为对象的管理，还包括能源的行业管理、能源对外合作管理，以及能源管理活动的公众参与制度等。②综合考虑能源资源的勘探、开发、利用和保护生态环境之间的协调，需要综合考虑能源安全、能源效率和环境保护等各方面的因素。③协调各种能源相关部门或机构的管理职责。各种协调既包括中央国家机关之间的协调，又包括中央对省市区相关能源部门的协调，还包括省级机关对下级机关的协调。协调是为了促进和加强机构间和部门间的协作，减少机构间在能源管理过程中的冲突和矛盾，尽可能减少机构功能的重复。因此，能源综合管理是指国家通过各级政府对能源资源、环境权益等进行全面的、统筹协调的管理活动。再具体点就是能源综合管理是指以国家的整体能源安全为目标，通过能源发展战略、政策、立法、执法等行为，在统一管理的体制下，对能源资源、

---

① 卢霄霄：《我国能源立法模式与制度选择》，硕士学位论文，中国地质大学。

环境效益实施各部门分工统筹、协调管理，以达到保障国家能源安全、提高能源利用效率、节约能源、发展新能源、促进能源与生态环境相协调的目的，实现能源资源的可持续利用和能源产业的发展。[①]

建立统一的能源管理体制，设计能源主体和管理制度。能源法安排的能源管理主体包括协调、主管、协管、监管等，其中能源主管部门及监管部门的职权及法律地位的确立在能源管理体制中具有决定性意义。从中国的现实看，能源主管部门统一管理是政府管理体制的基础，监管部门在一定时期内暂时设立在能源主管部门内并保持相对独立，对于管理与监管制度的建立以及制度功能的实现是有益的。能源法安排的专业管理制度包括产业政策、投资体制、财政税收、储备与应急等，基础管理制度包括统计、信息、标准、审计等，这些制度的设计与实施将会形成中国完整的能源管理法律制度，打破现存的条块分割、行业分割、管理分散的现状。我国应尽快建立统一的能源监管体系，监督并管理能源生产、销售、消费中的不合法行为，放宽能源行业市场准入标准，允许非公有经济进入能源行业，并加快对国有能源企业的公司制改革，实现投资主体多元化，使其符合现代企业的经营模式，同非公有经济的能源企业公平参与市场竞争，结束国有能源企业垄断经营的局面。[②]

四、能源领域科技创新制度

科技创新是原创性和技术创新的总称，是指创造和应用新知识和新技术、新工艺，采用新的生产方式和经营管理模式，开发新产品，提高产品质量，提供新服务的过程。科技创新可以分成三种类型：知识创新、技术创新和现代科技引领的管理创新。能源领域科技创新，顾名思义，就是指在能源领域创造和应用新知识和新技术、新工艺，采用新的生产方式和经营管理模式，开发能源新产品，提高能源产品质量，提供能源新服务的过程。

2012年以来美国"能源独立"成为世界能源领域最热门的话题，页岩气的成功开发已经改变了美国的能源前景，颠覆了"石油峰值论"，并带来了一场全球性的能源革命，改变了世界能源版图。[③]通过这一创新型成果，美国页岩油

---

① 黄振中、赵秋雁、谭柏平：《中国能源法学》，法律出版社，2009，第110~111页。
② 邓海峰、赵明：《能源立法模式与核心制度选择》，《政法论丛》2011年第4期。
③ 陈柳钦：《驱动能源革命唯有创新》，《中国能源报》2013年5月27日，第4版。

产量已占石油产量的 12%，足以说明科技创新将大大提高对能源资源的开发与利用，创新与改革始终是促进能源发展、推动能源革命的重要驱动力。但是，这些创新从概念提出到最终应用，需要政府、企业和科学家们的共同努力，以及在科技创新、行政改革、行业管理等各方面的优化和协调推进。

因此，在能源科技创新方面，应当坚持能源科技发展方针，积极推进能源科技自主创新；制定和完善激励企业能源科技投入的财税、价格和金融政策；逐步增加能源科技资金投入；积极构建政府主导、能源企业为主体、市场为导向、产学研协同合作的能源科技创新体系；加强政府对能源科技创新的统一协调管理，强化企业在能源科技创新中的主体作用，加大投入完善科技条件平台与基础设施、社会资源平台建设；对能源领域取得原始创新、集成创新以及引进消化吸收再创新突出成果的单位和科技人员予以表彰和奖励；加强能源科技人才建设，实施以培养、引进和使用科技创新型人才为核心的人才战略；积极开展能源科技国际合作，提高全民能源科技知识和科学用能水平。

五、能源法律责任制度

作为人类生存、社会发展的基本条件，能源不仅是世界经济的命脉，同时也是影响国家安全的重要因素。能源问题是一个国家的根本问题，要想能源法能够有效实施，法律责任是必不可少的一部分。法律责任是指行为人有违法行为、违约行为或者由于法律规定而应承受的某种不利的法律后果。能源法律责任属于法律责任的范畴，即行为人违反能源法律法规所规定的义务，应承担的不利的法律后果或者应受到的法律制裁。在能源开发利用过程中，相关单位和个人，包括政府和政府工作人员，能源企业、能源用户等主体，都有可能违反能源法律法规而承担不同内容和形式的责任。

能源基本法中的法律责任篇章，应当与能源单行法中的法律责任有所区别。由于《能源法》具有基本法的性质，此处的法律责任应当更多的是对能源法律责任的通行规则和单行法不便规定的责任内容做出概括，对涉及全部能源法域的责任基础、归责原则、责任分类、责任范围、责任形态、处断标准、减责免责事由及能源法特有的义务形态等做出规定。[①]

---

① 邓海峰、赵明：《能源立法模式与核心制度选择》，《政法论丛》2011 年第 4 期。

六、基本人权保障与公平制度

能源法的制度设计需要考虑的另一个问题是能源法的人本化。世界银行贫困问题调查小组发现，穷人居住的地方大多缺少能源。联合国可持续发展委员会第 9/1 号决议《能源与可持续发展》提出，使生活费用在每天 1 美元以下的人口脱贫，获得负担得起的能源服务是先决条件；在农村能源计划中考虑到妇女儿童的卫生和安全问题；促进使穷人负担得起的农村能源服务的财政安排。联合国开发计划署等发布的《世界能源评估》（2000 年）提出，便利和负担得起的能源服务能显著改善生活标准，并给人们提供更多机会。鉴于能源与经济社会发展的紧密关联，世界各国能源法都逐步纳入了以确保公民获得基本能源服务及实现社会公平为目标的内容与条款。纵览各国能源立法，往往通过公众参与、公共服务义务、弱者保护、企业社会责任等权利导向的机制来推进能源法的人本化。①

七、能源环保制度

我国传统能源立法忽视了提高利用效率、改善能源结构和促进最大化的公平利用的重要性，能源法关注环境保护是实现能源可持续利用的题中之意。为此，能源法有必要建立体现未来能源环保需求而又尚未纳入《环境保护法》及其专门立法的新型制度，例如有必要对清洁发展机制、碳信托基金及碳交易市场与碳排放总量控制等具有低碳化导向的制度作出规定。②

具体而言，环境保护法律制度主要包括以下内容：

（一）环境影响评价制度

环境影响评价是指对规划和建设项目实施后可能造成的环境影响进行分析、预测和评估，提出预防或减轻不良环境影响的对策和措施，并进行跟踪监测的方法和制度。③在能源法中规定能源建设项目立项须进行环境影响评价，可以减少能源规划和建设项目对环境的影响，从源头上防止环境污染和生态破坏。

---

① 马俊驹、龚向前：《论能源法的变革》，《中国法学》2007 年第 3 期。
② 邓海峰、郑明珠：《能源法的立法模式与制度选择》，《公民与法》2010 年第 10 期。
③ 崔金星：《气候变化背景下能源法变革与制度创新》，《学习论坛》2011 年第 4 期。

（二）碳预算与碳交易制度

碳减排事关气候变化应对国家行动的成败，应在能源产业发展中引入碳预算制度，对能源产业温室气体排放及碳排放总量进行规定，分配于能源企业，并以此考核评价能源企业是否遵守法定减排义务。碳交易制度则是在碳预算总量分配方案的基础上，在不同减排成本的能源企业间建立买卖碳减排额度的交易机制，以激励企业不断降低减排成本和提高能源生产效率。碳排放总量控制及能源企业排放分配方案的确定，既对企业减排进行硬性约束，也对能源企业间开展碳交易提供交易平台。[1] 建立能源产业碳预算和碳交易制度的意义，在于将能源产业发展规划纳入国家气候变化应对计划中，实现气候方案与能源方案的社会效益、经济效益、政治效益最大化。

（三）生态补偿制度

生态补偿是对社会发展中造成的生态功能和环境受损的一种补偿，包括生态效益功能受益补偿和生态效益损害恢复补偿，是对在恢复和重建生态系统、修复生态环境的整体功能、预防生态失衡和环境污染综合治理中发生的成本费用的经济补偿的总称，目的在于恢复生态受损地区的环境质量或补偿生态效益提供区域因提供生态效益而丧失的发展机会和利益，如对天然林保护工程、退耕还林（草）、小流域治理等生态系统恢复和重建工程的成本和费用的补偿。基于能源发展的生态补偿制度主要是针对能源开发和转换中对所在地的生态破坏、环境污染所做的补偿。这种补偿是以自然的自我修复能力为基础，辅以人为措施，一方面有利于受影响地生态环境的恢复，如植树造林以恢复被破坏的森林植被或对水、土壤污染的治理；另一方面是对因这种开发活动而利益受损的当地居民的补偿。

---

① 崔金星：《气候变化背景下能源法变革与制度创新》，《学习论坛》2011 年第 4 期。

第五章 能源法律关系

法律关系是法律在调整人们行为的过程中形成的特殊的权利和义务关系，或者说，法律关系是指由法律规范所调整的权利与义务关系。它是以国家强制力作为保障的社会关系，当法律关系受到破坏时，国家会动用强制力进行矫正或恢复。能源法律关系是法律关系的一种，体现在能源的勘探开发、生产建设、加工转换、经营管理、储运供应、贸易合作、利用消费等各个环节中。

第一节 能源法律关系概述

能源法律关系是在能源领域形成的特殊的权利和义务关系。能源法律关系涉及能源的勘探开发、生产建设、加工转换等各个环节，具有其特殊性。第一，能源法律是能源法律关系产生的前提；第二，能源法律关系不同于能源法律规范调整或保护的社会关系本身；第三，人们按照能源法的要求行使权利、履行义务并由此而发生特定的法律上的联系，这既是一种能源法律关系，也是能源法的实现状态。

一、能源法律关系的概念

简单来说，能源法律体系就是能源法律规范所调整的或应当调整的社会关系，是在能源领域发生的，在能源的勘探开发、生产建设、加工转换、经营管理、储运供应、贸易合作、利用消费等各个环节中，各相关主体之间产生的以权利和义务的形式表现出来的由能源法律规范调整的经济和社会关系。能源法律关系包括三个构成要素，即能源法律关系的主体、能源法律关系的客体和能源法律关系的内容。对于能源法律关系的主体来说，参与社会关系的各相关主体范围广泛，包括国家、政府部门、社会组织和自然人等。这些主体之间围绕能源，在一定规则和秩序的基础上互动，而产生一系列的以主体权利与义务为内容的联系。

从法理上来说，法律关系是法律对人们的行为及其相互关系加以调整而出现的一种状态，因此，在没有相应的法律规范（规则、原则和概念的统称）之前，也就不可能形成相应的法律关系。当然，在这时，某种社会关系可能是存在的，但是它不具有法律意义，只是一种不具有法律关系性质的单纯社会关系。① 而能源法律关系不同于一般的法律关系，在能源基本法出台之前，能源法律关系便一直存续，究其原因，主要是：

第一，能源基本法虽然一直没有出台，但却存在于各个能源具体领域适用的法律规范之中，例如早在 1995 年出台的《电力法》、1996 年出台的《煤炭法》、1997 年出台的《节约能源法》、2005 年出台的《可再生能源法》等。除以上这些能源法律规范外，我国还制定了许多与能源相关的行政法规和部门规章，以及地方性法规。因此，虽然作为能源基本法的《能源法》还未出台，但是依据现有的能源法律规范及其他规范性文件，受其调整的能源法律关系已经存在。

第二，20 世纪 90 年代以来，随着我国能源方面立法工作的推进，能源法理论层面也获得了巨大的进步。法学理论界对于能源法律规则、法律原则甚至其基本概念都有了比较充分的讨论，成果也比较显著。即使没有能源基本法对这些问题予以明确规范，但是这些规则、原则的理论研究成果为能源法律关系的建立与健全提供了坚实基础。

第三，因为许多重要的能源经济社会关系，特别是能源领域中一些共同的、原则性的、长远性的，带有战略性、全局性、根本性的问题与关系，理应得到能源法的调整，但由于种种原因还处于法律调整的空白，把这些社会关系纳入法律的调整范围，使之成为能源法律关系是一种必然趋势。② 我国现存的能源法律法规主要调整能源某一具体领域的法律关系，因此，这也是作为能源基本法的《能源法》所要解决的重要问题，即建立和完善能源法律体系。

总之，法律介入和调整能源社会关系，在主体之间构筑稳定的能源法律关系，对于能源领域综合性问题的解决和能源社会关系的稳定具有极其重要的意义。

---

① 张文显：《法理学》（第三版），法律出版社，2007，第 182 页。
② 黄振中、赵秋雁、谭柏平：《中国能源法学》，法律出版社，2009，第 132 页。

二、国际能源法律关系

对于国际能源法律关系属于何种法律关系，学者们对国际能源法定义有狭义和广义两种观点有不同的看法。狭义的观点认为，国际能源法是有关国际法主体间能源活动的法律制度。依此观点，国际能源法所调整的法律关系就是国际法主体间的能源活动法律关系。而这里的国际法主体，通常指国际公法意义上的主体。广义的观点认为，国际能源法是有关跨界能源活动的所有法律制度的总称，包括国际公法、国际经济法和比较能源法的相关规则。根据这种观点，国际能源法所调整的法律关系是跨越国界的能源活动关系，即只要有关的能源活动跨越了国界，就属于国际能源法的调整范围。如除了国家或国际组织等一般国际法主体间的能源活动外，还包括位于不同国家的能源公司间的能源活动关系。很明显，虽然以上两种观点都认为国际能源法所调整的是"国际"能源法律关系，但是后者的范围比前者要广且更明确。因为调整的法律关系的范围不同，所以调整的法律关系主体也会有差异。例如，根据狭义的观点，由于国际法主体范围含糊不清，作为能源活动主要参与者的能源公司是否属于国际能源法的主体也就不明确了；而根据广义的观点，能源公司具备国际经济法主体资格，很明显应当纳入国际能源法的主体范围。①

三、能源法律关系的类型

能源法律关系的分类多样，主要有以下几种划分方式：

1. 根据能源领域产业链的不同，能源法律关系可以划分为能源开发法律关系、能源加工转化法律关系、能源储运法律关系、能源供应法律关系、能源贸易法律关系、能源节约利用法律关系、能源政府规制法律关系

（1）能源开发法律关系。主要是指因矿产能源的开发引发的能源支配关系和交易关系。前者是指能源法规定能源所有权与开发利用权，如矿业权、电业权等；后者是指能源法通过规范能源产权交易规则，建立能源市场供给制度。

（2）能源加工转换法律关系。加工转换是能源从资源向能源产品转化的必

---

① 刘亮：《国际能源法主体初论》，《太原理工大学学报（社会科学版）》2012年第6期。

经程序，也是低级能源向高级能源、污染能源向清洁能源转换，主要包括能源利益分配关系、能源加工转换效率关系。能源加工转换分配关系是指能源法通过设定能源加工转化主体条件，建立相关主体制度，用以调整加工转换利益。能源加工转换效率关系，是指能源法通过规定能源技术监督和加工转换义务，建立能源产品责任制度，保证能源产品质量和有效供给。

（3）能源储运法律关系。能源储运法律关系主要包括：能源储运利益分配关系，能源法对能源储运的从业主体在投资规模和水平、主体义务等方面进行限定，建立储运主体制度；能源储运劳务交易关系，储运者提供劳务，另一方给付费用，能源法需用合同契约确定双方的交易关系；储运设施的支配关系，能源法可专门规定能源储运设施的保护和安全防护。

（4）能源供应法律关系。能源供应是能源终端供给的主渠道，能源法通过确定能源产品市场交易关系，包括能源供应主体资格、交易程序和规则，防止出现垄断和不公平竞争。

（5）能源利用法律关系。能源利用是一国能源终端消费的主要途径，主要涉及以提高能源效率和满足可持续发展为核心的能源结合利用[①]、节约利用等法律关系。能源法通过建立能源环境、清洁能源和节约能源制度，促进能源的综合利用和节约利用，提高能源效率，实现能源可持续发展。

（6）能源政府规制法律关系。能源从能源开发、加工转换、储运、供应到贸易、利用都存在政府规制问题。这一关系主要涉及能源的社会公平分配关系、能源开发利用产权的维护关系等。

（7）能源领域技术创新法律关系。能源领域技术创新，是指在能源领域创造和应用新知识和新技术、新工艺，采用新的生产方式和经营管理模式，开发能源新产品，提高能源产品质量，提供能源新服务的过程，主要涉及能源创新工艺、技术、产品、服务等的权利归属、使用、收益等法律关系。

（8）能源国际合作法律关系。国际能源合作是指不同主权国家政府、国家能源公司、国际能源组织和超越国家界限的自然人和法人为了共同的利益，在石油、天然气生产领域中以生产要素的移动与重新组合配置为主要内容而进行的较长期的能源协作活动，主要涉及国际能源市场法律风险、国际能源贸易、

[①] 综合利用要求化害为利，将能源污染减少到最低限度。参见肖乾刚、肖国兴编著《能源法》，法律出版社，1996，第59页。

国际能源环境保护责任等法律关系。

2. 根据能源法律关系内部结构的不同，可划分为纵向能源法律关系和横向能源法律关系

（1）纵向能源法律关系，即能源管理法律关系，包括能源行政管理关系、行业管理关系、区域管理关系、能源监督关系、能源规划关系等。纵向法律关系的参与主体一方一般为能源行政主管部门、能源行业主管部门等处于控制与管理地位的部门或企业，因此，在纵向能源法律关系中，一般双方主体之间是一种管理与被管理、监督与被监督的不平等关系。

（2）横向能源法律关系，即能源的经营协调关系或市场运行关系，主要包括能源流转关系、能源交易协作关系、能源合同关系、能源市场竞争关系、能源国际贸易与国际合作关系等。在这一法律关系中，无论是政府部门或者企业、个人等都具有平等的法律地位，彼此之间不具有纵向法律关系中的管理与被管理的关系。在众多主体中，大量参与横向能源法律关系的主体是能源企业。

传统能源法律关系更多地体现为一种行政法的特征，即主要体现的是国家对于其他法律主体行为的宏观调控，将能源法律关系的意义界定于维护能源行政管理关系，维护国家对能源事务与能源企业的管理。就纵向能源法律关系与横向能源法律关系的关系而言，能源的横向关系要受到纵向关系的制约，因为能源的横向关系必须遵守国家的能源政策、能源发展战略与能源规划，服从国家能源的全局利益和长远利益。

3. 根据能源法调整范围与内外关系的不同，能源法律关系可以划分为内部能源法律关系和外部能源法律关系

（1）内部能源法律关系，主要由能源法基本法和能源领域的其他法律规范调整，例如《煤炭法》《电力法》《石油天然气法》《可再生能源法》《节约能源法》等，该类法律关系具体包括能源的开发与生产关系、能源的运输与供给关系、能源的利用关系等。其中，对于内部能源法律关系可以进一步细分，分为《能源法》内部法律关系和《能源法》外部法律关系。这一区分主要是以能源法律关系是否由《能源法》这一基本法确定来划分的。前者，即《能源法》内部法律关系是指仅仅由《能源法》调整而产生的法律关系，当然在《能源法》尚未出台之前，仍然只能作为一种事实社会关系。后者主要是指在能源领域除《能源法》之外的其他法律规范所调整的法律关系，如由《煤炭法》《电力法》《石油天然气法》《可再生能源法》《节约能源法》等调整的法律关系。

（2）外部能源法律关系，主要由与能源活动相关的《矿产资源法》《自然

资源法》《环境保护法》等法律来调整，能源活动并非孤立进行，而是贯穿于其他自然资源的使用和由政府调控的维护公共安全、保护生态环境的社会公共活动中。因此，这一法律关系主要涉及能源活动与其他自然资源使用的关系、能源活动与环境保护的协调关系、能源活动与公共安全的协调关系等。

4. 其他划分

①根据能源领域参与主体不同，可以划分为：国家、国家能源管理部门、其他与能源有关的国家部门之间的能源法律关系；国家、国家能源管理部门及其他与能源相关的管理部门与能源企业、能源使用者之间因管理与被管理而形成的能源管理法律关系；不同能源产品的能源企业之间的平等法律关系；同种能源产品的能源企业内部发生的法律关系；能源企业与能源使用者之间因能源供应与使用发生的法律关系；能源企业因能源开发、建设、生产与其他社会主体，包括单位和个人发生的法律关系。[1] ②按照能源具体形态不同，可划分为：煤炭法律关系、电力法律关系、石油法律关系、天然气法律关系、风能法律关系、水能法律关系等。③根据能源本身分类不同，可划分为一次能源法律关系与二次能源法律关系、可再生能源法律关系和不可再生能源法律关系等。

第二节　能源法律关系主体

能源法律关系的主体是能源法律关系的重要内容，是能源法律关系中权利的行使者和义务的承担者，是能源法律关系必不可少的要素之一。能源法律关系主体需要具备权利能力、行为能力和责任能力，这一条件的需要使得能源法律关系的主体具有相对的广泛性。但是人们对于能源法律关系主体的认识却存在不同的看法，国际能源法律关系主体和我国能源法律关系主体也存在一定的差异。本节将对能源法律关系主体进行详细的阐述。

一、能源法律关系主体的内涵

法律关系的主体是指在法律关系中一定权利的享有者和一定义务的承担者。

---

① 黄振中、赵秋雁、谭柏平：《中国能源法学》，法律出版社，2009，第135页。

在中国，能够参与法律关系的主体主要包括以下几类：①公民（自然人）。这里的公民既指中国公民，也指居住在中国境内或在境内活动的外国公民和无国籍人。②机构和组织。主要包括三类：一是各种国家机关（立法机关、行政机关和司法机关等）；二是各种企事业组织和在中国领域内设立的中外合资经营企业、中外合作经营企业和外资企业；三是各政党和社会团体。③国家。在特殊情况下，国家可以作为一个整体成为法律关系主体。从法律关系主体的特性看，构成法律关系的主体首先要满足两大特征，即法律性和社会性。法律性是指法律关系主体是由法律规范所规定的，与法律规范的联系构成了法律关系主体与其他形式的社会关系主体的区别。[①] 社会性是指法律规范规定什么人和社会组织能够成为法律关系主体不是任意的，而是由一定的物质生活条件决定的。[②] 从法律能力方面看，构成法律关系的主体需要具备三个方面的要件。首先是权利能力，即参与法律关系并享受权利和承担义务的法定资格。其次是行为能力，即主体以自己的行为享有法律上有关权利并承担相应义务的能力。最后是责任能力，也就是主体违反法律义务所应当承担的责任的能力。[③]

能源法律关系是法律关系的一种，因此作为能源法律关系的主体也必须具备法律关系主体的三个要件，即：①权利能力。主要指参与能源法律关系并享受权利和承担义务的法定资格。②行为能力。即能源法律关系主体具有的须以自己的行为享有能源法律规范的有关权利并承担相应义务的法定资格。③责任能力。即能源法律关系的主体违反能源法律规范所应当承担相应责任的能力。能源法律关系的主体具有广泛性，能源问题涉及国家经济运行的方方面面，国家机关、社会组织、公民个人和非政府组织等，都以不同的身份参与能源的开发与利用行为，并在其中扮演不同的角色。例如，国家作为能源法律关系的重要参与者，主要以能源政策、能源战略规划的制定者，能源国际合作的参与者与能源资源的消费者的身份参与能源法律关系；全方位组织、参与能源的勘探、开发、利用、加工转换、经营管理、能源贸易、能源合作、能源消费等各个环节，是能源法律关系的主要主体，也是其他能源基本活动如能源节约、提高能源产权效率的主要依赖者和实践者。个人作为能源法律关系的主要参与者之一，需要参与节约

---

①② 孙国华、朱景文：《法理学》，中国人民大学出版社，1999，第 264 页。

③ 刘亮：《国际能源法主体初论》，《太原理工大学学报（社会科学版）》2012 年第 6 期。

能源、能源安全、提高能源效率等各项活动，并且个人也是主要的能源消费者。因此，能源法律关系的主体具有广泛性，主要包括国家、组织和个人。

二、国际能源法律关系主体概述

（一）国际能源法律关系主体的内涵

我国学者杨泽伟教授在论述国际能源法作为国际法一个新分支的过程中，简要提到了国际能源法主体的定义，即国际能源法主体是指具有国际法律人格，拥有国际上权利和义务的实体。① 这一定义基本上沿用了国际法主体的定义，从国际能源法作为国际法一个新分支的角度，指出了国际能源法主体所处的地位。国际能源法律关系属于法律关系的一种，要明确国际能源法主体的内涵，必须明确两个基本问题：一是国际能源法所要调整的法律关系属于何种法律关系；二是处于该法律关系中的主体需要享有相应的权利和承担相应的义务。"国际能源法所调整的法律关系是指跨国界的能源活动法律关系"，②国际能源法的主体是指参与跨国界的能源活动法律关系，在其中享有权利和承担义务，并具有法律人格者。

（二）国际能源法律关系主体类型

国际能源法主体作为法律关系主体之一，体现在国际能源条约、国际能源机构的组织章程和有关的国际习惯等国际能源法渊源中。例如，《经济权利与义务权利国际公约》《能源宪章条约》等多边条约和国家间签订的双边条约中，都规定了国家、国际组织或者投资者（包括公司和个人）的行为，这些行为因此被纳入了国际能源法的规范中。③国际能源法律关系主体主要包括以下内容：

1. 国家

在国际公法上，国家是公认的国际法主体，是因为国家具备权利能力、行为能力和责任能力三项要素。例如，王铁崖先生就认为，国际法主体应当具备三个要件：独立参加国际关系的能力、直接承受国际权利和义务的能力，以及独立进行国际求偿的能力。④国家作为国际能源法律关系的主体，主要体现在以

---

① 杨泽伟：《国际能源法——国际法的新分支》，《武汉大学国际法评论》2009 年第 2 期。
②③ 刘亮：《国际能源法主体初论》，《太原理工大学学报（社会科学版）》2012 年第 6 期。
④ 王铁崖：《国际法》，法律出版社，1995。

下方面：

（1）国家在国际能源法上具有享有权利的能力。例如，《国际能源计划协议》第 7 条第 2 项规定："供应权超过了本国正常国内生产量和紧急情况下实际可得到的净进口量二者总和的参与国，应当拥有配给的权利，即有权得到相当于前面超过量的额外的净进口权利。"该条规定了国家根据国际协议拥有能源分配调整的权利。

（2）国家在国际能源法上具有承担义务的能力。例如，《能源宪章条约》第 6 条第 1 项规定："每一缔约方都应该致力于缓解能源部门经济活动中的市场扭曲行为和对竞争的阻碍行为。"这里的缔约方指的是同意接受条约约束的国家，规定了国家在条约约束下应当履行的义务。有关国家间能源合作的多边条约和双边条约很多，有大量涉及国家义务的规定，这些与国际能源活动有关的法律规范赋予了国家承担相关义务的能力。①

（3）国家在国际法上具有承担责任的能力，当然这是以国家承担义务的能力为基础的。国家如果违反了有关的条约义务，则需要承担相应的国家责任。

2. 政府间国际组织

政府间国际组织与国家一样，被公认为当代国际公法的主体之一。关于政府间国际组织在国际能源法上的地位，主要是依据该组织的约章来确定其是否具有国际能源法上的权利能力、行为能力和责任能力。目前，主要的政府间国际能源组织有国际原子能机构、能源宪章大会、石油输出国组织等。例如，作为能源宪章大会成立基础的《能源宪章条约》第 10 条第 1 项规定："根据该协定由能源宪章大会产生的决定只能由能源宪章条约缔约国中接受该协定的缔约国做出。"该条款赋予了能源宪章大会根据有关的程序做出相关决定的权利。该条约第 10 条第 2 项还规定："在协定发生法律效力后 180 天内，宪章大会应当致力于采用检查程序和方便协定的实施，包括报道需要和根据第 9 条确认合作领域。"②

3. 非政府间国际组织的国际能源法主体资格

在国际公法上，非政府间国际组织通常处于提供咨询或者建议的地位。关于它们的主体资格问题主要有两种观点：一种是否认非政府间国际组织的主体资格，如中国学者王铁崖教授主编的《国际法》就认为非政府间国际组织不具

---

①② 刘亮：《国际能源法主体初论》，《太原理工大学学报（社会科学版）》2012 年第 6 期。

有国际法主体资格；① 另一种观点认为，某些非政府间国际组织是有限的国际法主体，如詹宁斯和瓦茨修订的《奥本海国际法》就认为，有些非政府间国际组织可能在有限程度内被给予某些国际人格的属性。② 对于非政府间国际组织在国际能源法上的主体资格问题，要根据其在国际能源法律关系中所起的作用进行分析，不能一概而论，因为在不同的国际能源法律规范中对非政府间国际组织的主体资格规定不一。

4. 公司

尽管国家间经常会对能源活动做出政治上的安排，但是在大多数情况下，能源活动是由公司具体进行的。公司在属于国际公法领域的国际能源法律关系中是否具备主体资格，还要看具体的国际能源法律规范。例如，《能源宪章条约》规定了投资者的权利，而投资者包括公司，这就等于直接赋予了公司相关权利。而该条约所规定的争端解决机制中的缔约国与投资者程序中，投资者有权通过这些程序，对有关的缔约国提起诉求，以保护自己的利益。因此，《能源宪章条约》实际上就赋予了包括公司在内的投资者的权利能力。③ 同时，《能源宪章条约》也规定了投资者的义务。由此可见，在属于国际公法范畴的国际能源法上，赋予了公司权利能力和行为能力，公司也是国际能源法律关系的主体之一。

5. 个人

个人与公司一样，作为私主体同样能够参与国际能源经济贸易等活动。个人是否具备国际能源法主体资格，仍然要依据其法律能力来确认。如前所述，《能源宪章条约》在解释投资者定义时，指出投资者包括了自然人在内，因此其享有广泛的权利和义务，包括在缔约国从事能源活动的权利、将与缔约国的争端提交有关程序解决的权利等。也就是说，该条约在赋予公司直接针对国家的权利和义务的同时，也赋予了个人同样的权利和义务。④

---

① 王铁崖主编《国际法》，法律出版社，1995。
② 詹宁斯、瓦茨修订：《奥本海国际法（第一卷第一分册）》，中国大百科全书出版社，1995。
③④ 刘亮：《国际能源法主体初论》，《太原理工大学学报（社会科学版）》2012年第6期。

三、我国能源法律关系主体

（一）国家

国家往往是作为一个主体参与到能源法律关系中。国家对能源法律关系的参与可以从两个方面加以认识，即参与涉外能源法律关系与参与对内能源法律关系。

在涉外能源法律关系中，国家是参与国际能源合作的主体。例如，《中华人民共和国能源法》（征求意见稿）第 109 条规定："国家通过缔结国际条约、参加国际组织、协调能源政策、交流能源信息等方式，开展能源资源互利合作。"第 110 条也规定了国家参与境外能源合作，保护在境外从事能源活动的中国公民、法人和其他组织的合法权益。因此，在涉外能源法律关系中，国家作为法律关系主体的任务就是通过参加与能源相关的国际公约、缔结与能源相关的双边或多边条约、对外签署能源合作协议等方式，与其他国家和相关国际组织沟通与协调，促进能源预测、预警与应急的国际合作的进一步发展。

在对内能源法律关系中，国家并不以独立身份直接参与，而是通过国家机关或其授权的组织来参与的。国家作为对内法律关系的主体主要体现在两个方面。第一，国家是能源资源的所有权人，因此在对内能源法律关系中，国家可以以所有权人的身份行使职能。第二，国家作为一个整体，对于国家能源具有管理职能，主要是进行能源管理、能源战略规划的制定等，例如，《中华人民共和国能源法》（征求意见稿）第 22 条规定："国家能源战略由国务院组织制定并颁布。"《中华人民共和国能源法》（征求意见稿）第 12 条规定："国务院能源主管部门统一管理全国能源工作，国务院其他有关部门在各自职责范围内负责相关能源管理工作。"国家依法保护公民、组织从事能源开发利用活动的合法权益。

（二）组织

组织，是指各种国家机关（立法机关、行政机关和司法机关等）、各种企事业组织和在中国领域内设立的中外合资经营企业、中外合作经营企业和外资企业，以及其他社会组织。当然，作为能源法律关系主体的组织，既包括国家机关，又包括企事业单位，还包括除此之外的其他社会组织。各种组织在能源活动中担当各种不同的角色，相互作用、相互影响，享有权利与承担义务，最终形成能源法律关系，但它们同时又在此法律关系中扮演一个相同的角色，即能源的终端消费者。

1. 国家机关

国家机关是指从事国家管理和行使国家权力的机构，包括国家权力机关、行政机关、司法机关，它们在各自的职权范围内活动，作为主体参与多种能源法律关系。

（1）国家权力机关。国家权力机关是指中央和地方各级人民代表大会及其常务委员会。国家权力机关可以以多重身份参与到能源法律关系当中，主要有：能源法律规范立法者、能源活动监督者、最高权力机关。第一，国家权力机关是我国的立法机关，因此，能源法亦不例外，由国家权力机关制定、修改和完善。第二，国家权力机关是我国各项活动的监督者。例如，县级以上各级人民代表大会及其常务委员会可以要求本级人民政府进行专项工作报告，提出质询案，组织执法检查和对特定问题进行调查等。因此，国家机关可以以法律监督者的身份参与能源法律关系。第三，国家权力机关是国家权力的代表，其他国家机关由它产生、对它负责。能源主管部门等能源领域相关机关均处于权力机关的控制之下，对其负责。因此，国家权力机关还享有以权力机关的身份参与能源法律关系的权力。

（2）行政机关。行政机关是指国务院及其所属各部委以及各部委的直属机构和办事机构，地方各级人民政府及其所属的各工作部门、派出机构等。在行政机关中，中央与地方政府的能源管理部门及其他与能源相关的行使管理职能的部门以管理者和监督者的身份参与能源法律关系。行政机关既是能源开发利用的管理者、监督者、执法者，又是能源法律实施的主体，在能源法律关系中的地位十分重要，承担着特殊的法律责任。①管理者。例如，《中华人民共和国能源法》（征求意见稿）第12条规定："国务院能源主管部门统一管理全国的能源工作，国务院其他有关部门在各自职责范围内负责相关能源管理工作。县级以上地方人民政府能源主管部门负责本行政区域内的能源管理工作，同级人民政府其他有关部门在各自职权范围内负责相关能源管理工作。"②监督者。例如，《中华人民共和国能源法》（征求意见稿）第117条规定："县级以上人民政府应当根据本法和相关能源法律，对下级人民政府以及同级能源主管部门和有关部门履行职责情况进行监督和检查，对能源规划和能源政策的实施情况进行评估考核。上级能源主管部门应当加强对下级能源主管部门履行职责情况的监督检查，及时纠正违反本法和相关能源法律的行为。各级能源主管部门应当建立健全内部监督制度，对工作人员行使职权和履行职责的情况进行监督。"③执法者。行政部门在我国是法律的执行机关，例如公安部门。因此，行政机关作为能源法律关系的主体之一，还负责对能源领域各种法律规范的执行，确保能源法律的实施。

（3）司法机关。在我国，司法机关是指审判机关和检察机关。在能源法律关系中行使能源纠纷的调解员、裁判员、监督员等角色，一是对能源开发利用活动中出现的违反能源法律规范的行为进行监督检查，进行法律审判，确定违法主体的法律责任；二是对其他法律主体因能源活动而产生的能源法律争议与纠纷进行运用法律手段的调节、裁判，维护能源法律关系的稳定，维护能源法律关系主体的合法权益。

传统能源法律中，国家经常是以行政命令直接管理能源事务，处于强势的支配地位，而忽略市场在能源资源配置中的主体地位，不注重对其他法律关系主体的积极性的发挥。因此，能源法应当规定政府在能源资源配置过程中引入市场竞争，尊重企业的选择，保护其他投资者的合法权益。

2. 能源企业

（1）能源企业的内涵。企业，是指为满足社会需要进行自主经营、自负盈亏、承担风险、实行独立核算的基本经济单位。企业可以根据不同标准划分为不同的种类，例如，根据是否具有法人资格可以划分为企业法人和非企业法人；根据组织形式不同划分为公司企业和非公司企业；根据所有权归属不同，可以划分为国有企业、私有企业或混合所有制企业；根据资本来源地不同可以划分为中国企业、外资企业、中外合资企业。能源企业，是指以能源开发、加工转换、仓储、输送、配售、贸易和服务等为主营业务的企业。

（2）能源企业的分类。与企业一样，能源企业可以做如下分类：根据是否具有法人资格，能源企业可以划分为企业法人与非企业法人；根据组织形式不同划分为公司企业和非公司企业；根据所有权归属不同，可以划分为国有企业、私有企业或混合所有制企业；①根据资本来源地不同可以划分为中国企业、外资企业、中外合资企业。能源企业除一般的企业划分形式外，还有其特殊的划分种类，例如，根据能源企业主营业务的不同划分为能源开发企业、能源加工转换企业、能源仓储企业、能源输送企业、能源配售企业、能源贸易企业、能源服务企业等。

---

① 黄振中、赵秋雁、谭柏平：《中国能源法学》，法律出版社，2009，第 138 页。

能源企业种类丰富，除以上直接相关能源的企业外，还包括各种能源及能源产品消费利用的企业。这些企业在其产品生产、服务的提供过程中都会涉及对能源资源和能源产品的使用。

（3）能源企业的性质与地位。能源企业参与能源法律关系，主要是作为能源资源的使用权人以及责任承担者的角色发挥作用的。能源关乎国家经济安全与人民生活，因此，国家往往对此进行严格管制，对能源企业实行政府介入。这主要体现在：①能源企业的行政化，即能源企业在实际上履行政府机构的职责并行使政府机构的权力。他们往往以国有企业的形式由政府掌控，在非盈利的基础上按政府意志运营，具有法律上的垄断地位，并负有开发、生产、输送与销售能源的公共服务的职责。②对私有能源体系的严格管制。以电力企业为例，私人公司往往服从公用事业委员会的政治指导，其利润、定价、投资与管理结构都要接受政府监管。[①]以上情况的存在极易造成能源效率低下，能源资源领域施行多元化投资产权制度势在必行。

3. 其他社会组织

其他社会组织是指除国家机关、企业之外的组织，包括事业单位、中介机构和民间社会团体。如能源行业协会、能源科研单位、能源行业学会、能源审计中介机构、能源评估中介机构、节能服务中介机构、能源中介协调机构、能源基金会、能源非政府组织等。这些社会组织参与能源法律关系，主要是对于能源行业相关工作进行管理与服务。例如，《中华人民共和国能源法》（征求意见稿）第14条规定："能源管理应当发挥能源行业协会等社会中介组织的作用。能源有关行业协会应当反映行业和企业发展要求，在行业统计、行业标准、技术服务、市场开发、信息咨询等方面为企业提供服务，为政府提供决策咨询。"能源中介机构可以作为推进节能工作的重要力量，有利于节能政策的推进和节能规划的实施；民间社会团体是沟通政府与公民的一座桥梁，在利益表达和协调当中推进政府与公民的互动，一方面有利于公民了解政府的能源政策，增强能源政策的认可度，促进能源政策的实施；另一方面有利于政府听取来自于公民的意见和建议，从而促进相关政策的完善。

4. 国际或地区性的能源组织

主要有石油输出国组织、国际能源机构（IEA）、世界能源宪章组织、八国

---

① 马俊驹、龚向前：《论能源法的变革》，《中国法学》2007 年第 3 期，第 147~148 页。

集团会议、国际能源论坛、独立国家联合体、欧盟、亚太地区、上海合作组织、北美自由贸易区（NAFTA）、阿拉伯石油输出国组织（OAPEC）。能源问题不仅牵动一国国内的经济发展与人民生活，也涉及一国的国防安全与对外合作，例如，中国与国际能源市场的联系、海上通道的能源归属、国际能源安全合作等。在这些涉外能源法律关系中，我国势必会与各种国际或地区性的能源组织发生各种联系，因此，这些组织自然就成为我国对外能源法律关系的主体之一。

（三）个人

个人，从主体范围来讲，与自然人没有任何区别，包括公民、外国人和无国籍人。

1. 公民

公民是指具有一国国籍的自然人，包括被法律剥夺某些权利的人。其作为能源法律关系最为广泛的参与主体，主要是指公民有权依法获得能源信息，参与能源决策、能源影响评价、能源价格听证等活动，参与和监督能源法律法规与政策的实施。公民参与能源法律关系主要有两种方式，即直接参与和间接参与。直接参与是指公民直接参与能源的开发利用活动以及能源的决策、管理、监督等活动；间接参与，是指公民通过科学合理的生活方式或绿色消费方式进行能源节约的行为。[①]例如，环境保护、能源节约不仅需要相关部门和企业的积极推动和引导，更主要的是需要公民节能意识和环保意识的提高，使得环境保护与能源节约成为公民的自觉行动，主动参与。

公民参与能源法律关系，明确公众参与的内容、渠道、层次、方式和救济途径等，有利于增加能源决策的科学性，促进能源活动的健康发展。为此，能源法在确定公民的主体地位的同时，应当设立各种制度对公民的主体地位予以支持。例如，设立公民参与制度、设立能源领域的信息公开制度，保障公民了解国家能源战略规划、能源使用情况等的知情权。

2. 外国人和无国籍人

在其他法律关系中一般都承认外国人和无国籍人的法律关系主体地位，原因在于外国人和无国籍人一样可以在中国境内从事相应的活动。同样，外国人和无国籍人在中国境内一样可以依法从事能源开发利用活动，因此，将其作为

---

① 黄振中、赵秋雁、谭柏平：《中国能源法学》，法律出版社，2009，第140页。

能源法律关系的主体有利于将这一事实在法律上明确，从而有利于法律对能源市场涉及的此类行为进行规制。例如，《中华人民共和国能源法》（征求意见稿）第 111 条规定："外国人和无国籍人在中国境内可以依法从事能源开发利用活动。"

第三节　能源法律关系客体

要想了解能源法律关系的客体，需要明白作为法律关系的客体是什么。而对于法律关系客体的认识，有两种不同的观点，一种是物质论，一种是关系论。物质论认为，法律关系的客体是法律关系的主体权利和义务所指向的对象，包括物、行为和精神成果。关系论认为，法律关系的客体应当是被法律所确认并加以调整的社会关系，即法律的调整对象。①本书认为，法律关系的客体是指法律关系主体的权利义务所共同指向的对象，能源法律关系的客体就是能源法律关系主体的权利和义务所共同指向的对象。若没有这一客体，能源法律关系主体间的权利与义务便无法联系，那么能源法律关系也就无从谈起。

在法律上，能够成为法律关系客体的对象必须同时符合以下三个条件：第一，能够满足人们的某种需要，因而被认为具有价值；第二，具有稀缺性，因而不能被需要它的人肆意占有使用；第三，具有可控制性，即无论物或行为均可以因需要而使用或者行使。②因此法律关系客体的主要形态有物、行为、智力成果等。能源法律关系也是如此。

一、作为能源法律关系客体的物

作为能源法律关系客体的物，是能源法律关系权利和义务联系的中介，具有一定的价值和使用价值，是能源法律关系的权利和义务主体可以控制或者影响的、与主体利益紧密相连的物品或客观存在。③作为客体的物，既包括各种形

---

① 吕振勇：《能源法简论》，中国电力出版社，2008，第 38 页。
② 张文显：《法理学》（第三版），法律出版社，2007，第 189 页。
③ 黄振中、赵秋雁、谭柏平：《中国能源法学》，法律出版社，2009，第 141 页。

态的能源资源，如可再生资源与不可再生资源，又包括能源活动所需的各种设施、设备，如石油天然气输送设施、能源储备设施等。其中，作为能源法律关系客体的能源既指煤、石油、天然气、水等一次能源，也包括电能、核能、水能等二次能源。

二、作为能源法律关系客体的行为

行为是法律关系中主体的权利和义务，也是法律关系中主体所依存的对象（法律关系的客体是法律关系的主体权利和义务所指向的对象，包括物、行为和智力成果），能源法律关系主体的行为：能源服务，包括设计、咨询、技术等。

作为能源法律关系客体的行为指的是权利主体的权利和义务主体的义务所共同指向的作为或不作为。即能源法律规范要求和允许人们从事的一切行为及约束、禁止人们从事的一定行为。作为能源法律关系客体的行为主要有以下几种：

（一）能源管理行为

能源管理是指在能源的勘探、开发、流转、利用等活动中发生的指挥、协调、控制和执行等一般行政的和非行政的职能。能源管理行为可以分为宏观上的能源管理和微观上的能源管理。宏观上的能源管理主要是指各级政府的能源行政主管部门依法组织实施国家能源战略、能源政策，制定和实施各级能源规划，统筹负责能源领域发展与改革工作，对所辖区域的能源各行业进行的管理。宏观意义上的能源管理应当遵循统一管理、分级负责、责权一致的原则。微观意义上的能源管理是指能源企业对能源生产过程和消费过程的管理，包括企业内部的能源计划、能源组织、能源控制和能源监督等一系列工作，[①]例如能源审计行为。能源审计是指由具备资质的能源审计机构依照法律法规和有关标准，对用能单位能源利用活动的合理性和有效性进行定量分析和评价。根据对能源审计的不同要求，可将能源审计分为三种类型，即初步能源审计、全面能源审计、专项能源审计。初步能源审计是指通过对现场和现有资料的了解，对用能单位的能源使用情况和生产工艺过程仅作一般性地调查；全面能源审计是指对用能单位的用能系统进行深入全面地分析与评价，进行详细地能源审计；专项能源审计是指根据政府和用能单位的要求，针对用能单位能源管理和

---

① 黄振中、赵秋雁、谭柏平：《中国能源法学》，法律出版社，2009，第142~143页。

利用的某一方面或环节进行的能源审计。①能源审计具有监督和管理的作用，可以在合理分析用能单位的能源利用状况和水平的基础上，发现薄弱，明确改进方向。

（二）节能减排行为

节能，是指节约能源，减少能源浪费。减排，是指降低污染物排放，减少对环境造成的污染。节能减排符合我国节约能源的基本国策，有利于能源资源的合理利用和环境的保护。前文已经提到能源法的制度设计应当以环境保护作为其中一个重要方面加以考虑，这是因为，从我国的现状来看，一方面，能源使用成本与能源利用效率成反比，能源资源消耗高，能源总量不断减少，环境破坏严重；另一方面，能源产业科技水平达不到，能源废弃物排放仍然是造成环境污染的一个重要原因。因此，在设计能源法律关系时，将节能减排行为作为法律关系的客体加以调整具有重要的意义。

（三）能源开发行为

能源开发是指勘探能源资源、开采煤炭、石油、天然气、核燃料等自然矿藏，建设水力、火力、原子能发电站以及探索和利用新能源等一系列生产技术的经济活动。能源开发根据不同标准可以划分为不同的种类，例如依据能源开发权属不同，可以划分为能源资源的所有权人开发和非所有权人开发；根据能源类型不同可以划分为化石能源开发、新能源开发、清洁能源开发等。目前我国能源开发仍然存在很大问题，例如，开发无节制与掠夺性开发、非法开发等。因此，法律规制能源开发行为，要明晰能源资源的权利归属，规范能源开发的市场准入制度，在能源战略与规划中确定正常的开发秩序，加强对能源开发的监督和管理。

（四）能源加工转换行为

加工转换是能源从资源向能源产品转化的必经程序，也是低级能源向高级能源、污染能源向清洁能源转换的过程。能源加工转换行为包括能源加工行为和能源转换行为。能源加工行为是指使能源发生物理形态变化的行为，例如，原油经过炼制成为汽油、煤油、柴油等石油制品；能源转换行为是指促使能量形式发生转换的行为，例如，热电厂将煤炭、重油等投入到耗能设备中，经过复杂的工艺过程转化为热力和电力，以及热能与机械能、电能之间的转换等。能源转换为电力和热力是能源转换的重点。

---

① 黄振中、赵秋雁、谭柏平：《中国能源法学》，法律出版社，2009，第146页。

（五）能源储运行为

能源储运，即能源储存和能源运输，是能源生产到利用之间的一个环节，是以提供仓储和运输劳务为标的的行为，如电网并入、管道进入、其他交通工具的运输等。因各类能源的形态、性质不同，其储运的方式各异。通常包括煤炭储运、石油天然气储运、核燃料储运、电力输送（即输电）。能源储运行为不仅要规范储运的主体制度，还要明确储运的交付者与仓储保管者以及运输的承运人与托运人之间的权利义务。①

（六）能源贸易行为

能源贸易，又称能源对外贸易或能源进出口贸易，是指一个国家（地区）与另一个国家（地区）之间进行的能源产品、能源技术和能源服务贸易。能源贸易是一国供给平衡和外汇平衡的手段，主要由能源进口和能源出口两个部分组成。②能源贸易与能源的开发、储运有密切联系，是通过市场供给实现的，能源供应市场容易出现垄断和不公平竞争，而且能源贸易直接决定了能源需求是否得到满足，影响整个经济和社会的稳定发展，直接关系到国家的能源安全和经济安全，因此，能源法需要对能源贸易中的经营主体资格的取得、能源进出口贸易的限制和禁止等事项作出规定，确定能源产品市场交易关系，包括能源贸易主体资格、交易程序和规则，防止出现垄断和不公平竞争，维护国家主权，使对外贸易公平、自由地进行。

（七）能源利用行为

能源利用处在一国能源产业的终端环节，是一切能源行为的落脚点，是人们通过消费能源满足自身需要的一种经济行为。能源利用的消费主体主要包括：国家、组织和个人。能源利用可以分为能源的综合利用和节约利用。能源综合利用要求化害为利，将能源污染减少到最低限度；能源节约利用则要求通过技术进步、经济手段，用最少的能源投入得到最大的产出。③能源利用作为能源活动的最终环节，与能源供应、能源利用效率等直接相关，能源资源的合理利用有利于为能源活动提供动力，有利于提高能源利用效率，从最终环节减少能源浪费、破坏与环境污染，促进能源领域的生态化发展。

---

① 黄振中、赵秋雁、谭柏平：《中国能源法学》，法律出版社，2009，第144页。
②③ 黄振中、赵秋雁、谭柏平：《中国能源法学》，法律出版社，2009，第145页。

三、智力成果

智力成果是指人们通过智力劳动创造的精神财富或精神产品，能源领域的智力成果是指在能源活动中通过智力劳动创造的各种技术、工艺、发明等。

法律上的智力成果具有如下特点：①创造性。是指以前未曾出现过的智力劳动成果，具有创新和突破的特点。②非物质性。智力成果是一种非物质化的知识形态的劳动产品。但智力成果总要以一定的形式表现出来，如文学作品表现为小说、诗歌、散文等；商标表现为一定的文字、图形或者两者的组合等。③公开性。权利主体在对其智力成果取得专有权或者专用权前应将该成果向社会公开（商业秘密除外）。

依靠智力成果产生的权利叫知识产权，是由智力劳动者对其成果依法享有的一种权利。因此，能源领域的智力成果权又称知识产权，是指在能源领域从事智力活动创造的精神财富所享有的权利，例如专利权。保护智力成果，就要尊重和保护知识产权。

第四节　能源法律关系内容

能源法律关系的内容是能源法律关系的核心，简单来讲，即权利和义务。能源法律关系主体、能源法律关系客体都是围绕权利与义务而存在的。能源法律关系的内容包括哪些权利、包括哪些义务？不同的主体所享有的权利和应承担的义务是不同的，本节将对这些问题进行阐述。

一、能源法律关系内容概述

能源法律关系的内容，是指能源法律关系主体享有的法律上的权利和承担的法律上的义务之总和。在这里，我们将能源法律关系的内容依据能源法律关系涉及的各方主体进行分别讲述。

能源法律关系的权利，是指规定或隐含于能源法律规范中，赋予能源法律主体的某种权利、利益和自由。这些权利来源于法律规定，其实现权利的行为又必须遵守国家的能源、法规与能源政策。能源法律关系中的义务，是指设定或隐含于能源法律规范中，为了满足权利人的利益而按权利人的要求从事一定的行为或不行为的法律手段。这种义务表现为法律对主体必须做出一定的行为或不做出一定行为的约束。能源法律关系的主体义务主要包括管理性义务和服务性义务。①管理性义务，是指除国家机关特别是政府部门的能源管理职责外，为了发展能源事业、利用能源、节约能源等所需履行的具体管理能源或参与管理能源的法律义务。如能源企业的能源管理义务、其他社会组织和公民个人参与的能源管理的义务等。②服务性义务。即为保障和促进能源发展而创造的各种条件的法律义务的总和。如加强节约能源的宣传教育的义务、能源普遍服务义务、能源利用先进的工艺和技术推广的义务、有利于能源节约与安全的科研义务等。①法律义务一般与法律责任相配套，违反了义务，必然要承担一定的法律责任，这在能源法律关系领域同样适用。

在我国的能源法律规范中，对主体的职责与义务的规定占主要地位，这是因为，前文已提，能源问题关乎国家的经济安全与人民生活，并且现在国际能源安全形势十分严峻，因此重视能源主体的义务，维护能源经济稳定与能源安全具有极其重要的意义。另一方面，没有无权利的义务，在能源法律规范中义务无法占主导并不意味着能源主体没有能源权利。因此，能源法律关系的主体无论是国家、组织或者个人均享有一定的权利，同时承担相应的义务。

二、国家的能源权利与义务

国家的权利和义务可以用"职责"一词来形容，具体而言，主要有以下职责：

（一）立法机关的职责

立法机关的职责主要包括：立法职能、监督职能、教育职能、代表职能等。

1. 立法职能

立法机关具有立法权，因而它的主要职能就是制定法律。它通过运用直接或间接民主的形式把民众的意见和要求汇总起来，经过立法程序而制定为法律。立法机关在能源领域的主要职责，顾名思义，即为制定能源法，不仅包括能源基本法，还包括各种具体的能源法律规范。

---

① 黄振中、赵秋雁、谭柏平：《中国能源法学》，法律出版社，2009，第147页。

2. 监督职能

孟德斯鸠曾经得出结论：任何不受制约的权力都必然会导致腐败。立法机关是民意的代议机关，受到选民的监督和制约，同时又负有代表人民监督其他国家机关的责任。立法机关的监督功能主要是通过行使质询权、弹劾权、通过预算权、人事同意权等权力来实现的，体现在能源领域，便是对能源行政机关的监督。

3. 教育职能①

立法机关的教育功能主要体现在以下几个方面：第一，对议员的教育。各国议员被选入立法机关后，可通过讨论政策、审议法案，进行辩论、听证、质询、弹劾、表决等，受到教育，提高自己。第二，对法案涉及的利害关系人进行教育。立法机关在审议这类法案时，如能公正、客观地摆事实、讲道理，阐明每一条款的立法理由，同时认真考虑利害关系人的利益要求和其他意见，无疑将对利害关系人产生影响。第三，对公众的教育。现代的民主立法特别强调尊重公众的知情权，强调立法机关若无法律规定的特殊情况应一律公开活动。现代科学技术的发展，把立法机关的活动通过广播、电视等迅速传播给公众，使更多的人有条件及时了解立法机关的各项活动，为公众树立良好的道德与法律榜样，促使公众自觉地遵纪守法。体现在能源领域，立法机关可以通过其立法活动对能源领域涉及的个人、能源组织、能源企业等起到很好的传播法律、教育公众的作用。

4. 代表职能

立法机关是代议机关，从一般意义上讲，立法机关代表选举它的选民，这就要求它要通过议员或其他人员、其他渠道，广泛听取选民的意见和要求，经常开展立法等活动，用法律和政策来协调各方面的利益，真正体现并保障人民的权益。

（二）行政机关的职责

1. 能源综合管理方面的职责

主要包括制定能源战略与规划等政策、监督检查能源开发利用活动等。具体来说如：统一管理能源工作；依法组织实施国家能源战略，制定和实施能源规划、能源政策，对全国能源行业进行管理，统筹负责能源领域的发展与改革

---

① http://baike.so.com/doc/5585187.html。

工作；县级以上地方人民政府具体负责本行政区域内的能源开发利用和能源节约活动；制定实行国有资本控股为主体的投资产权制度的具体办法，审核从事能源开发利用活动的企业实施重组或者资产并购的申请；制定能源进出口政策，鼓励进口清洁、优质能源及先进能源技术，加强能源和高耗能产品的出口管理监督；建立和完善能源统计体系，依法发布能源统计信息，建立能源预测预警机制；制定与主要能源产品、高耗能产品和设备有关的国家标准等。

2. 能源战略与规划方面的职责

主要有：①制定并颁布国家能源战略，委托有关部门或机构负责国家能源战略的评估；②组织编制并适时修订国家能源规划，委托有关部门或机构负责国家能源规划的评估；③建立能源规划监督制度，对国家能源规划的执行情况进行监督检查；④制定与国家能源规划相配套的地方能源规划。

3. 能源开发与加工转换方面的职责

①依法制定能源矿产资源开发项目准入条件及管理办法；②根据国家能源战略、国家能源规划和政策依法制定可再生能源资源开发项目准入条件及管理办法；③对能源资源开发活动进行监管，提高能源资源开发利用率；④批准民用核能开发利用项目，确定民用核能开发利用厂址，制定加强和保护民用核能开发利用的具体办法；⑤鼓励能源高效开发利用；鼓励发展水电、核能等清洁、低碳能源；鼓励以新能源替代传统能源、以可再生能源替代化石能源、以低碳能源替代高碳能源；⑥负责能源基地建设，制定能源基地建设管理办法；⑦根据国家能源战略、国家能源规划和政策制定能源加工转换项目准入条件及管理办法；⑧建立能源生态环境补偿机制、污染治理和生态恢复规划；⑨实行核燃料闭合循环政策。

4. 能源供应与服务方面的职责

①采取措施促进能源基础设施和运输体系建设，建立多元供应渠道，加强能源供应的组织协调，保障能源持续、稳定、安全、有序供应；②鼓励各种所有制主体依法从事能源供应业务，促进能源供应市场的公平有序竞争，提高能源供应服务质量与效率；③制定能源供应业务准入条件和管理办法；④统筹规划和组织建设跨省、自治区、直辖市的电力、石油和天然气输送管网等能源骨干基础设施；所在地人民政府需预留能源基础设施建设用地，并纳入土地利用规划；⑤保护能源基础设施，维护社会公共安全，禁止任何盗窃、抢劫、破坏和非法占用的行为；⑥建立能源普遍服务补偿机制，对因承担普遍服务义务造成亏损的企业给予合理补偿或者政策优惠，并制定具体办法；⑦制定承担能源

普遍服务义务的能源企业停业歇业或者无法履行义务的审批制度；⑧依法对能源输送管网的公平开放、普遍服务、消费者权益保护等实行专业性监管。

5. 能源节约方面的职责

这些职责包括：①制定并实施节能政策措施，建立节能的鼓励和约束机制，实施节能奖惩制度；②推进经济结构优化和产业升级，优先发展低能耗的高附加值产业；③采取措施推行节约能源的生产、生活和消费方式，改善能源消费结构；④构建能源节约的技术支持体系，加强能源节约和循环利用技术的攻关和产业化；⑤建立节能目标责任制和评价考核制度；⑥建立科学的节能指标体系、监测体系和评价考核体系；⑦加强重点用能单位的节能管理和监督，依法进行能源审计和监督检查，发挥节能示范引导作用；⑧创新节能管理制度、制定节能标准，完善固定资产投资项目节能评估和审查制度、合理用能及监督检查制度、节能产品认证及推广制度、高耗能产品生产准入和退出制度；⑨建立和完善节能市场机制，培育节能咨询和服务体系，推行能源效率标识、合同能源管理、自愿节能协议和能源需求侧管理等措施。

6. 能源储备方面的职责

主要包括：①建立能源储备制度，规范能源储备建设和管理，提高能源应急处置能力，负责能源储备管理工作；②制定能源储备分类及管理办法；③监督检查企业能源储备；④出资设立政府储备；⑤建立石油储备监督检查制度，对政府储备和企业义务储备的建设、收储、轮换等情况进行监督、管理；⑥划定国家能源资源储备，合理补偿探矿权人和采矿权人；⑦提出国家能源产品储备动用建议及动用方案；⑧省级人民政府根据需要建立本地区的能源产品政府储备。

7. 能源应急方面的职责

①建立能源应急制度，应对能源应急事件；②组织编制国家能源应急总体预案和主要能源品种的专项应急预案；③制定能源应急事件的具体分级标准和相应预警级别；④认定特别重大级别、重大级别、较大级别的能源应急事件以及相应的预警；⑤及时启动能源应急方案，实施应急处置措施；⑥在能源应急期间，采取能源生产、运输、供应紧急调度，储备动用，价格干预和法律规定的其他应急措施，并向社会公告；⑦确定基本能源供应顺序；⑧及时退还因能源应急依法征收征用的物资、设备和设施，并对损耗、消耗部分给予补偿；对承担能源应急任务的单位和个人，给予适当奖励或者补偿。

8. 农村能源方面的职责

①负责管理农村能源工作，统一组织实施国家农村能源规划；②制定财政

税收、金融与价格等优惠政策，扶植、引导和鼓励单位和个人加大对农村能源的投入；③统筹城乡能源基础设施建设，提高农村商品能源供应能力，采取措施优先保障农民生活和农业生产基本用能；④发挥农村资源优势，因地制宜推广利用新能源和可再生能源，逐步提高农村电气化水平；⑤重点扶持少数民族地区、边远地区和贫困地区农村电力建设；⑥鼓励发展农村生物质能源；⑦提供资金、技术和服务，提高农村生产和生活用能效率；⑧将农村能源技术推广纳入农业技术推广体系，建立农村能源技术服务网络，加强农村能源技术指导和培训等公益性服务。

9. 能源价格与财税方面的职责

包括：①建立市场调节与政府调控相结合、以市场调节为主导的能源价格形成机制；②对具备市场竞争条件的能源产品和服务价格，实行市场调价；③对自然垄断环节即重要能源价格，实行政府定价或政府指导价，并逐步推行价格管制制度；④实行价格激励与约束政策；⑤建立中央财政和省级地方财政能源支出预算制度，因地制宜地安排本地能源支出预算基金；⑥设立能源发展专项基金；⑦对某些能源领域施行政府投资；⑧实行政府采购政策；⑨运用税收政策实施税收激励政策；⑩对限制出口和生产的能源产品、高耗能产品和能源技术，实行有关税收限制政策；⑪建立和完善能源资源税费体系；⑫扩大消费税在能源领域的适用范围，合理确定税率；⑬制定国家能源发展鼓励类、限制类和禁止类目录，实行相应的财税优惠或者限制政策。

10. 能源科技方面的职责

能源科技方面的职责包括：①制定和完善鼓励企业能源科技投入的财税、价格和金融政策，逐步增加能源科技资金投入；②构建能源科技发展机制；③鼓励和支持能源科技重点领域的创新研究和开发应用；④采取措施促进能源科技成果的推广应用；⑤对进行能源科技创新的单位和科技人员予以表彰和奖励；⑥国家鼓励能源教育和能源科技人才的培养；⑦积极开展能源普及活动，支持社会中介组织和有关单位、个人从事能源科技咨询与服务。

11. 能源国际合作方面的职责

能源国际合作方面的职责主要包括：①建立和完善内外联动、互利共赢、安全高效的开放型能源体系；②鼓励对外能源投资和合作方式的创新，建立境外能源合作管理与协调机制，保护在境外从事能源开发利用活动的中国公民、法人和其他组织的合法权益以及其人身和财产安全，有效应对中国公民、法人和其他组织在境外的能源投资项目所遭受的政治风险；③依法保护外国公民、法人和其他组织在中国境内从事能源开发利用活动的合法权益，制定外商投资产业指导目录及相关政策；④建立和完善境外能源贸易监管机制；⑤统筹规划跨国能源输送管网、能源运输通道及配套设施的建设，并进行管理、协调和监督；⑥采取措施促进能源科技与教育合作；⑦促进能源预测、预警与应急的国际合作，推动全球性或者区域性能源安全协调保障机制的建立和完善。

12. 监督检查方面的职责

主要包括：①对下级人民政府及统计能源主管部门和有关部门履行职责情况进行监督和检查，对能源规划和能源政策的实施情况进行考核评估；上级能源主管部门应当加强对下级能源主管部门履行职责情况的监督检查，及时纠正违反本法和相关能源法律的行为；健全内部监督制度，对工作人员行使职权和履行职责的情况进行监督；②有权要求能源企业、用能单位按照规定报送文件、资料；③可以进入能源企业和用能单位的生产经营场所实施现场检查，查阅、复制与检查事项有关的文件和资料，对可能被转移、隐匿或者毁损的文件资料予以封存；④在监督检查中，可以予以查封、扣押，或者申请人民法院予以冻结；⑤公布重点高耗能企业名单，要求其报告用能情况并向社会公布；⑥对重点能源企业进行监管和调控。

（三）司法机关的职责

司法机关，狭义仅指法院，广义还包括检察机关。在资本主义国家，司法机关与立法机关、行政机关互不从属；在社会主义国家，司法机关从属于国家权力机关而相对独立于其他国家机关。

1. 审判职责

审判是人民法院依法定程序对涉及法律关系的案件进行审理并判决的一项活动。审判权是司法机关的一项重要职能，履行国家审判职能。具体到能源领域，就是对涉及能源法律关系的案件进行审理并做出判决。

2. 检察职责

主要是指检察机关的职责，有权对能源机关公务人员履行职务进行监督，对公安机关的侦查工作、人民法院的审判工作、司法行政机关的监狱工作进行监督，对能源刑事案件的犯罪嫌疑人提起诉讼。

3. 侦查职责

对有关能源的案件进行搜证、取证、调查的职责。

三、组织的能源权利与义务

(一)企业等营利性组织的权利与义务

1. 权利

其权利主要集中在与能源资源开发利用相关的占有权、使用权与收益权等。即可以按照有偿取得的原则,依法享有占有、使用和收益的权利,但不得损害国家的利益。

具体权利包括:

(1)可以在涉及公共利益和安全的重大能源决策时有发表意见的权利,有利于增强能源决策的民主性、科学性和透明度;可以对能源主管部门和有关部门履行职责情况提出意见和建议,有权对违反能源法律的行为进行检举、揭发和控告。

(2)可以申请石油、天然气、核能等关系国家安全和国民经济命脉的能源矿产资源勘探或者开采项目,可以申请水能、风能、太阳能和生物质能资源、海洋能源资源等可再生资源的开发项目,也可以申请从事能源加工转换项目。

(3)可以转让能源资源探矿权、采矿权,也可以在规定范围内转让能源开发权或者变更实际控制人。

(4)可以承担国际能源业务,从事能源进出口和对外投资。

(5)享有对能源资源的利用权以及由能源利用行为产生的收益权。

2. 义务

(1)能源普遍服务的义务,即为用能单位和个人提供安全、持续、可靠的能源供应与服务的义务。[1]主要包括能源基地建设,建立能源多元化供应渠道,开放能源输送管网设施,依法提供公平、无歧视的接入和输送服务,保障公民获得无歧视、价格合理的基本能源供应服务等。

(2)节能减排的义务。例如:节约生产、清洁生产、安全生产,降低资源消耗,控制和防治污染,保护生态环境;实行"三同时"制度,即能源建设项目的安全与环境保护设施,应当与主体工程同时设计、同时施工、同时投入使

---

[1] 黄振中、赵秋雁、谭柏平:《中国能源法学》,法律出版社,2009,第151页。

用；推进节能技术进步，采用节能新技术、新工艺、新设备、新材料，加强资源综合利用，提高能源节约利用水平；节俭、适度、科学用能，优先使用高效能源和节能产品；重点用能单位应当加强节能管理，建立节能组织机构和设置节能专业岗位，明确节能目标和各级机构的节能责任。

（3）能源储备义务。能源储备包括能源产品储备和能源资源储备。能源产品储备包括石油、天然气、天然铀产品等。能源资源储备包括石油、天然气、天然铀、特殊和稀有煤种等资源。

（4）其他义务。编制相应的能源应急预案；高耗能企业向能源主管部门报告用能情况并向社会公布；在关系国家安全和国民经济命脉的能源领域从事能源开发利用活动的企业，应当承担相应的社会公共责任，不得滥用垄断或者支配地位损害国家和公共利益等。

（二）能源行业协会、非政府组织等非营利性组织的权利与义务

能源行业协会等非营利组织享有以下权利：例如有权参与涉及公共利益和安全的重大能源决策；可以按照有偿取得的原则，依法享有占有、使用和收益的权利（如采矿权等）；监督的权利等。

除以上所述的能源权利外，非营利组织还承担以下义务：

（1）反映行业和企业发展要求，在行业统计、行业标准、技术服务、市场开发、信息咨询等方面为企业提供服务、为政府提供决策。

（2）基于本组织赖以成立的原因，发挥该组织的专业优势，为能源领域提供专业性的指导或者服务。

四、个人的能源权利与义务

（一）个人作为能源法律关系主体的权利

（1）个人可以在涉及公共利益和安全的重大能源决策时有发表意见的权利。例如《能源法》（征求意见稿）第15条规定：各级人民政府及有关部门进行涉及公共利益和安全的重大决策时，应当听取有关行业协会、企业和个人的意见，增强能源决策的民主性、科学性和透明度。

（2）个人可以对能源主管部门和有关部门履行职责情况提出意见和建议；个人有权对违反《能源法》（征求意见稿）和相关能源法律的行为进行检举、揭发和控告。

（3）个人也可承担国际能源业务，涉及能源进出口和对外投资。

（二）个人作为能源法律关系主体的义务

（1）个人也属于能源用户，因此应当安全、节约、有效使用能源。应当依法配合能源供应企业的供应服务，遵守相关技术管理规范，按照国家有关规定和当事人的约定支付相应的费用，维护正常的能源供应秩序。

（2）个人应当节俭、适度、科学用能，优先使用高效能源和节能产品。

（3）个人应当执行能源应急预案和政府能源应急指令，承担相关应急义务。

第六章　能源法律责任

能源法律责任是能源法律制度得以贯彻实施的有力保障，是以义务的形式和法律强制力作为基础的制度底线。根据所应承担的法律责任的性质及后果的严重性，可以将法律责任分为刑事责任、行政责任和民事责任。在民事责任、行政责任及刑事责任之中，三种功能的主导地位和作用各有侧重。刑事责任与行政责任更多强调惩罚性与强制性，而民事责任主要实现修复救济。

第一节　能源法律责任概述

能源法律责任是能源法律制度得以贯彻实施的有力保障。在能源活动中，主体不同，违法行为也不同。为保障能源活动中各方当事人的合法权益，及时妥善处理争议，维护社会经济秩序，我国应当建立以行政复议和诉讼为主，协商、调解和仲裁为补充，司法最终裁决的能源争议解决机制。在能源法律责任体系中，应当针对违法行为的性质和严重程度，分别规定民事法律责任、行政法律责任及刑事法律责任。

一、能源法律责任的特点

能源法律责任具有如下特点：第一，设定各种惩戒程序和措施的法律规范是制度形成的基础。第二，制度功能有明显的价值标准，即恢复产权和行政权的支配力，约束能源开发利用与保护的统一和技术创新。第三，制度安排具有针对性，具体能源法惩戒对象和范围各有不同。第四，制度的宗旨是保证可持续发展能源法律制度的实施。作为能源基本法中的法律责任应当也必须与能源单行法中的法律责任有所区别。由于《能源法》所具有的基本法定位，因此此处的法律责任除了对法案中与之对应的违反法律义务而应归责的行为做出规定之外，应当更多的对能源法律责任的通行规则和单行法不便规定的责任内容做出概括，对涉及全部能源法域的责任基础、责任分类、归责原则、责任形态、责任范围、处断标准、减责免责事由及能源法特有的义务形态等做出规定。在能源环境问题日益严峻的形势下，美国能源立法中的比例罚金、按日计罚和惩罚性损害赔偿等制度具有较为突出的借鉴价值。

企业的社会责任，是指企业在创造利润、对股东利益负责的同时，还要承担对员工、对社会和环境的社会责任，包括遵守商业道德、安全生产、职业健康、保护劳动者的合法权益、节约资源等。《中华人民共和国公司法》首次将"社会责任"纳入法律范畴，根据该法第 5 条规定："公司从事经营活动，必须遵守法律、行政法规，遵守社会公德、商业道德。诚实守信，接受政府和社会公众的监督，承担社会责任。"对能源企业而言，应当履行的法律意义上的社会责任内涵更丰富："一是环境责任：包括控制温室气体排放；废物废料的管理和回收；工程建设中对当地生态环境、生物多样性的保护；使用清洁能源和对原料的循环利用等。二是安全责任：包括安全设施的配备与体系化管理；对员工进行广泛深入的安全教育，消除安全隐患；对可能出现的各种安全事故制定危机预案，并配备事故后污染处理的设施；持续改进，将安全事故发生概率降到最小等。三是关爱员工：包括为员工制订发展规划，提供培训机会；在企业内创造薪酬的公平，为员工创造成长的空间；关注员工健康，开展职业病防治；保障员工的工作机会，建立完善而合理的解雇制度等。四是社区责任：包括投资捐助当地的教育事业；投资捐助当地的医疗保健事业；捐助社区的公共设施建设和经济发展项目等。五是国际责任：包括为重大灾难和战乱地区人民提供救济；开展各种形式的企业与外国政府的'双赢'合作；促进各国人民的经济、文化交流，加深理解和感情；宣传新的理念，如清洁发展的理念，推进生产方式的变革等。"[①]可以说，企业的社会责任是能源法律责任中应有之义，应该体现在能源立法中。例如，在市场经济条件下，经过行政程序许可准入运营的石油、天然气、电力、煤炭等企业，不仅具有以营利为目的的经营性组织体的身份，同时，也具有经营领域关乎国家经济安全的社会责任。为此，在进行相关立法时，应着重规定如下两项内容：一是规定企业对用户负有安全、稳定地提供各种产品的义务，禁止其利用垄断优势及国际市场波动，擅自哄抬价格或囤货减少供应，从而引发社会恐慌，损害社会经济之稳定运行；二是环境保护义

---

① 何振红、小禾、能言：《社会责任：能源企业的新"能源"》，《经济日报》2006 年 2 月 25 日，第 5 版。

务，要求其依法进行环境影响评价，广泛推行可持续生产方式，充分利用科技手段和管理手段进行节能减排，努力提升资源综合利用率。

世界各国把替代能源的开发利用作为满足现实能源需求和解决未来能源问题的重要战略选择。我国大规模地开发利用替代能源，不仅可以缓解过度消耗化石能源所造成的环境污染，同时还可以改善和提高人民的生活质量，符合国家责任和人民的根本利益和长远利益。因此，《可再生能源法》确立了国家责任和全社会支持相结合的原则。该法第4条规定："国家将可再生能源的开发利用列为能源发展的优先领域，通过制定可再生能源开发利用总量目标和采取相应措施，推动可再生能源市场的建立和发展。鼓励各种所有制经济主体参与可再生能源的开发利用，依法保护可再生能源开发利用者的合法权益。"

随着经济全球化的深入发展，各国在能源发展方面的联系日益紧密，进行核能利用、远洋石油运输、跨界水能开发等开发利用能源的活动也日益频繁，能源开发利用活动中对他国环境资源以及国民财产人身安全造成损害的事件时有发生，跨界损害成为国际关系中的突出问题，国际损害赔偿责任应运而生。[1]国际损害赔偿责任是指国际法律责任主体在从事国际法不加禁止的活动中造成损害所应承担的国际责任。但是，这种责任是国际法意义上的义务，主要由国际公约来协调和规范，不纳入笔者探讨的能源法律责任的范畴。当然，中国正以高度的国际责任感在积极地履行着国际义务。例如，在环境保护等问题上，全球面临共同的挑战，都应当承担相应的国际责任，中国政府高度重视环境保护，加强环境保护已经成为基本国策，社会各界的环保意识普遍提高。1992年联合国环境与发展大会后，中国组织制定了《中国21世纪议程》，并综合运用法律、经济等手段全面加强环境保护，取得了积极进展。中国的能源政策也把有效治理能源开发利用过程中引起的环境破坏、环境污染作为其主要内容。

二、能源违法行为的种类

从能源立法的角度，应当追究法律责任的行为就是违反能源法律法规的违法行为。围绕能源领域中能源勘探、开发、生产加工、储存、运输、贸易、消费、利用、节约、对外合作、安全、环境保护等环节中产生的各种社会关系活动，相关单位和个人，包括政府和政府工作人员、能源企业、能源用户等主体，

---

[1] 刘军华：《论国际损害责任》，《南京财经大学学报》2005年第6期。

都有可能违反能源管理法律、法规。

在能源法律关系中，政府部门的职责具有宏观性，主要包括编制国家能源发展战略和规划，制定国家能源发展政策，组织实施各项能源制度，对下级部门履行能源职责情况进行监督检查等。如果政府职能部门及其工作人员有如下情形，则应当根据情节轻重依法追究相应的法律责任：不依法编制、评估和实施能源战略和能源规划；不依法发布能源统计信息；对不符合法定条件的能源项目予以准入；不履行能源储备管理职责；不制定能源应急预案；未建立节能工作责任制；不依法履行能源监督检查职责；不履行法律规定的其他义务。

能源企业是能源法律关系的重要主体，它在能源开发、能源加工转换、能源储备、能源供应与服务等环节享有能源法律上的权利的同时，也应当承担相应的法律上的义务。应当履行的义务主要包括能源普遍服务义务、节能减排义务、能源储备义务、公平竞争的义务、内部能源管理义务、应急义务以及高能耗企业信息公开义务等。《能源法》（征求意见稿）将能源企业划分为一般能源企业和特殊能源企业并对其予以分别规范，因为特殊能源企业具有一般能源企业的共性，同时也有不同于一般能源企业的"特殊性"，如对用能者负有的普遍服务义务，违反义务则无法向用能单位和公民个人提供普遍的、安全、持续、可靠的能源供应与服务，而且国家通常对承担能源普遍服务义务的企业予以适当的补偿。据此，对于一般能源企业，违法行为主要包括：破坏性开采能源资源；违法处理核废物；未经批准擅自从事能源开发、加工转换及供应与服务活动；违反法律规定进出口能源产品、技术或者设备；非法占用基本农田发展生物质能源产业；不依法履行能源储备与应急义务；破坏能源市场竞争秩序；违反法律、法规规定的其他义务。对于特殊能源企业，其违法行为主要包括：经营能源输送管网设施的企业违反法律规定，不履行公平开放管网义务；承担能源普遍义务的企业未经批准，擅自停业、歇业或者停止按法定条件履行普遍服务义务；在关系国家安全和国民经济命脉的能源领域从事能源开发利用活动的企业，违反本法规定实施重组或者资产并购，违反法律、法规规定的其他义务。

能源法律关系中，能源企业的相对方是能源用户，能源与效率深刻影响着经济社会的协调发展，同时又对环境产生重大影响。因此，在用能过程中，贯彻落实节能和可持续发展理念至关重要，尤其是重点用能企业和高能耗企业。例如，重点用能企业未能实现节能目标；高能耗企业没有如实向能源主管部门报告用能情况并向社会公布等。

此外，任何主体有下列行为都应当承担相应的法律责任，例如，盗窃、抢劫、破坏、非法占用能源资源、产品或者能源基础设施；生产、销售、使用国家明令淘汰的耗能产品和技术；未按规定事先制定应急预案或者采取预防措施，造成能源安全隐患；能源应急期间，不执行能源应急预案及政府下达的应急指令和任务；违反法律、法规规定的其他行为。

三、能源违法行为的归责原则

法律责任的归责，是指由特定国家机关或国家授权的机关依法对行为人的法律责任进行判断和确认。下面从违法责任与侵权责任两种类型探讨能源违法行为的归责原则。

从各国的民事立法来看，有关合同责任的归责方面，主要采纳了过错责任和严格责任两种归责原则。我国现行《合同法》确立了以严格责任原则为主导，以过错责任为补充的归责原则体系。在具体的过错原则使用过程中，又根据特殊的实际情况规定了过错推定原则。这就完善了我国违约责任的归责体系，实现了其归责原则的多元化。对于能源活动建立无过错责任（严格责任）为主导，过错责任为补充的归责体系。例如，供用电、水、气、热力合同中适用的就是严格责任，根据《合同法》第179条规定："供电人应当按照国家规定的供电质量标准和约定安全供电。供电人未按照国家规定的供电质量标准和约定安全供电，造成用电人损失的，应当按照国家有关规定和当事人的约定安全用电，造成供电人损失的，应当承担损害赔偿责任。"

如果能源活动的一方当事人的行为构成侵权，那么根据我国《民法通则》的规定，应该承担侵权责任。侵权责任的归责原则有过错责任原则、无过错责任原则、过错推定责任和公平责任原则之分。能源侵权行为的归责原则应以过错推定原则为主，无过错原则为补充为宜。

1. 过错原则不宜采用

从19世纪以来，过错原则成为侵权法的基本归责原则，它以行为人的主观心理状态作为确定和追究责任的依据，即"有过错方有责任""无过错即无责任"。过错责任原则体现了民法上的公平原则，有过错方承担民事责任，过错大小决定责任轻重，举证责任一般是"谁主张，谁举证"，在能源活动中，受害人要举出证据证明加害人（侵权人）主观上存在过错（故意或过失），无疑是非常困难的，也有碍实现能源的公平性，与中国现阶段应加快能源体系建设和完善的宗旨相悖，因此不宜采用。

2. 公平责任也不具有普遍适用性

公平责任原则是指加害人和受害人对造成的损害事实均没有过错，而根据公平的观念，在考虑当事人的财产状况、支付能力等实际情况的基础上，责令加害人或者受益人对受害人所受损失给予补偿，其目的在于减轻而非补足受害人所受损失。

3. 应当确立过错推定原则为主导的归责体系

过错推定原则是指只要受害人能够证明其所受损害是加害人的行为或者物件所致，即推定加害人存在过错并应当承担民事责任。加害人不能通过简单地证明自己没有过错而免责，加害人只有证明存在法定的抗辩事由，才能证明自己没有过错。过错推定特点在于：第一，免除了受害人对加害人的过错所应承担的举证责任。受害人仅须证明加害人的行为或者物件与损害事实之间存在因果关系即可，而无须证明加害人主观上存在过错。第二，实行举证责任倒置。由被告就自己没有过错承担举证责任，这样能够很好地解决受害人举证难的问题。

4. 无过错责任归责原则为补充

无过错责任原则是从整个社会公共利益之均衡、不同社会群体力量之强弱对比的角度来体现公平原则的，它反映的是现代社会化大生产条件下的公平正义观，以及对于有限的能源资源的分配正义，当然，它也可能会使能源企业为避免责任而减少对社会的服务，妨碍整个社会能源体系的建设，所以，其不是主导归责原则，只能作为补充。

竞合是指由于某种法律事实的出现而导致两种或两种以上的权利产生，并使这些权利之间发生冲突的现象。侵权责任与违约责任的竞合，是指行为人所实施的某一种违法行为，具有侵权行为和违约行为的双重特征，从而在法律上导致了侵权责任与违约责任的同时产生。违约责任与侵权责任竞合问题的解决在各国民法上都是一个难题，有的国家采用禁止竞合的制度，有的国家则允许竞合，还有的国家如德国采用"限制的选择诉讼制度"，即规定在发生违约责任与侵权责任竞合时允许受害人选择某一种责任提出请求或提起诉讼，但这种选择权也有一定的限制。① 在能源活动中，如果出现侵权责任与违约责任的竞合，应该适用我国《合同法》的相关规定，根据该法第 120 条规定，因当事人一方

---

① 邱家明：《谈侵权责任与违约责任的竞合》，《九江师专学报》（哲学社会科学版）2003 年第 4 期。

的违约行为，侵害对方人身财产权益的，受损害方有权选择依照本法要求其承担违约责任或者依照其他法律要求其承担侵权责任。即认为一个行为、事实同时符合违约责任与侵权责任的规范时，并非产生两个独立并存的请求权，而是允许由受害人在侵权责任和违约责任中择其一，追究对方当事人的责任。

四、能源争议解决途径

为建立科学、完整、规范的能源法律责任体系，保障能源活动中各方当事人的合法权益，维护社会经济秩序，必须利用有效的手段，及时妥善处理争议。根据各国法律和实践，解决能源纠纷机制主要有协商、调解、行政复议、仲裁和诉讼五种。解决能源纠纷的五种方式，各有其特点和作用，孰优孰劣，不能一概而论，须视纠纷的具体情况和当事人的选择而定。各种争议的解决方式以其自由性、灵活性、经济性及效力的平衡，形成了比较缜密的解决纠纷的框架机制，从而有效地为当事人解决纠纷提供了多样性的选择。我国应当建立以行政复议和诉讼为主，协商、调解和仲裁为补充，司法最终裁决的能源争议解决机制。

（一）行政复议和行政诉讼

当事人认为能源主管部门或者其他行政机关的行政行为违反本法侵犯其合法权益的，可以依法申请行政复议，行政机关受理行政复议申请、做出行政复议决定。行政复议既是行政机关进行行政监督的一种行政司法行为，也是行政机关在行政系统内自己解决行政争议的一种方式。社会的现代化导致行政职能日益复杂，伴随而来的是大量行政争议的产生，仅靠行政手段解决这些争议是十分困难的。世界各国一般采取行政救济和司法审查两种途径解决行政争议，这在我国被称为行政复议和向法院提起行政诉讼。在处理二者关系时，根据不同纠纷类型有三种规定，一是法律规定行政复议为终局决定，不得再向人民法院提起行政诉讼；二是争议发生后，可以选择行政复议，也可以选择行政诉讼，如果选择行政复议，在不服行政决定时，还可以在法定期限内向人民法院起诉；三是法律、法规规定应当先向行政机关申请复议的，未经复议不得向人民法院提起诉讼，只有经过复议，又对复议不服的以及复议机关拒绝复议或者不予答复的，才可以向人民法院提起行政诉讼，这就是行政复议的前置原则。我们认为，能源纠纷中，适宜采用第二种情形，原因在于：一方面，诉权代表的是一种救济的请求，是连接公法的诉讼权利能力和私法的请求权的一座桥梁，基于私权产生而有公法的保障意义，只允许行政复议的第一种情形不可取；另一方面，法律规定复议前置原则，虽然可以督促行政机关依法行政，便于及时纠正具体行政行为中的失误，维护行政机关的威信，也可减少行政诉讼案件，减少国家不必要的诉讼支出，但同时，也在一定程度上加大了当事人的维权周期和成本。

（二）司法最终解决

诉讼，是指能源纠纷的当事人没有在合同中订立仲裁条款，事后又没有达成书面仲裁协议，任何一方均可向我国或其他有关国家的有管理权的法院起诉，请求法院依法审理、判决。司法诉讼是最终的纠纷解决机制。根据国际惯例和我国有关法律的规定，实行"或裁或审"制度，在发生争议后当事人不愿协商、调解的，或者协商、调解不成的，可以根据合同中的仲裁条款或事后达成的仲裁协议，提交中国或者其他的仲裁机构仲裁。当事人没有在合同中订立仲裁条款，事后又没达成书面仲裁协议的，可以向法院起诉。在民主法治社会，不论权利所指标的额的大小，其权利都应该受到法律的保护；不论何种权利受到侵害，受害者都有权诉诸司法，请求司法救济。在现代法治社会，一切权利受到侵害的法律争议都应当能够提交司法程序，通过诉讼方式予以救济，这不仅是维护权利的需要，也是法治社会的一项基本要求。诉权作为当事人的一项基本权利，使民事实体权利摆脱面临虚置的危险。在能源活动过程中，赋予当事人以诉权，是能源权利得到保障的强有力的后盾。如果没有诉权，那么权利体系就失去了法律的强有力的保障，权利也就成为空谈。应该说，责任和救济主导着法律上的义务，所谓有诉权才有权利。可见，通过诉讼来解决能源纠纷，应当成为解决能源活动中产生的纠纷的主要方式。

（三）其他争议解决方式为补充

协商，是指在争议发生后，由双方当事人共同协商，具体分析情况，明确是非责任，在互谅互让的基础上达成协议解决纠纷。自愿达成协议是解决纠纷的一种方式。这种解决争议的方式，完全由当事人遵循"平等互利、协商一致"的原则双方自行解决，优势在于没有第三人或者仲裁和司法机关的介入，有利于争取"双赢"局面。而且，通过协商可避免仲裁或诉讼的麻烦，节省人力和财力。所以，在实践中，很多纠纷是通过友好协商来解决的。但是，协商能否成功，往往要受到纠纷的内容及当事人的主观努力等因素的制约，在某些情况下，难以取得圆满的结果，而且，协商没有法律强制执行力，任何一方反悔都会导致协商无法执行。当然，和解也可以在诉讼进行中、执行过程中以及仲裁过程中达成。

调解，是指争议发生后，由双方当事人以外的第三人通过居中调停，在双方当事人互谅互让的基础上使合同争议得到解决。调解的方法有很多种，可以在提交仲裁或诉讼之前由第三方主持下进行，调解不成，便申请仲裁或诉讼；也可以在仲裁裁决或者法院判决之前在庭外由第三方主持，达成和解协议，申请撤销案件；还可以在仲裁或诉讼过程中，由裁决机关或法院主持进行。我国的仲裁机关或法院在做出裁决或判决前，一般都会先尝试进行调解。调解是在合法、公正、合理的基础上促使当事人自愿达成调解协议，调解解决涉外经济争议，对促进对外经济关系协调发展发挥了积极作用。但是，调解必须遵循合法、自愿的原则，除由仲裁机构或法院主持的调解并制作调解书，送达并生效外，其他调解都没有法律强制执行力，任何一方反悔都会导致调解无法执行。

仲裁，是指按照双方当事人的仲裁协议或合同中的仲裁条款，由当事人选定的仲裁机构或仲裁员对合同争议依法做出有约束力的裁决而解决争议的一种方式。用仲裁方式解决争议，可以在签订合同时就订立裁决条款，也可以在发生争议后由双方当事人达成仲裁协议。当事人在仲裁条款或仲裁协议中，可以约定仲裁地点、仲裁机构和仲裁规则等事项，一旦发生争议，即可根据约定提交有关仲裁机构仲裁。

当事人和解与第三方调解均以消除双方当事人之间的对立和对抗为目的，其解决的结果的正当性源于当事人的自愿性，因而在修复或补救被纠纷所破坏的社会关系方面，具有沟通性和保密性等不可比拟的优势。但是，协商和调解建立在当事人自愿的基础上，且和解和调解协议本身并无强制执行的效力，当事人不得请求法院依据和解协议和调解协议强制执行。在能源活动中，侵权行为构成了能源违法行为的重要部分。因此，和解、调解和仲裁难以充分满足高效快捷解决个人争议的需求，仅能作为补充的纠纷解决方式。

五、能源法律责任的承担方式

根据所应承担的法律责任的性质及后果的严重性，可以将法律责任分为刑事责任、行政责任和民事责任。民事责任、行政责任及刑事责任的主导地位和作用各有侧重。刑事责任与行政责任更多地强调惩罚性与强制性，而民事责任主要实现修复救济。在能源法律责任体系中，应当针对违法行为的性质和严重程度，分别规定民事法律责任、行政法律责任及刑事法律责任。

第二节　能源民事法律责任

能源民事责任一般以损失填补和恢复原状为原则，当事人可以自行协商。能源民事法律责任的构成要件由民事违法行为、损害后果、因果关系和主观过错构成。能源民事责任的承担方式与一般民事责任的承担方式基本一致。

一、能源民事法律责任的含义

能源民事法律责任，是指行为人由于违反有关能源法律、法规的规定或违反当事人之间的约定而依照民事法律的规定所应承担的法律责任。从责任承担上，民事责任一般以损失填补和恢复原状为原则；从强制的程度上，民事责任除法律规定外，往往还允许当事人自由处分，可以自行协商，或减或免，国家一般不干预。

二、能源民事法律责任的构成

能源民事法律责任的构成要件，是指行为人因违反能源义务实施不法行为致人损害而应承担民事法律责任所必需的各种要件的有机统一。它包含如下内容：

民事违法行为，是指行为人在能源开发、建设、输送、供应、适用、管理等活动中发生的违法行为和违约行为，这是承担民事责任的前提。

损害后果，是指由于行为人的违法行为造成的财产或人身或精神损害的事实和结果，基础就是不法行为人的行为对被侵权人造成了损害后果。有损害则有补偿，无损害则无补偿是民事责任的基础。

违法行为与被侵权人所受到的损害后果之间具有因果关系，既是行为人具有可归责任因而应当承担民事责任的基础，也是被侵权人具备损害赔偿请求权的资格并可向行为人提出损害赔偿请求的基础。

行为人主观方面须有过错，这是行为人承担行政责任的主观要件。过错是行为人对自己违反能源法律法规的行为及其引起的危害后果所持的心理态度。它包括故意和过失两种形式。

三、能源民事责任的承担方式

能源民事责任的承担方式主要包括停止侵害、消除影响、赔礼道歉、支付违约金和赔偿损失等。停止侵害，是指责令违法行为人立即停止或请求人民法院制止正在实施的侵权行为以避免损害后果的发生或扩大。这是适用于各种侵权行为的一种基本的侵权民事责任形式，一般适用于侵权正在继续进行的情况。在能源活动中，对正在发生的侵权行为，受害人可以要求侵权人停止损害或请求人民法院制止。消除影响、恢复名誉，是在公民或法人的人格权受到不法侵害时，可以请求侵害人或诉请人民法院强制侵害人在影响所及的范围内，以一定方式消除受害人人格所遭受的不良影响以恢复其名誉。原则上是在多大范围内造成影响，相应在多大范围内消除。当个人的信用信息被不当利用和评价，其人格受到不法侵害时，被侵权的主体可以采取这种方式，使受损的评价得以纠正。赔礼道歉，是指当公民或法人的人身权受到不法侵害时，对于情节轻微者，受害人可以要求侵害人或诉请法院强制侵害人当面承认错误和表示歉意，主要用于对人格权的侵害。支付违约金，是指当事人违反合同时，依法律规定或合同约定，由违约一方向另一方给付一定数额的金钱。赔偿损失，是指违法行为给他人造成财产或者精神上的损失时，实施违法行为人给予受害人相应数额的财产作为补偿。这种责任形式既适用于违反合同的责任，也适用于侵权损害的责任；既适用于有形财产的赔偿，也适用于精神损害的赔偿。这种形式以违法行为造成实际损害为其使用前提。赔偿损失的目的，主要在于补偿受害人财产或精神上的损失。因此，责任人的赔偿范围应当与受害人的损失范围相当。

在能源立法中，关于民事责任的规定应当注意以下三点：一是不宜抽象规定"违法行为造成他人损失的，应当依法承担民事责任"，而是应当对能源民事法律责任的违法行为、承担方式、免责事项做出具体的规定。例如，能源开发与其他资源开发相邻关系因侵权发生的法律责任；能源供应、使用不当造成事故损害发生的民事法律责任；能源开发、生产、转换、供应、适用等活动因合同违约发生的民事责任等。这使侵害利益的违法行为具有相应的民事责任形式，使法律具有现实操作性，为权利受到侵害者提供现实的法律保障。二是确立民事责任优先原则。应当承担民事赔偿责任和缴纳行政处罚罚款、刑事处罚罚金，其财产不足以同时支付时，首先承担民事赔偿。因为，民事赔偿对象主要是自然人，对个人的赔偿次序优于国家的主体，符合民法有损害就有救济的精神，同时，从责任性质上，民事责任主要是以财产性的补偿为主，而以非财产性的排除措施为辅（如停止侵害、排除妨碍、消除影响、赔礼道歉等），所以贯彻民事责任优先的原则也是以人为本的体现。三是根据不同的违法行为以及能源客观特性，建立科学的损害赔偿制度。在民事责任承担方式中，损害赔偿是适用最广泛的一种，如何科学界定损害赔偿的范围和标准，充分弥补当事人的损失至关重要。比较典型的是核损害赔偿，核损害赔偿是指核设施发生事故或事件时，由于辐射源或核材料的放射性，或由于放射性与毒性、爆炸性或其他危险性相结合所造成的人身伤害或财产损失。核事故或事件造成的损害不仅涉及人身伤害和财产损失，还会造成精神损害以及环境损害，即广义上的核损害。侵权责任以财产损失为限的原则，是自罗马法以来传统民法的一项赔偿原则。但随着社会的不断发展，无论是大陆法系还是英美法系国家，也无论是资本主义国家还是社会主义国家，其侵权立法和司法都打破了罗马法以来侵权责任以财产为限的原则，规定了对于精神、人格、名誉损害的行为人也应负赔偿责任。精神损害赔偿的金额，法律有规定的，遵循其规定；法律无规定的，可根据损害结果、侵害行为、当事人经济状况、当地人平均收入水平及其他因素，综合考虑。

第三节　能源行政法律责任

与能源民事法律责任不同，行政责任与刑事责任更多的是强调惩罚性与强制性。从法律制裁方式角度，行政责任大体上可以分为行政处分和行政处罚。

一、能源行政法律责任的含义

能源行政法律责任，是指由国家行政机关或者国家的有关单位对违反能源相关法律、法规的单位或者个人依法采取的行政制裁。能源行政法律责任既是对违法行为人的一种惩戒和教育措施，也是违法行为人对国家承担的责任。

二、能源行政法律责任的构成

能源行政法律责任的构成是指对违反能源法律、法规的单位和个人追究行政责任必须具备的条件。这些条件是对违法行为的性质和危害程度有决定意义的事实。

行政违法行为是能源行政法律责任的基本法律特征，当事人必须实施了行政违法行为，也就是违反了有关能源行政管理的法律规范，其行为可以是作为，也可以是不作为。

危害后果是构成能源行政法律责任的客观要件，也叫事实要件。主要表现为它侵犯了能源行政主管部门及其他能源执法机关正常的环境管理秩序和管理活动，也就是侵犯了能源行政管理关系。

因果关系，是指要求违反能源法律法规的行为人承担行政责任应当查明行为与危害后果之间的内在联系，即危害后果的发生必须是由违法行为引起的。虽然有些行政违法行为客观上存在危害后果，但是与行为人实施的行为没有必然的内在的联系，因此不能作为承担行政责任的要件。

行为人主观方面须有过错，这是行为人承担行政责任的主观要件。过错是行为人对自己违反能源法律、法规行为及其引起的危害后果所持的心理态度。它包括故意和过失两种过错形式。

三、能源行政法律责任的承担方式

行政处罚，是指国家行政机关依法对违反行政管理法规的行为给予的制裁措施，主要有六种：警告，罚款，没收违法所得、没收非法财物，责令停产停业，暂扣或者吊销许可证、暂扣或者吊销执照，行政拘留。警告是指行政机关对有违法行为的公民、法人或其他组织提出告诫，使其认识本身的违法行为的一种处罚。警告是行政处罚措施中最轻的一种。它一般适用于那些违反行政管理法规较轻微，对社会危害程度不大的行为。罚款指行政机关违反行政管理法规的行为人，在一定期限内依法强制缴纳一定数量货币的处罚行为。罚款是一种财产罚，通过处罚使当事人在经济上受到损失，警示今后不再发生违法行为。没收违法所得、没收非法财物是指国家行政机关根据行政管理法律、法规，将行为人违法所得的财物或非法财物强制无偿收归国有的一种行政处罚措施。没收是一种较为严厉的财产罚，其执行领域具有严格的限定性，并非所有违反行政管理法规的案件都可以实行此种处罚。责令停产停业是对违反行政法律规范的企业和个体工商户责令其停止生产、停止营业的一种处罚形式。责令停产停业能够及时制止并纠正违反市场管理秩序的行为，从而维护市场管理秩序和市场交易的安全，并能够保护企业和个体工商户的合法权益。暂扣或者吊销许可证、暂扣或者吊销执照是指行政机关对违反行政管理法规的公民、法人或者其他组织依法实行暂时扣留有关证照，剥夺其从事某项生产或者经营活动权利的行政处罚。行政拘留是指公安机关对于违反行政法律规范的公民，所做出的在短期内限制其人身自由的一种处罚措施，是拘留的一种，是我国公安机关对扰乱社会秩序、妨害公共安全、侵犯公民人身权利、侵犯公私财产、尚不够刑事处罚的违法人员给予的行政处罚之一，其期限为 1 日以上，15 日以下。行政拘留是限制公民人身自由的一种处罚，也是行政处罚中最为严厉的处罚。目前我国的行政拘留，主要为治安拘留。由于它是一种严厉的行政处罚，法律对这一处罚的规定也是严格的，只有公安机关才能实施，其他任何行政机关无权实施。

行政处分，是指国家机关、企事业单位，按行政隶属关系，根据国家法律或国家机关、企事业单位的规章制度，对犯有轻微违法失职行为尚不够刑事处分或者违反纪律的所属人员，给予一种制裁，有时也叫纪律处分，主要有六种：警告、记过、记大过、降级、撤职、开除。警告是对违反行政纪律的行为主体提出告诫，使之能认识到应负的行政责任，以便加以警惕，使其注意并改正错误。这种处分适用于违反行政纪律行为轻微的人员。记过是记载或者登记过错，以示惩处之意。这种处分，适用于违反行政纪律行为比较轻微的人员。记大过是记载或登记较大或较严重的过错，以示严重惩处的意思。这种处分，适用于违反行政纪律行为比较严重，给国家和人民造成一定损失的人员。降级是降低其工资等级。这种处分，适用于违反行政纪律，使国家和人民的利益受一定损失，但仍然可以继续担任现任职务的人员。撤职是撤销现任的职务。这种处分适用于违反行政纪律行为严重，已不适宜担任现任职务的人员。开除是取消其公职。这种处分适用于犯有严重错误已丧失国家工作人员基本条件的人员。公务员受行政处分，其处分期限的规定：警告处分 6 个月；记过 12 个月；记大过18 个月；降级处分和撤职处分 24 个月。公务员受处分期间不得晋职、晋级；受警告以外行政处分的，不得晋升工资档次；受开除处分的，不得被行政机关重新录用或聘用。

行政处罚是由法律规定的特定国家行政机关决定和执行；行政处分则是由违法人所在单位的行政主管部门决定和执行。行政处罚只能依照法律执行，内部规章不能作为行政处罚的依据；行政处分却可以依照机关、企事业单位的内部规章、章程执行。行政处罚是依照法律规定执行的行政法律制裁；行政处分虽然有些是直接根据法律规定执行，但是属于纪律处分。行政处罚适用于一切违反行政法规范的公民和法人；而行政处分只适用于国家机关、企事业单位的干部和职工，不适用于法人。

"责任政府是现代民主政治的一种基本理念，是对政府公共行政进行民主控制的制度安排，要求政府必须对自己行为的后果负责，这是对社会和公众的庄严承诺。"①责任政府的核心就是抑制行政权的滥用和依法承担行政责任。首先，要界定行政主体的职权，明晰能源管理的责任。例如，基于油田企业的特殊环境和石油在国民经济中的特殊地位，对采矿权和作业秩序应当实施特殊保护。通过立法，科学界定地方政府在开采石油中的权利和义务，强化其保护油田的义务和责任。其次，要以制度建设和落实为中心，实现能源效率和安全。典型如煤炭安全生产责任制，《煤炭法》的修订要对煤炭安全生产责任制的规定进行完善，同时增加安全生产投入资金保障、矿长资格规定、煤矿安全生产监督管理与企业生产经营之间的关系等有关条款，增加煤矿矿用产品安全标志管理和行业认证制度、安全生产质量标志化建设规定、煤矿安全事故隐患防治内容及煤矿事故应急救援制度。最后，明确国家赔偿责任。国家赔偿是对行政违法造成损害的有效救济途径之一，国家机关和国家机关工作人员履行能源管理职责过程中，违法行使职权，侵犯公民、法人和其他组织的合法权益，造成损害的，应当依法承担国家赔偿责任。能源管理机关履行职责过程中，为了公共利益的需要，征收、征用和处置单位、个人的不动产或者动产，或者撤回、变更已经依法授予的行政许可的，应当依法给予补偿。

第四节　能源刑事法律责任

能源刑事法律责任是能源法律责任中最严厉的一种，是保障能源活动顺利开展的必要手段。刑事法律责任的实现方式是对犯罪分子使用刑罚的具体方式，包括生命刑、自由刑、财产刑和资格刑。

一、能源刑事法律责任的含义

能源刑事法律责任，是指违反相关能源法律、法规，造成严重后果，已触

---

① 国家对市场经济的法律规制课题组：《国家对市场经济的法律规制》，中国法制出版社，2005，第 235 页。

犯国家刑事法律，由国家审判机关依法给予行为人以相应的刑事制裁。

二、能源刑事法律责任的犯罪构成

犯罪构成，是指我国刑事法律规定的，决定某种行为构成犯罪所必备的主观和客观要件的总和，它是衡量罪与非罪、此罪与彼罪的尺度。根据犯罪构成的一般理论，我国刑法规定的犯罪都必须具备犯罪客体、犯罪的客观方面、犯罪主体和犯罪的主观方面这四个共同要件。

犯罪客体，是指受到我国刑法保护的被犯罪行为侵害的社会关系。能源犯罪侵犯的客体包括国家社会公共财产关系、公共安全关系、社会管理关系等。犯罪客观方面，是指犯罪行为人实施了能源法律、法规禁止的危害社会的行为，其行为可以是作为，也可以是不作为。该行为产生了危害社会的结果，并且二者之间具有刑法上的因果关系。犯罪主体，是实施犯罪行为的主体，可以分为特殊主体和一般主体。特殊主体是指法律规定的具有特殊身份、职务的主体，例如，"能源行政管理机关的工作人员"不履行法定职责、滥用职权、徇私舞弊等。犯罪一般主体是指具备其他刑事责任能力的主体。犯罪的主观方面，是指人在实施犯罪时的心理状态，表现为故意和过失两种基本形式以及犯罪目的和犯罪动机这两种心理要素，犯罪主观方面总是表现在客观方面的危害社会行为之中。犯罪主观方面由意识因素和意志因素两大部分内容构成：意识因素是指行为人对事物及其性质的认识和分辨情况；意志因素是指行为人根据对事物的认识，决定和控制自己行为的心理因素，在我国刑法中表现为希望、放任和疏忽、轻信两种形式；意识因素与意志因素有机联系；缺乏意识因素和意志因素的，属于意外事件。

三、能源刑事法律责任的承担方式

能源刑事法律责任的承担方式包括生命刑、自由刑、财产刑和资格刑。生命刑即死刑；自由刑，包括管制、拘役、有期徒刑和无期徒刑；财产刑，包括罚金和没收财产；资格刑，包括剥夺政治权利和驱逐出境等。

在能源立法中，关于刑事法律责任的承担方式，主要可以采用两种方式进行规范：一是一般情况下，不必一一列举承担刑事责任的范围行为，只抽象做原则性的规定，当行为人的行为符合构成条件时，依法承担刑事责任，以和刑事法律规范相协调运作。例如，《节约能源法》第 85 条规定，违反本法规定，构成犯罪的，依法追究刑事责任。第 86 条规定，国家工作人员在节能管理工作中滥用职权、玩忽职守、徇私舞弊，构成犯罪的，依法追究刑事责任；尚不构成犯罪的，依法给予处分。二是对于特殊需要明确的事项，应该通过专项法的法律责任制度予以规范。目前普遍的情况是有的没有专项法，例如，石油天然气等领域；有的有专项法，但专项法没有规定，而是通过实施细则或者司法解释的形式确定，例如电力领域。因此，需要专项法具体明确刑事法律责任承担的，没有制定专项法的需要在制定专项法时对法律责任予以明确，有专项法但没有规定法律责任规定的要通过修订专项法对法律责任予以界定。

第七章　主要西方国家能源政策与法律

对一国能源法律的理解和把握，离不开对该国能源资源禀赋和该国所处的国际国内社会情势变迁的考察。由于不同国家的经济和社会发展水平、能源技术进步状况、能源开发成本和价格等因素都有各自特点，他们的能源法律是存在差异的。鉴于能源在一国经济发展中的重要意义，以及主要资本主义国家在世界经济体系中的重要作用，因此我们非常有必要了解世界上部分资本主义国家的能源法律。

第一节　美国的能源法律

美国是世界第一大国，其能源利用、能源拥有量都具有自身的特点。相应地，美国的能源法数量极为庞大，涉及能源领域的各个方面，几乎可以说是每年都有有关能源的法案出现，美国能源法体系是极为完备的。对美国的能源法律进行介绍和了解，能够为我国能源法的发展提供一定的借鉴作用。

一、美国能源资源禀赋

美国 82% 的能源消耗源自石油、天然气和煤炭。随着钻探技术的不断进步，在未来很长一段时间里，化石燃料将仍然是美国能源组合里的一个重要组成部分，大部分煤炭储量位于阿巴拉契亚山脉各州与伊利诺伊州的中部和南部。尽管廉价的天然气对煤炭的开采造成一定的冲击，但煤炭近年来大有卷土重来的趋势，自 2012 年 11 月以来，燃煤发电占据了美国发电总量的 40% 以上，而天然气发电所占的比例为 25%。水电、核电和生物质能等清洁能源目前仍是最为普及的可再生能源。可再生能源发电现在占全美总发电量的 12%，水力发电在可再生能源发电中的比例超过了 56%，大部分水坝建成于 20 世纪 70 年代中期之前。太阳能在美国可再生能源中所占据的比例最小，仅为 1%。但随着光伏电池的价格不断下跌，太阳能行业出现了大幅增长。美国太阳能产业协会表示，光伏电池装机容量在 2011 年至 2012 年增长了 76%。风能是仅次于水电的可再生能源，占据可再生能源发电的 28%，预计 2013 年将增长 7%。除美国内陆地区之外，沿海区域的风力发电潜力也非常大。在美国的可再生能源组合中，大约 3% 来自于地热能。[1]

总体来说，美国的煤炭资源占据能源首位，石油和天然气蓬勃发展，可再生能源的潜力非常大。

二、美国的能源法律

美国能源法的构成和形式主要是普通法判例、美国宪法的若干条款、联邦和各州相关的成文法、美国各能源监管部门经国会授权所颁布的行政法令以及基于这些行政法令所进行的诉讼而发展起来的美国法院判例。

美国最早的能源法是 1920 年的《联邦动力法》，大规模的能源立法是在 20 世纪 70 年代能源危机的背景下开始的。美国适应这一背景，结合能源需求，完善能源立法。适用于能源领域的第一个综合性法律，即为 2005 年颁布的《能源政策法》。据统计，从 1920 年到 2005 年之间，美国共有 25 部调整能源的法律法规颁布实施。[2]

三、美国能源法律体系的特点

（一）美国能源法既有基本法，也有单行法

基本法为《国家能源政策法案》，单行法主要有《联邦电力法》《美国化石燃料法》《郊区风能开发法》等常规能源与新能源法；《电力事业贸易促进法》《国家核能安全管理责任法》等公用事业法；《节能促进法》《节能建筑法》等能源利用法；《国家能源与环境安全法》《全球温室气体减排法》等能源污染防治方面的法律。[3]

---

① http://www.cec.org.cn/guojidianli/2013-06-14/103873.html。
② 中国法学会能源法研究会：《中国能源法律体系框架研究课题研究报告（二）》，第 10~241 页。转引自张剑虹：《美国、日本和中国能源法律体系比较研究》，《中国矿业》2009 年第 11 期。
③ 张剑虹：《美国、日本和中国能源法律体系比较研究》，《中国矿业》2009 年第 11 期。

（二）美国能源法包括联邦法律和州法律

美国是联邦制的国家，其法律也有联邦和州两个层面的不同体系。美国联邦宪法对于联邦和州的立法权进行了划分，美联邦宪法第 1 条第 8 款规定了联邦政府的立法权范围，除了该款所列举的联邦立法的领域外，都属于州立法的领域。关于能源方面的立法，不属于联邦宪法第 1 条第 8 款明确规定的 17 项立法权，但由于能源关系到国计民生，地位非常重要，联邦政府运用默示权力条款对能源进行立法。由于没有在明确列举的 17 项联邦立法权范围内，能源立法就成为各州立法的主要内容之一。也就是说，能源领域的立法是联邦和州立法的共同范围。因此，美国的能源法既包括联邦法律系统，也包括州法律系统，且各州法律又是一个个独立的法律体系，因此各州的能源立法也不尽相同。①

（三）美国属于英美法系

以判例为表现形式的普通法是其法律的主体，但是美国的制定法也很发达，最典型的是其联邦宪法。随着社会的发展，制定法的数量在增加，作用在加强，尤其在税收、社会安全、能源、移民等领域。美国能源领域的相当一部分法律法规属于制定法。

（四）注重能源独立和能源安全

美国将实现"能源独立"和"能源安全"作为其能源法律的重要目标。

例如：1998 年《美国新世纪国家安全战略》提出："美国在确保能够获得国外生产的石油方面仍然有着切身的利害关系。我们必须继续牢记，有必要在重要的生产地区保持区域性的稳定和安全，以确保我们能够获得石油资源和确保资源的自由流动。"② 2005 年《能源政策法》开宗明义，阐明旨在确保未来可以获得安全的、价格合理而可靠的能源来源，并从可再生能源、太阳能、核能、化石能源等方面就能源安全问题作出了具体而详尽的规定；2007 年《能源独立与安全法》的目标是："提高美国的能源独立性与安全性，增加清洁的可再生燃料的产量，保护消费者，提高产品、建筑和汽车的能效，推动温室气体捕捉与存储方面的研究，提高联邦政府的能源管理水平。"③ 此外，美国

---

① 张剑虹，《美国、日本和中国能源法律体系比较研究》，《中国矿业》2009 年第 11 期。

② 宋红旭、张斌：《美国等西方国家的能源安全战略》，《经济研究参考》2002 年第 3 期，第 30 页。转引自于文轩：《美国能源安全立法及其对我国的借鉴意义》，《中国政法大学学报》2011 年第 6 期。

③ 于文轩：《美国能源安全立法及其对我国的借鉴意义》，《中国政法大学学报》2011 年第 6 期。

注重能源安全还体现在其完备的法律机制上。例如石油储备机制[①]、风险防控机制[②]、能效推进机制[③]、国际合作机制等都在美国能源安全保障中发挥了重要的作用。

第二节 英国的能源政策与法律

英国的能源资源十分丰富，例如煤炭、石油、天然气等。英国的能源法律也具有鲜明的特点，经历了能源行业国有化、能源行业私有化、在能源行业私有化基础上国家干预加强的三个阶段。这三个阶段能源法律都具有不同的特点。

一、英国的能源资源禀赋

20 世纪 70 年代之前，英国的石油能源主要来自于以波斯湾为核心的亚洲中东地区。随着第二次世界大战后英国经济的复苏和繁荣，对石油资源的需求量不断增加，对中东地区的依赖也不断增强。1973 年由于中东石油生产国对美国等国家采取"石油禁运"措施而引发的世界性石油危机，促使英国和北海沿岸的其他国家开始着手开发北海油田。

北海是欧洲大西洋的边缘海，位于大不列颠岛和欧洲大陆之间，周围国家有英国、挪威、丹麦、荷兰、德国、比利时和法国。根据各国协商，按中线原则划分了北海的海域归属。北海大陆架的 51% 划归给英国。北海英国属部分又可分为三大沉积盆地：北部盆地、中部盆地和南部盆地。其中，北部盆地又称

---

① 孙必干：《奥巴马新中东政策和我国能源安全》，《亚非纵横》2009 年第 5 期，第 20 页。美国是世界第一大石油消费国，也是最早建立石油储备制度的国家。美国的石油储备分为战略储备和商业储备两部分。2006 年年底，美国战略石油储备规模为 6.9 亿桶，相当于 52 天的石油净进口量。2007 年 1 月，美国宣布将其战略石油储备增加到 15 亿桶，相当于 97 天的进口量。2009 年 2 月，美战略石油储备和商业储备合计 322 亿桶，可以使用 150 天。

② 在美国，能源风险防控机制主要体现为合理限制国内能源资源开发、能源进口来源分散化、适时调整能源结构、能源消费多样化等方面。

③ 美国针对不同能源消耗领域分别提出相应的标准和执行措施，具体而言，可归纳为"开源"和"节流"两个方面。所谓"开源"，是指拓展传统化石燃料以外的其他能源（特别是可再生能源）的应用领域。"节流"即节约能源、提高效率。

设得兰（Shetland）盆地，是英国石油的重要产区，著名的布伦特油田就位于这里。今天，布伦特原油（北海最早期生产的原油品种之一）仍然被作为石油定价的参考标准。而南部盆地，则是英国天然气的主要产地之一。在1973年世界石油危机之前，北海主要被用作欧洲航运要道，由于海底地形复杂，海上气候恶劣，因此一直未有大规模的地质勘探活动。1959年首先于北海荷兰近海发现了格罗宁根气田，此后北海进入大规模开发阶段，先后于1969年发现埃克菲思科油田，1971年发现布伦特油田。

英国的石油比较丰富，据美国《油气杂志》最新统计数据显示，截至2006年年底，英国原油探明储量约为5.3亿吨，比2005年下降3.8%。由于近年来没有发现新的石油，英国石油储量一直呈下降趋势，2006年的储量已经比2001年减少了21.4%，不过目前仍是欧盟各成员国中探明原油储量最多的国家。英国绝大部分的探明原油储量位于北海油气盆地。北大西洋也有一些较小的油田。除上述海上油田外，英国还拥有一些陆上油气田，包括欧洲最大的陆上油气田——维奇法姆（Wytch Farm）油气田。

英国的天然气资源也比较丰富，目前探明的天然气储量主要位于北海英国大陆架的伴生天然气田、临近北海荷兰边界南部油气盆地的天然气田、爱尔兰海的天然气田等三个海上地区。但是，近年来一直呈下降趋势。2006年天然气储量4814亿立方米，比2005年下降9.3%，比2000年下降36.6%。自1997年开始，在英国总的基本能源供应结构中，天然气超过石油居于首位，在发电和供暖中发挥着日益重要的作用。

英国是世界煤炭资源较丰富的国家之一，有具有较大经济价值的煤田。煤田主要分布在苏格兰、英格兰中部和北部、威尔士南部。煤质总体较好，多炼焦煤；煤层较厚，埋藏浅，易于开采；大多数煤田距海较近，便于运输。英国采煤业完全私有化。英国煤炭的变质程度不一，从长焰煤到无烟煤都有，主要是烟煤。据BP（英国石油公司）《1997年世界能源统计》公布的数据，无烟煤和烟煤可采储量为20亿吨，次烟煤和褐煤可采储量为5亿吨，总可采储量为25亿吨，占世界总储量的0.2%。

此外，英国还有丰富的海上风力资源。近年来，英国政府不断推动海上风力资源的开发。

总体来说，在欧盟，英国是能源资源最为丰富的国家，其能源结构主要包括煤、石油、天然气、核能和水力等。能源产业在英国经济中占有重要地位。现有核电站14座，所提供电力占英国总发电量的20%左右。多数已老化，其中半数在 2010 年退役，13 座将在 2023 年前被关闭。采煤业完全私有化，近年来生产呈下降趋势。

二、英国的能源法律

在资本主义国家中，或许再没有哪一个国家能够像英国一样在其能源政策和法律方面表现出如此鲜明的轮廓。这主要表现在：以 1945 年第二次世界大战结束为起点，英国的能源政策经历了从 1945 年至 1979 年的能源行业国有化，从 1979 年到 2000 年的能源行业私有化，从 2000 年以后表现为在能源行业私有化基础上国家干预加强的三个阶段。这三个阶段的产生、发展和消灭有着深刻的历史背景。

（一）国有化时期的能源法律

第二次世界大战以后，英国可谓经济不振、民生凋敝，并且有一系列问题等待解决。[①] 在这一背景下，1945 年 7 月，工党领袖艾德礼出任英国首相，开始推行以经济计划化为主体的"社会主义"改革政策，以推进英国经济的恢复和重建。[②] 1945 年至 1951 年艾德礼政府先后通过八个国有化法令，把英格兰银行、煤矿业、航空业、电报和无线电通讯、运输业、电力、煤气和钢铁工业国有化。[③] 1951 年至 1964 年，英国政府由保守党执政，并基本上继承了前工党政府进行的国有化成果，而仅仅把大部分钢铁企业和部分汽车运输板块重新私有化。1974 年，威尔逊政府再次推出国有化政策，并把国有化进一步扩大到汽车、船舶、机床、火箭等部门。经过两次国有化，到 1979 年，英国国有企业在国民经济中已占有相当重要的地位。由于英国的国有企业多是基础设施和基础工业，又由于它们在本行业中往往占据主导地位，因此对整个国民经济具有举足轻重的影响。可见，国有化是从 1945 年至 1979 年英国历史的重要特征。尽管国有化最初由英国工党推行，却为后来的保守党政府所继受。而且，国有化也并非为能源行业所独有，而是成为当时覆盖基础设施和基本行业的一种模式。

早在 1926 年，英国就成立了中央电力局，对全国的发电企业和供电系统进

---

① 罗志如、厉以宁：《二十世纪的英国经济："英国病"研究》，人民出版社，1982，第 38 页。

②③ 毛锐：《撒切尔政府私有化政策研究》，中国社会科学出版社，2005，第 12 页。

行全面控制。第二次世界大战之后，伴随着艾德礼政府国有化政策的推出，1946 年英国政府颁布了《1946 年煤炭工业国有化法》，建立中央煤炭委员会，实现了煤炭行业的国有化。此后，英国政府又相继颁布了《1949 年煤炭工业法》《1957 年煤炭开采（沉陷）法》《1958 年露天开采煤炭法》《1962 年煤炭工业法》《1962 年煤炭消费者委员会法》《1965 年煤炭工业法》《1966 年煤炭委员会法（新增权力)》《1967 年煤炭工业法》《1971 年煤炭法》《1973 年煤炭法》《1975 年煤炭法》《1976 年国家煤炭委员会法（金融)》《1977 年煤炭法》。

（二）私有化、自由化时期的能源法律与政策

1. 私有化、自由化的背景

在 20 世纪 30 年代经济危机和第二次世界大战对英国的严重打击下，在第二次世界大战结束时，英国国内要求国家保证充分就业和社会福利的呼声越来越高涨的条件下，英国政府开始把"福利国家"当作施政的目标。[①]"福利国家"固然从整体上提高了国民的社会保障水平，但是也增加了英国的财政负担。伴随着 20 世纪 70 年代英国经济遭遇危机，福利国家的传统也受到挑战。在这一背景下，1979 年玛格丽特·撒切尔担任英国首相之后，开始逐步推动包括能源行业在内的公用事业改革。1983 年，英国政府开始启动能源公用事业的私有化改革。此后，英国先后公布了《1986 年天然气法》《1989 年电力法》《1994 年煤炭工业法》，从而推动了天然气行业、电力行业、煤炭行业的私有化改革。

2. 私有化、自由化时期的能源法律

这一时期，英国颁布了大量与能源相关的法令。比如说，1981 年的《能源节约法》、1982 年的《石油和天然气（公司）法》、1983 年的《能源法》、1986 年的《煤气法》以及 1989 年的《电力法》等。

这一时期的英国能源政策主要体现在以下方面：

（1）能源安全政策。能源安全是主要工业国家在安全方面的一个至关重要的考虑，英国也不例外。虽然英国在 20 世纪 80 年代初实现了能源的自给，使得英国在能源安全问题上处于一种非常有利的境地，英国的战略石油储备在欧洲共同体（简称"欧共体"）内部是比较低的。但是，能源供应安全仍旧是能源政策的一个重要方面。

---

① 罗志如、厉以宁：《二十世纪的英国经济："英国病"研究》，人民出版社，1982，第 142 页。

首先，鼓励发展核能。如何用其他能源取代煤炭的地位，是保证能源安全的一个重要内容。核能的开发可以说是对煤炭的一种替代，而且是一种未来获得低成本电力的重要方式。

其次，打破全国矿工联合会对煤炭行业的控制。全国矿工联合会的势力之大，使英国的劳资关系日趋恶化，煤炭行业的地位不断下降。因此，打击煤矿工会的势力势在必行。

第三，对煤炭行业实施补贴。在打击全国矿工联合会的同时，英国政府还实施着一个看似矛盾的政策，对煤炭行业实施补贴。这一补贴包括矿工自愿裁员补贴等内容。

(2) 能源节约和开发政策。1973 年石油危机之后，除了能源的积极开发和控制并行的政策，英国政府还大力推动能源节约。但是政府的能源节约政策有着不足之处，其一，合理利用资源的能源效率政策的作用并未引起公众的重视；其二，对体制问题的关注不够。[1]建立能源节约管理机构——能源效率办公室，其主要职责就是增加能源节约活动的可见性和协调性，能源效率办公室被授权负责整个经济，包括工业、商业和公共部门以及住宅方面的政府节约政策和活动的权力。有关能源节约方面的大多数活动都由能源效率办公室来实行，开展各种能源节约活动，例如：通过能源节约法，授权政府对所有形式的新的空间供暖和热水器以及燃气家用器具和家庭的、商业的和工业的使用设定强制效率标准；确定 1986 年为能源效率年，以提升人们对改善能源效率的兴趣和发展一种新的协作方式；在能源节约方面大量投资，投入财政支持；制定工业、商业和住宅方面的能源节约计划，例如，最优方法计划[2]、住房隔热计划等。

在能源开发方面，政府对可再生能源的开发提供一定的财政补贴，注重对可再生资源的开发。在开发可再生能源方面，核能与风能是英国最"现成"的资源。2007 年 5 月，英国政府公布了《英国能源白皮书》。该文件为英国可再生能源的开发提出了具体目标。

(三) 能源行业私有化基础上国家干预加强阶段的能源政策与法律

这一时期，英国的能源法律主要以低碳法律政策为主，步入低碳法律政策

---

① 孟凡伟：《撒切尔政府时期英国能源政策研究》，硕士学位论文，陕西师范大学，2009。
② 它的目的是在英国传播能源效率方式，根据该计划，能源效率办公室同能源消费者以及其他提供给消费者建议、服务和技术的人合作以帮助他们提高能源效率。

时期。2003 年，英国工党政府颁布《我们的能源未来——创建低碳经济》能源白皮书。这一白皮书是对未来英国能源低碳发展道路的规划，开启了英国能源立法的新纪元。

此后的能源法律围绕低碳这一核心在诸多方面有所体现。首先，核能。英国于 2007 年出台《2007 能源白皮书：迎接能源挑战》；2008 年出台《核能白皮书》。第二，可再生能源。2002 年颁布《可再生能源义务法》，推动可再生能源的发展；《2008 能源法》则简化了可再生能源义务；《2009 可再生能源战略》提出进一步扩大可再生能源的电力、热力和运输。第三、碳的捕获与封存。2010 年通过的《2010 能源法》将碳的捕获与封存作为重点，通过资金拨付的形式支持这一项目，并要求政府定期做报告。第四，电力方面。2011 年 6 月，英国政府发布《规划我们未来的电力：确保电力的安全、可负担和低碳化》白皮书。

这一时期的能源发展主要坚持市场主导、政府支持的发展导向，政府尽可能确保市场框架和政策相互促进、相互配合。低碳能源的发展仅仅依靠市场机制，是难以完成的，因此，英国政府在全面运用市场机制的同时，加大了对能源产业的政府干预。

三、英国的能源监管机构

（一）英国能源监管机构概述

英国一直致力于发展本国的能源监管，努力建设一个成本低，效能大，负责任，目标明确的独立监管机构。

英国的能源监管机构是 OFGEM（天然气和电力市场办公室），成立于 2000 年，隶属电气市场局。电气市场局为 OFGEM 的所有行动负责。OFGEM 由非常务理事、常务理事、非常务主席组成。非常务理事是由一些经验丰富的专家组成，他们有的来自于欧洲，有的来自国内工业、社会政策、环境工作、财务等部门。OFGEM 的执行长同时兼任电气市场局的执行理事及管理主管。OFGEM 的资金来源于对持有许可证的被监管公司收取的部分费用。英国能源监管机构的目标首先是以相关法律法规为基础保障消费者现在和将来的利益，同时这也是能源监管机构的首要目标。其次是促进能源市场有效、有秩序地竞争，实现能源的可持续发展。OFGEM 的职能是促进能源使用的效率性和经济性，保护公众利益，尤其是弱势群体享用能源的权利，确保能源供应安全，实现能源供应的多样化、多元化和长期化，为可持续发展做出贡献。确保监管行为在负责、透明、适时等监管原则下进行，依据竞争法令对反竞争的能源企业进行调查，对违反者进行处罚。[1]

（二）英国能源监管机构存在的问题及其优化

自私有化后，政府将管理国有企业的部分职能转移给新生的专门化监管机构，而政府则依靠其公权力对监管框架和政策进行设定。但在实际的运作中，监管者与被监管企业的目标出现了高度的不一致，企业为实现最大化的利润往往会采取策略对调整现行的监管政策或设计新的监管政策主动施加影响。

为摆脱长期的监管无效与民众对政府的批评，英国政府要求英国能源监管机构在能源政策与监管框架的共同作用下保证能源安全、能源多样性，与环境协调发展，实现能源价格的稳定。能源监管机构循序渐进的引进了能源监管优化项目。英国能源监管优化以透明性原则[2]、适当性原则[3]、问责性原则[4]、一致性原则[5]、目的性原则[6]，有效避免了政府太多的繁文缛节，减少了公众对政府的批评，降低了高昂的监管成本，进一步推动了市场自由发展和有效竞争，极大地减少了燃料消耗的数量，在提高能源供应安全的问题上做出了贡献，大力加强了政府间的合作与交流，有效地保护了消费者的权益。

第三节　欧盟的能源政策与法律

欧盟是根据 1992 年签署的《欧洲联盟条约》（也称《马斯特里赫特条约》）所建立的国际组织，是世界第一大经济实体。其前身为欧洲经济共同体，其合

---

① 柯婉志：《英国能源监管优化及其对中国的启示》，硕士学位论文，华北电力大学，第7~8 页。

② 通过正式或非正式的咨询，以更综合的方式解释其决定，将公共开支及信息透明化，接受公共问询。

③ 只在有必要监管的条件下，监管机构才起干预作用。补偿方法与政策方案要与风险形成适当比例，达成政策目标不能只以监管视角为考虑点，要兼顾效益与成本。

④ 监管机构有责任对其决定做清楚的解释，按照能被有效判定的标准接受公众监督，保证公平的、有效的投诉机制及程序的完善。

⑤ 为节约监管成本，防止政策冲突，应统一监管规章与标准。

⑥ 监管机构的监督应随不同的监管群体而进行目的性调整，规章本身也应及时进行系统化审查，必要的规章继续留用，已不再使用的规章应及时进行修订或废除。

作建立在能源资源的基础之上。能源资源对于欧盟的产生和发展具有重要的意义。因此，研究其能源法律，是在宏观视角下对一个国际组织的能源法律进行的研究，具有特殊的意义。

一、欧盟的能源资源禀赋

1951 年 4 月 18 日，《煤钢共同体条约》，即《巴黎条约》的生效，标志着欧洲经济一体化的起步。1957 年，随着《建立欧洲原子能共同体条约》和《建立欧洲经济共同体条约》的签订，成员国在能源领域的合作逐渐扩大。由此可见，欧盟自成立最初，其合作就是建立在能源资源的基础之上的。"在 50 年代的欧共体大厦中，能源内容的条约支撑起大厦的主要结构。"

20 世纪五六十年代，煤炭一直是成员国的主要能源，能源供应还能得到满足，此时各国并没有建立共同能源战略的意愿。进入 70 年代后，石油需求量增加，20 世纪 70 年代初中东石油危机的产生使欧共体成员国认识到制定共同能源政策、协调成员国之间的能源消费行为的重要性，并针对此确定了一些能源政策。

1986 年《欧盟能源政策》获得通过，这一文件奠定了欧洲能源政策的法律基础，明确了 20 世纪 90 年代中期欧洲能源政策的目标，标志着当代欧洲能源政策的形成。1995 年 12 月，《欧盟能源政策（白皮书）》则可以成为欧盟共同能源政策形成的标志，将能源问题提到了与环境保护和可持续发展相关的战略高度。自此，欧盟能源法律与政策逐渐成熟。

总之，欧盟的能源法律发展主要是在能源供应安全的压力和环境保护的压力下进行的。第一，能源供应安全压力。欧盟国家把能源安全的含义理解为"供应安全"，即为居民和企业提供安全、可靠和用得起的能源。然而现实是，由于自身资源有限，欧盟能源对外依赖度一直较高。因此，面对日益增长的自身能源供应不足的压力，欧盟能源法律的制定与发展在确保欧洲能源安全方面具有极其重要的意义。第二，来自环境保护的压力。尤其是 1992 年《联合国气候变化框架公约》和 1997 年《京都议定书》为发达国家缔约方规定了具有法律约束力的温室气体定量化减排和限排指标，各国政府和有关的国际组织积极采取措施，制定各自的可持续发展战略目标，欧盟也针对此进行了一系列能源法律的制定。

二、欧盟的能源法律

欧盟能源法律制度主要由两部分组成：一是基本法，它包括欧盟一体化进程中所涉及的能源问题的各类条约，如《欧洲煤钢共同体条约》等。这些条约既是欧盟的基本法律文件，也是欧盟能源法的根本规范。二是从属法，它包括欧盟各机构依其职权在能源领域所制定的各种条例（Regulations）、指令（Directives）、决定（Decisions）及建议（Recommendations）和意见（Opinions）等。①

欧盟能源法律主要包括以下内容：

1. 能源市场

欧共体早在 20 世纪 90 年代初采取的第一个措施就是创立一个内部能源市场。在欧共体内部能源市场的发展过程中，有两个欧共体的指令至关重要。一个是 1996 年 12 月颁布的《电力指令》，另一个是 1998 年 6 月颁布的《天然气指令》。《电力指令》于 1997 年 2 月开始生效，它对电力部门的组织、生产、传送、分配以及财务公开和透明等方面作了具体的规定。至于《天然气指令》的规定与《电力指令》基本类似，它为天然气的输送、储存、分配和供应等制定了共同的规则。② 2006 年欧盟《可持续、竞争和安全的欧洲能源战略》绿皮书还把"完成欧洲内部电力和天然气市场"作为六大优先考虑的问题之一，并提出了建立欧洲内部的电力和天然气市场的措施。

2. 能源供应安全

欧盟能源供应的法律与政策主要体现在石油、天然气、矿物燃料、核能以及能源运输等领域。例如，1990 年和 1991 年欧共体分别制定了《电力过境指令》和《天然气过境指令》，这两个指令要求各成员国采取必要的措施分别为电力、天然气的过境提供便利。2006 年欧盟《可持续、竞争和安全的欧洲能源战略》绿皮书把保障能源供应安全作为其重要内容之一，增进内部能源市场的供应安全，尽快建立欧洲能源供应监视体系，促进能源输送系统经营者之间的信息交换与合作，以提高供应网络安全；重新审视欧盟紧急石油和天然气储备的方法和预防供应中断的措施。

①② 杨泽伟：《欧盟能源法律政策及其对我国的启示》，《法学》2007 年第 2 期。

3. 环境保护

在《联合国气候变化框架公约》《京都议定书》的倡导下，欧盟制定了《可再生能源战略和行动计划》白皮书，并于 2001 年制定了《提倡电力来自可再生能源的指令》，鼓励增加可再生能源在国内能源消费市场中的比重。2000年欧盟制定了《欧盟气候变化纲领》；2001 年，欧盟执委会提议制定《温室气体排放权交易机制的指令》。这两个文件的目的主要在于针对全球气候变暖控制二氧化碳的排放。此外，2001 年欧盟执委会制定了《建筑物能源行动的指令》，规定了新的建筑用能标准，降低建筑物本身能耗。

4. 共同能源政策

2006 年欧盟《可持续、竞争和安全的欧洲能源战略》绿皮书，旨在为欧盟国家制定共同能源政策，以期今后在能源问题上用一个声音说话。主要内容包括加强与能源生产国、过境国和消费国的合作，有效应对外部能源危机，建立一套新的、更加正式的快速应对突发性外部能源供应事件的机制，包括危机预警和提高应对外部能源危机事件的能力。

三、欧盟能源法律特点

(一) 能源危机意识强

俄罗斯和乌克兰两国有关天然气价格的争端导致了欧盟部分国家的天然气供应受到一定的影响。这一事件促使欧盟将能源政策确定为需要优先考虑的政治问题。其实，早在此次危机爆发之前，欧盟成员国就已经开始考虑如何加强能源供应安全问题。尽管欧盟在国际能源市场上占有较重要的地位，但它的能源危机意识依然很强，真正做到了居安思危、未雨绸缪。[①]

(二) 法律政策的全面性

能源法律政策是欧盟应对多重挑战的主要工具，其内容涵盖了可再生能源、核能、节能与能源效率、内部能源市场等方面，十分全面。

1. 节能与开发并重

通过提高能源使用效率来节省能源，是欧盟及其各成员国长期以来一直追求的目标。目前，欧盟的能源效率在世界发达国家和地区中也是最高的，然而

---

① 杨泽伟：《欧盟能源法律政策及其对我国的启示》，《法学》2007 年第 2 期。

欧盟仍把节能作为它们工作的重点，并制定了《欧盟能效绿皮书》，准备实施"能效行动计划"。

2. 注重内部能源市场的统一

欧盟认为，只有具有一个充分互联的真正一体化的市场网络，能源市场的开放才能使公众受益。因此，欧盟比较注意推动其内部能源市场的整合，并制定了相关的法律框架。2006年欧盟《可持续、竞争和安全的欧洲能源战略》还提出要建立一个运转良好的内部天然气和电力市场，2007年中期前在天然气和电力行业中全面引入竞争机制。这种通过合作加强各成员国间天然气和电力网络方面的相互联系，将更加有助于减少其各自面临的能源供应中断的风险。[①]

（三）把环境目标融入所有的能源活动中

欧盟不仅是一个能源共同体，而且还是一个环境保护的共同体。欧盟把环境保护作为其能源政策的主要目标之一。为此，欧盟在能源生产、运输、消费等所有环节中都考虑尽量降低对环境的有害影响，并以相关的法律加以规制。另外，在遵守《京都议定书》方面，欧盟常常为国际社会做出表率，积极履行国际承诺，采取削减二氧化碳的排放量、推进环境税制改革等措施。而减少排放等措施又为欧盟产业界开发能源新技术提供了重大机遇，并使欧盟站在能源产业开发的前沿。[②]

（四）开展多层次的国际能源合作，增加对国际能源的影响力

欧盟的能源供应一直严重依赖外部世界，而且这种对外依存度还在不断增强。据欧盟执委会的预测，到2020年欧盟2/3的能源需求将有赖于进口。因此，欧盟十分重视开展国际能源合作。欧盟在能源领域的国际合作主要包含以下几个层次：一是与俄罗斯、石油输出国组织、海湾合作委员会等能源生产国或地区建立合作关系；二是与美国、中国、日本等其他主要能源消费国定期进行深入对话；三是加强与设有通往欧盟的管道线路等能源基础设施的地区或国家联系；四是以各种形式积极参与开发现有的区域外能源资源；五是向能源生产国提供援助。欧盟上述分散能源输入渠道、增强对国际能源影响力的举措，对能源对外依存度较高的中国来说，其借鉴意义是不言而喻的。[③]

---

①②③ 杨泽伟：《欧盟能源法律政策及其对我国的启示》，《法学》2007年第2期。

下编 能源法学分论

第八章 石油法律制度

近代工业化革命后，人类文明到达了一个前所未有的高度。同时，人类对能源的消耗量也日益增长，而在各种能源中，石油占据着非常重要的位置。各国普遍通过石油立法，确保拥有或获得石油资源，鼓励勘探开发，扩大对外开放，增进就业，增加国民收入。与发达国家相比，我国石油立法仍处于初期阶段，存在许多空白之处，石油领域主要由政策性文件调整。随着我国石油行业的快速发展，《石油法》等石油行业基本法律正在逐步完善。

第一节 石油法概述

石油在我国能源消费结构中占有重要地位。我国石油资源比较丰富，但以品位较差、地理地质条件较复杂的油气资源为主。近年来，随着我国经济的高速增长，石油供给相对不足，国家石油安全面临严峻形势。

一、石油与石油业概述

（一）石油的概念

石油既有其自然特性，也有其社会特性。就前者而言，石油的形成过程决定了石油的不可再生性和开采的复杂性；石油资源禀赋具有不均衡性，石油资源的生产与利用都具有污染性。在 20 世纪七八十年代的环保运动中，石油被环保主义者指控为"环境罪犯"。[1]就后者而言，石油又具有经济性、军事性、政治性等。石油是"工业的血液""经济的命脉""外交的武器""国防的保障"。世界上没有哪种资源能像石油那样对国家、地区和世界的经济、政治、外交、安全产生如此重大的影响。石油资源以它巨大的政治、经济和军事意义，以及目前的不可替代性，早已成为世界各国特别是工业发达国家关注的重点。石油在世界上已成为与粮食和水资源并列的、事关国家经济可持续发展和经济安全的重要资源。

（二）石油业概况

石油业是人们以石油为对象所进行的勘探、开采、加工炼制、储运、供应、贸易活动的总称。石油从资源到原油，从原油到成品油的转化是在石油业完成的。[2]石油业是一个各分支紧密联系、整体性较强的产业，但各部分都有特定的内容。①石油勘探，是为了寻找和查明油气资源，而利用各种勘探手段了解地下的地质状况，认识生油、储油、油气运移、聚集、保存等条件，综合评价含油气远景，确定油气聚集的有利地区，找到储油气的圈闭，并探明油气田面积，搞清油气层情况和产出能力的过程。石油勘探属于矿业，勘探的主要方法有地面调查、地球物理勘探、地球化学勘探以及钻井勘探等。②开采是采用各种科学方法，将地下石油采集到地面的活动。通常把利用油层能量开采石油称为一次采油，包括自喷采油、机械采油；向油层注入水、气，给油层补充能量开采石油称为二次采油；而用化学的物质来改善油、气、水及岩石相互之间的性能，开采出更多的石油，称为三次采油，包括化学采油、热能或地下爆破采油，又称提高采收率（EOR）方法；用微生物方法采油[3]提高采收率也可归属三次采油，也有人称之为四次采油。③石油加工炼制属于深加工业，加工炼制是通过蒸馏、裂化、焦化和精制流程，最终形成石油制成品的活动。主要加工方法是常减压蒸馏、裂化、延迟、焦化、油品精制。④储运，即储存与运输。石油储运属于服务业，储存是通过油库等方式将原油或成品油暂时存放保管起来，用以运输或周转的活动。运输则是通过各种设施在空间上移动原油、天然气或成品油，用以加工炼制或供应、贸易的活动，主要设施有管道、铁路、水路。

---

① 吴磊：《中国石油安全》，中国社会科学出版社，2003，第92页。

② 肖乾刚、肖国兴编著《能源法》，法律出版社，1996，第126~127页。

③ 微生物采油法通常指向油藏注入合适的菌种及营养物，使菌株在油藏中繁殖，代谢石油，产生气体或活性物质，可以降低油水界面张力，以提高石油采收率。

⑤石油供应和贸易则属于销售业，供应是将原油或成品油用于国内市场的销售，贸易是指原油或成品油用于国际市场或对外销售。可见，石油业构成了石油从赋存资源到终端消费品的全部物质活动。

从勘探开发、加工炼制，到油品和石化产品销售，石油业具有较长的产业链条，同时不同的环节因经营规模不同也相差甚远。因此，石油业有上游产业与下游产业之分。石油上游产业，是指石油资源（包括天然气）的调查、勘探、开采及有关生产实践业务。石油下游产业，是指原油开采出来后，诸如提炼、储运和销售等石油相关业务。相较于煤炭资源的开采，石油资源的开采技术含量要求更高，投入的资金多、周期长，如果勘探或者开采不出石油，那么这些投资将会成为"沉没"成本。因此，进行石油勘探开采的组织一般都是规模大、资金雄厚、管理严格的大公司。石油业的这种规模效益使得当今的石油公司兼并和重组潮流盛行，形成了若干个超大型的跨国石油集团。目前，我国石油业上游的勘探开采业务需要获得国土资源部颁发特许勘探许可证和开采许可证，目前，享有这种开采特权的只有中石油、中石化、中海油、延长石油等少数国有石油公司。

（三）世界石油资源现状

石油是不可再生资源，石油资源枯竭只是一个时间问题。国际能源机构预计，全球原油日需求量将从 2004 年的 8200 万桶增加到 2030 年的 1.4 亿桶，其中发达国家增加 25%，发展中国家和新兴市场的原油需求将增加 3 倍。①然而世界石油供应量下降是不可避免的，因此人类必须改变现有的经济增长方式和消费方式，寻找替代能源。

在 20 世纪，石油储量和产量充足、开采容易、价格低廉。但是，进入 21 世纪，发现大油田的概率越来越小，开采成本越来越高。世界能否保证稳定的石油供应存在着许多变数，石油供需前景的不确定性、供需和储量分布的不平衡性、油价波动的不稳定性，导致石油市场一直陷于脆弱的平衡状态和隐藏着巨大的风险。

法国石油研究所认为，"20 年前新发现的石油储量已经低于消费量。据美国能源研究机构估计，石油企业每年找到 120 亿~150 亿桶石油储量，而全球每年消费量为 300 亿桶，想要在地球上发现另一个沙特几乎不可能。"据 2014 年

---

① 杨元华：《从石油时代走向后石油时代》，《党政论坛》2006 年第 2 期。

BP 石油公司发布的《BP 世界能源统计 2013》[1]报告统计，截至 2013 年年底，全球已探明可采剩余石油储量（包含加拿大油砂和委内瑞拉奥里尼科重油，不包括页岩油）为 1.69 万亿桶，比 2012 年底略增 6 亿桶。其中西亚北非地区储量为 8085 亿桶，比上年略降两亿桶，占全球 47.9%；南美和中美洲地区为 3296 亿桶，增加 10 亿桶，占全球 19.5%；北美地区 2296 亿桶，略降 3 亿桶，占全球 13.6%；欧洲及欧亚地区为 1478 亿桶，增加 4 亿桶，占全球 8.8%；非洲地区 1303 亿桶，略降 3 亿桶，占全球份额为 7.7%；亚太地区为 421 亿桶，与上年持平，占全球份额仅为 2.5%。此外，2013 世界石油储采比（石油储量/石油产量）为 53.3 年，与 2012 年基本持平。[2]

从特点来看，世界石油资源分布很不均衡，常规石油资源主要集中在西亚北非地区。除常规石油资源外，全球还蕴藏着丰富的非常规石油资源。目前世界上发现的非常规石油资源主要有美国的页岩油、加拿大的油砂和委内瑞拉的超重油等。未来世界新增石油资源将主要来自北美、非洲以及拉美等储量相对丰富的地区。值得注意的是，受勘探开发难度加大、成本上升、产油国政策风险和地缘政治的不稳定等因素影响，油气资源的勘探开发难度也在不断加大。

BP 能源报告显示，2013 年世界石油产量（包括原油、致密油、油砂和天然气液，但不包括生物燃料等）为 8681 万桶/日，比 2012 年增加 56 万桶/日，为过去 3 年年均增量最低水平。[3]

（四）我国石油资源现状

第三次石油资源评价初步结果显示，我国目前石油资源量为 1072.7 亿吨，已探明储量 225.6 亿吨，探明率在 39% 左右。其中约 71.61% 分布在陆上，约 22.93% 分布在海洋。[4]我国目前已发现 500 多个油田，但在我国已发现的油田中，除大庆、胜利等主要油田外，其他油气田单位面积储量普遍较小，低品位油田居多，而且埋藏较深、类型复杂、品质较差、工艺技术要求高。在剩余可采储量中，优质资源不足，低渗或特低渗油、稠油和埋深大于 3500 米的超过 50%，而且主要分布在西北和东部地区。随着勘探开发的不断深入，剩余石油资源中质量差、难开采的比重将越来越大。总的来看，石油勘探难度逐渐增大，

---

① ② ③ BP 石油公司，http://www.bp.com.cn/。
④ 曾文革、胡浩伟：《中国应如何建立石油储备体制》，《经济论坛》2006 年第 4 期，第 7 页。

隐蔽、复杂油气藏已成为勘探主要对象，地表及地质条件复杂的地区正成为勘探的重点目标区。老油田已进入高含水、高采出阶段，综合含水率高于80%，平均采出程度大于65%，原油产量呈递减趋势，开发难度越来越大，开采工艺要求越来越高。目前，我国石油最终可采储量较低，人均占有量只有10吨，居世界第41位，仅相当于世界平均水平的11%；油气剩余可采储量多年没有较大的提高，占世界比重很低，储采比大大低于世界平均水平。然而，我国石油资源仍有潜力可挖，石油资源探明率较低，整体上处于勘探的早中期阶段。另外，由于中国油气开采和勘探技术条件的限制，我国一些埋藏较深、类型复杂、工艺技术要求较高和自然条件较差，以及一些深海油气田的开采、勘探还相当有限，基本处于开发的早中期阶段。随着相关技术的日益成熟和进步，我国油气资源的开发有望取得较大的进展。

在多年经济的快速增长之下，中国对石油等能源资源的需求量也扶摇直上。加之产业结构不尽合理、技术水平总体不高等多重因素，目前中国每年2亿吨左右的石油产量远无法满足需要。2012年中国石油产量为2.04亿吨，进口2.8亿吨，石油对外依存度升至58%左右，而这一数字在21世纪之初仅为32%。

2013年，中国石油企业海外油气权益总产量快速增长，首次突破1亿吨，同比增长10%以上。中石油受南苏丹项目复产的推动，油气权益产量由2012年的5200万吨增至5800万吨；中石化在收购尼日利亚、北海和埃及等在产项目后，油气权益产量首次超过3000万吨；中海油则得益于尼克森的产量贡献，油气权益产量增长接近1倍，达到1800万吨。[①]

二、石油法的概念、特点及调整对象

对于石油法这一概念的使用，有广义和狭义之分。广义的石油法，是泛指所有调整石油和天然气合理勘探、开采、加工炼制、储运、供应、贸易活动及其规制，保证石油和天然气安全、有效、持续供给的法律规范的总称。狭义的石油法，是指调整石油合理勘探、开采、加工炼制、储运、供应、贸易活动及其规制，保证石油安全、有效、持续供给的法律规范的总称。最狭义的石油法仅指《石油法》这部法典。本书所谓的石油法，是从狭义上阐述的，不包括天

---

① 中国石油天然气股份有限公司：《2013年国内外油气行业发展报告》。

然气法律规范的内容。本书对天然气法将专辟一章进行阐述。

石油资源赋存的自然属性以及石油从资源到商品在整个石油产业链中的特性，决定了石油法具有以下特点：①石油法与矿产资源法存在竞合关系。石油业特别是石油勘探开采业，毕竟是矿业，其基本法律制度是根据矿产资源法建立起来的。《矿产资源法》是矿产资源领域中的基本法律，也是目前调整石油资源的基本法律。我国于1986年制定了《矿产资源法》，并于1996年进行了修改。该法在总体上确立了矿产资源归国家所有的所有权制度，确立了矿产资源勘查开采的登记审批制度，探矿权、采矿权有偿取得制度，以及矿产资源开采的许可证制度。在矿产资源勘查开采过程中，该法对资源环境的保护、安全生产的要求等作了原则性的规定。因此，石油法遵循矿产资源法的一般规定和基本制度也是必须的，这不仅可以避免法律冲突，有利于石油法的规范和制度建设，也使石油业受到双重法律约束。②石油法是特别法。强调石油法与矿产资源法共同规范石油业时，不必否定矿产资源法对石油业的规范。但是，石油法毕竟是规范石油业的特别法，而矿产资源法是一般法。当矿产资源法未规定，或虽作规定但对石油业不适用，或如果适用但会造成石油业停滞发展等无效率状态时，优先适用特别法即石油法也就成为必须。③石油法覆盖石油产业链各方面和全过程。石油业从资源到成品的生产和交易过程具有丰富的内容，从勘探开采到加工炼制，从储运到供应、贸易、利用及其规制的每一具体过程都有确定的物质内容和利益关系，都属于石油法规范的内容。为了实现石油法立法目的，石油法的规范设计和制度安排必须覆盖石油业全过程。为此，石油法不仅要内部规范一致，制度协调，也要正确界定石油法与相关法的法律规范和制度的关系。如协调与土地管理法、草原法、森林法、渔业法、城乡规划法的关系，使石油开发利用与这些资源开发利用相结合；协调与环境法的关系，在石油开发利用的同时，减少和防治环境污染的发生；协调与公司法的关系，使商业石油公司、炼厂和石油供应者在体现石油业特殊要求的同时，产权、组织行为更加规范；协调与税法的关系，使矿区使用费和石油税合理经济的同时，促进石油业的持续稳定。

法律是调整特定社会关系的行为规范。石油法以石油业为调整对象，但不是石油业的所有问题都需要通过石油法解决。技术、管理、具体政策和执法等问题，有的需要制定专门规程调整，有的需要根据实际情况具体问题具体解决，不宜纳入石油法的调整范围。石油法主要调整在石油的勘探、开采、储运、炼制及销售等活动中所发生的社会关系。这些社会关系从内部结构上来说主要分为两类：纵向监管关系与横向协作关系。从参与的主体来说，主要包括：①企业与国家的关系。一是国家作为石油资源的所有权人，与矿业权人在石油资源勘探开发上发生的民事关系；二是国家作为管理者，对整个石油业行使监管、调节和控制等发生的纵向管理关系。②企业与企业之间的关系。包括勘探开采企业与其他主体在投资及运作中产生的关系，以及产运销及炼制加工企业之间在生产运营中发生的关系。③企业与地方、社会之间的关系。主要包括石油开发利用中发生的石油企业与环境、城市规划、土地使用、油田保护等方面的相邻关系。从这些关系的内容方面来说，包括两类：第一类是石油开发利用关系。这种关系的内容是国家和石油企业支配石油资源及其产品，进行交易，排除他人干涉并获得石油均衡利益。石油开发利用关系贯穿于石油业的始终，是石油业最基本的内容，是石油法调整的重要部分。第二类是石油开发利用规制关系。这种关系的内容是政府对石油业和其他事业主体进行规制。石油开发利用规制关系在石油业稳定和持续发展过程中具有决定意义，既是石油业发展的社会条件，又是石油业自身的结构基础，也是石油法调整的重要内容。①从石油业的运行环节来说，这些关系包括石油勘探关系、石油开采关系、石油储运关系、石油炼制加工关系、石油销售关系、石油利用关系等。

三、我国的石油立法现状

新中国成立后，1950 年 12 月 22 日中央人民政府政务院第 64 次政务会议通过了新中国第一部矿业行政法规——《中华人民共和国矿业暂行条例》，它是新中国的第一部矿业法规，可以看作是新中国石油立法初创时期最重要的法规。但是，这部法规从概念到内容，仍然继承了中华民国的《矿业法》。1982 年国务院颁布了《对外合作开采海洋石油资源条例》，确认了对外合作的石油合同制度和专营体制，油气矿权法律关系在对外合作领域首先建立。1983 年 12 月 29日，为实施《中华人民共和国海洋环境保护法》，防止海洋石油勘探开发对海洋环境的污染损害，国务院制定并公布了《海洋石油勘探开发环境保护管理条例》。1986 年 3 月国家颁布了《矿产资源法》，我国矿权管理体制至此才较为系统地建立起来。随着 1987 年 12 月《石油及天然气勘察、开采登记管理暂行办

---

① 肖乾刚、肖国兴编著《能源法》，法律出版社，1996，第 129 页。

法》及其《实施细则》（1990 年 9 月）的发布，油气矿权的管理体制才比较清晰、规范地确立起来。它是我国第一部系统规范油气矿权法律关系的规范性文件。此后，我国相继颁布了《对外合作开采陆上石油资源条例》（1989 年）、《石油地震勘探损害补偿规定》（1989 年）、《石油、天然气管道保护条例》（1989 年）、《中外合作开采石油资源缴纳矿区使用费暂行规定》（1990 年）、《矿产资源补偿费征收管理规定》（1994 年）、《开采海洋石油资源缴纳矿区使用费的规定》（1998 年）等 10 余部条例和规章，涉及油气资源管理体制、油气矿权、对外合作、管理安全、地震补偿、税费、土地、环保等领域。1996 年对《矿产资源法》进行了修正，1998 年 2 月 12 日国务院以第 240 号、第 241 号、第 242 号令发布了《矿产资源勘查区块登记管理办法》《矿产资源开采登记管理办法》和《探矿权采矿权转让管理办法》三个行政法规，并自发布之日起施行。这对贯彻实施《矿产资源法》，实行探矿权、采矿权有偿取得和依法转让法律制度，建立适应社会主义市场经济体制下的矿业权管理制度具有重要意义。[1]

进入 21 世纪，我国颁布或修订了一些与石油相关的法律、法规，包括：《对外合作开采陆上石油资源条例》（2001 年第一次修订，2007 年第二次修改）；《石油天然气管道保护条例》（2001 年），1989 年国务院发布的《石油、天然气管道保护条例》同时废止；《对外合作开采海洋石油资源条例》（2001 年修订），1982 年国务院发布的原条例废止；还有 2000 年 12 月国土资源部制定并颁发的《矿业权出让转让管理暂行规定》和《探矿权采矿权评估资格管理暂行办法》，这标志着我国矿业权管理法律体系的进一步完善，矿政管理取得了新的进展；2001 年 1 月，为进一步加强石油、天然气管道的安全监督与管理，保护人民生命安全和国家财产免受损失，根据《石油天然气管道保护条例》制定了《石油天然气管道安全监督与管理暂行规定》。为加大石油天然气管道保护力度，2001 年 7 月废止 1989 年《石油、天然气管道保护条例》，同时适用新的《石油天然气管道保护条例》；2002 年，由于国内安全事故频发，国家出台了《中华人民共和国安全生产法》，适用范围也包括石油作业安全，这使得石油业的安全作业与生产有法可依，具有积极意义；2004 年 12 月《成品油市场管理暂行办法》正式确立了我国的成品油经营许可制度，至此，我国确立了石油炼制、石油市场供应、石油进出口贸易等产业链环节的运作体制。根据我国加入

---

[1] 杜东亚：《中外石油法律体制比较研究》，《中国石油和化工》2005 年第 4 期，第 88 页。

世界贸易组织的承诺，2006年12月11日我国对外开放国内原油、成品油批发经营权。为了进一步推进我国石油市场有序开放，促进国内原油、成品油市场规范健康发展，2006年12月4日，商务部遵循市场经济规律和石油行业特点，坚持准入条件、过程管理和退出机制相结合的原则，对《成品油市场管理暂行办法》进行了修改完善，制定并公布了《成品油市场管理办法》（商务部令2006年第23号），以及《原油市场管理办法》（商务部令2006年第24号），自2007年1月1日起施行。

此外，还有很大一部分行为如原油、成品油生产、加工通过国务院及有关部门发布的规范性文件来进行调整、规范，较为重要的文件包括：《国务院关于开征石油特别收益金的决定》（国发〔2006〕13号）、《财政部关于印发〈石油特别收益金征收管理办法〉的通知》（财企〔2006〕72号）、《财政部关于征收石油特别收益金有关问题的补充通知》（财企〔2006〕183号）、《国家发展和改革委员会关于降低汽油价格的通知》（发改电〔2007〕5号）、《对中外合作开采海洋石油的外国合同者按合同规定所得原油出口税收政策进行调整的有关事项的公告》（财政部、海关总署公告2007年第20号）等。

四、我国石油立法存在的问题

随着石油业的发展，我国石油立法已经严重滞后，亟须完善，主要的问题包括：

第一，我国石油立法仍不健全，存在许多空白之处。目前，我国石油领域主要由大量的政策性文件调整，相关立法基本上还是空白。例如，规范石油业最基本的《石油法》至今空缺；没有关于石油矿业的专项立法；石油储备在立法前景并不明朗的情况下先行启动，而《能源法》尚在征求意见阶段；石油产业链中的石油供应、石油销售等环节至今无法可依；对石油消费的规制则是法律的盲区；石油安全、石油税法等专项立法更是无从谈起等。而且由于立法自身的缺陷，如主管部门不明确、概念不准确、适用范围不确定等，妨碍了立法本意的贯彻和落实。[①]

第二，我国石油立法缺乏体系，效力层级低。我国经过多年的努力，已制

---

① 黄振中、赵秋雁、谭柏平：《中国能源法学》，法律出版社，2009，第183页。

定了一些条例和规章，虽然取得了一定的成就，但是还没有形成完整的体系。我国没有调整石油业的专门法律，现行石油业专业立法，均为国务院行政法规和部门规章，效力等级低，缺乏体系上的合理规划与相互配套，已出现体系上的矛盾和混乱。这与石油工业的重要地位不相符合。

第三，我国石油立法缺乏立法规划，石油法规、规章相互之间缺乏协调。例如，石油矿业法规尽管是矿产资源法的一个分支，但因为石油完全不同于一般固态矿种的管理，因此，石油矿业法规又具有很强的独立性和系统性。目前，由国务院颁布的《石油天然气管道保护条例》《对外合作开采陆上石油资源条例》等5部行政法规，从它们的内容来看，都是处理某类专门问题的单行法规，相互之间既缺乏联系，又没有主从关系，显然事先缺乏协调。又如，合作开采石油资源条例，作为矿产资源法的下位法规，条例涉及的资源问题与矿产资源法的规定却不一致，形式上出现冲突。类似情况，在矿权登记方法中也存在。

第四，我国石油立法存在大量越位现象。本来应该由石油法律、法规规定的内容，现在却由效力层级低的部门规章来规定。例如，石油环境、石油作业安全等，都是法律、法规调整的重要内容，目前均由部门规章甚至由石油公司的内部文件加以规定，难以起到法律规范的作用。

第五，我国石油立法已经难以容纳石油业改革的成就，甚至成为障碍。我国的大量石油法规，是20世纪80年代中后期或90年代初制定的，经过了近20年的发展，已经相当滞后于石油业的发展。我国石油石化工业体制在不断深化改革中发生了很大变化，过去的石油法规所确认的制度、原则难以适应新的形势变化，以至于在实践中不得不通过修订、法律解释或有关部门的协调来加以解决。然而，我国石油法规、规章的修订工作仍然滞后。

第六，我国石油立法和产业政策不配套，不少石油相关法规对石油业难以完全适用，形成有法难依的局面。如土地出让、税费、矿山安全等法律、法规，均难以契合石油工业的实际情况，实践中只能采取延缓适用或其他变通方法解决。而且，我国石油政策调整石油工业的力度较大，一些实践证明切实可行的产业政策，却未能及时通过立法稳定下来，使石油工业难以形成稳定发展机制。

第七，我国石油立法存在用一般立法代替专门立法的倾向。本来应该既有石油相关法（如能源法）、规范行业的法律（如石油法），也应该有石油业专项法（如石油矿业法），形成自上而下的由石油相关法、行业法、专项法和产业政策交叉调整的格局，但是，我国存在用能源的一般立法，代替石油等能源专门立法的倾向。这样就难以形成以石油产业立法调整为主的调控体系。[①]

五、石油法律体系的完善

实现石油法律体系的完善应加速《石油法》等基础性法律法规的制定，而且还要制定一系列相关配套的法律、法规，使之同石油基础性法律相互衔接。石油法律体系的基本构架为：以能源基本法《能源法》为基础性法律，以《石油法》《石油储备法》《节约石油管理办法》等一系列专门、专业性法律作为主干法，以反垄断法、公司法等能够规制石油业管理的法律作为补充性法律规范。这样，层次分明、门类齐全的石油法律体系才能有效保障我国的石油业蓬勃发展、壮大。

我国需制定一部系统地调整石油勘探、开采、运输、储备、炼制、销售以及相关设施保护的《石油法》，这已成为一项急迫的任务。依据我国现存问题，石油法应规范石油资源的勘探开发、利用、销售和储备等各环节；应明确诸如石油资源所有权、石油销售市场的进入标准及审批程序、石油市场的公平竞争等问题。同时，由于资源的稀缺性，应通过节约石油管理办法来促进节约用油、替代性措施的落实，把鼓励节油作为国家石油战略的重要组成部分。还要从另一方面对同节油密切相关的汽车产业入手，鼓励和促进汽车厂家改进技术，生产高燃效汽车，并相应鼓励消费者购买节油型汽车。总之，要提高公众的资源节约意识，形成像节约粮食和水一样节约油气资源的社会氛围。

为更加有力地保障石油安全，除制定上述法律法规外，我国应尽快制定《石油储备法》，石油储备是稳定供求关系、平抑市场价格、应对突发事件、保障经济安全的有效手段。世界上的主要发达国家都制定有相关法律法规。此外，企业与经营者的能源储备设施须按国家要求进行，并在国家监管下进行能源存储，从而鼓励企业节约能源。[②]

---

① 黄振中、赵秋雁、谭柏平：《中国能源法学》，法律出版社，2009，第183页。

② 季登辉：《完善我国石油法律体系，保障石油体系的安全》，中国化工网，http://cna.chemnet.com，访问日期：2013年11月21日。

第二节 国外石油立法概况

世界主要产油国都把石油资源矿业权管理作为石油产业规制的重要内容，其中以石油开发权的取得和流转作为核心，区块的招投标为主要方式。大多数国家明确区分石油资源所有权与经营权，石油资源矿业权受到依法保护，使石油资源的资产化得到有效落实。

一、国外石油立法模式简介

国外石油立法主要有以下几种模式：

一是对整个石油业统一立法。这种模式的特点是整个石油业制定一个基本法律，这个基本法律涉及有关石油的关于勘探开发、炼油、运输、销售等所有领域，拥有此种石油业统一立法的国家一般见于经济对石油的依赖性较强、国家对石油业的政策性干预较多的国家。例如，巴西 1997 年颁布实施的《石油法》、印度尼西亚 2001 年颁布实施的《石油天然气法》以及委内瑞拉 2002 年颁布实施的《石油基本法》等。以上这些国家的石油立法主要是强调国家对石油的主权控制和国家从石油中获得基本收益，石油业务基本由国家石油公司垄断。

二是对不同石油专业领域制定专门立法。在拥有了一部石油基本法之后，一般原则性的问题便迎刃而解，但由于石油领域专业性较强，因而针对石油领域不同专业、不同部门的专门立法对进一步细化石油业监管意义重大。在国外的石油立法中，这种立法模式以美国、英国、加拿大最具有代表性。在美国，是将陆上石油勘探与海上石油勘探区分开来，前者适用于 1920 年制定实施的《矿产租让法》和 1987 年制定实施的《联邦陆上石油天然气租让修正案》。其他各方面都有与之相适应的配套的法律法规，例如，能源效率方面适用《能源政策法》；石油安全方面适用《能源政策和节约法》；管道运输方面适用《管道安全责任与合营法》等。在英国，同样针对不同行业制定了合适的专门法律法规。例如，在石油勘探开发方面适用 1964 年《大陆架法》；石油安全、环保方面适用 1971 年制定实施的《防止石油污染法》；石油税收方面适用 1975 年制定实施的《石油税法》等。在加拿大，石油勘探开发适用 1986 年《石油资源法》；行业监管适用 1985 年《全国能源理事会法》和《能源监控法》；健康、安全和环保适用 1985 年《石油天然气作业法》；价格和税收方面适用 1985 年《能源管理法》；能源效率方面适用 1980 年《石油替代与节约法》等。

三是对石油业上下游部门分别立法。采取这种模式的国家，一般国内石油自产量远远不能够满足要求，石油进口量极大，需要针对上下游不同情况制定不同的法律规范来保障国内的石油供应。这些国家一般在石油业上游和下游领域各有一部基本法律，例如，日本、韩国和印度。在日本，石油上游领域主要适用《石油天然气资源开发法》，规定石油天然气资源开采的批准程序，推动勘探活动。另一方面，为加强海外勘探开发，《石油公团法》规定日本石油公司代表政府指导和监控日本公司的海外勘探开发，并对日本公司海外勘探提供经济援助和税收优惠。下游领域则主要适用《石油业法》，该法涵盖了石油炼制、进口和销售等业务，实现稳定的石油供应。在韩国，用于规制上游领域的基本法律是《韩国石油开发法》，石油炼制、进出口和销售等下游领域的基本法律为《石油事业法》。在印度，上游领域的基本法律是《1948 年油田管理与开发法》，其内容涉及油田管理和资源开发；下游领域的基本法是《1934 年石油法》，涵盖了石油的炼制、进口、运输、储存等业务。[1]

二、国外石油立法的主要目的

由于各国拥有的资源、需求状况乃至行业发展阶段均有较大差异，各国石油法律法规所表述的立法目的不尽相同。总体来看，下面几个目的是共通的：

第一，保障国内经济稳定运行。通过立法，确保拥有或获得石油资源，满足国内石油需求，从而保障国内经济稳定运行是各国石油立法的首要目的，也是终极目的。一是通过法律确立国家对石油资源的主权，确立政府对石油资源的行政管理权，这是保障国内石油供应的前提。二是通过立法确定行业管理体制和财税体制，建立稳定的投资环境，鼓励国内勘探开发活动，甚至扩大对外开放，吸引外国资本的进入，从而增加国内石油自供能力。这一点在巴西 1997年《石油法》和印度尼西亚 2001 年《石油天然气法》中体现得最为明显。三是通过立法支持国内公司在国外的勘探开发业务，从而保证国内石油供应。日本《石油公团法》就是这个目的。

第二，确保整个石油行业有效运行。通过立法，调整石油行业利益主体之

---

① 杜东亚：《中外石油法律体制比较研究》，《中国石油和化工》，2005 年第 4 期，第 90 页。

间的关系，确保整个行业的有效运行。在上游领域，石油立法所调整的关系包括：资源所有者与从业公司在矿权授予与获得上的关系，政府与从业公司之间管理与被管理的关系，国家与从业公司在石油收益上的分配关系，石油作业与土地使用的关系，石油作业与健康、安全和环保之间的关系，从业公司之间的竞争关系等。在下游领域，石油立法调整的关系包括：从业公司之间的竞争关系、从业公司与消费者的关系等。通过法律对这一系列关系的约束，规范了行业各领域的经营秩序，从而保证行业的有效运行。

第三，保护环境及维护公共安全。在所述国家的石油立法中，无一例外地包含了环保和公共安全的专门法律、章节或条款，涉及石油勘探开发、运输、储存、炼制和销售等各个领域，还包括石油作业完成后的土地修复规定，各种污染损害责任及赔偿、能源利用效率等。因此，各国在促进石油工业发展的同时，十分注重环境和生态保护。

第四，维护国家利益及增加国家石油收益。在所述国家的石油立法中，无一例外地包含了国家分成和石油财税的专门法律或章节。对于石油资源相对较丰富、国民经济对石油依赖性较大的国家，这一点在其石油立法中尤其突出，如委内瑞拉、挪威等。①

三、国外石油立法的主要内容

各国石油立法一般分为三个层次：立法机关颁布的法律、政府部门制定的法规与政府部门做出的具体决策。就其规制的内容来说，一般涉及该国管辖范围内的石油经营活动，包括对员工、公共安全和健康、自然资源和环境保护、土地管理等加以规定的石油作业规章，也包括对石油税收或利润分成加以规定的法律法规。主要内容包括以下几个方面：②

（一）石油资源所有权制度

绝大多数国家有关石油的基本法律，都规定石油资源所有权属于国家。但也有一些例外，如美国的石油资源所有权归属较为复杂，原则是地下资源归地

---

① 黄振中、赵秋雁、谭柏平：《中国能源法学》，法律出版社，2009，第187页。
② 方忠于、朱英、石宝明：《国外石油立法（二）》，《当代石油石化》2003年第11期，第37~40页。

表所有者所有，因此美国的石油资源所有权分为联邦、州、印第安部落和私人所有四种形式。再如，德国1980年《联邦采矿法》规定，管辖地内的石油资源没有所有权，也不允许任何人通过占有行为获得资源所有权，除非勘探许可证和生产许可证持有人发现了新的石油开采区域。

（二）石油行业管理体制

这是任何国家的石油法律都要规定的内容，只不过法制较为完善的国家采取专业领域分别立法的形式，而其他国家在石油基本法律中作为专门的章节。一般来说，各国在石油法律中都强调了政府对石油行业的行政管理权，对于联邦制国家，地方政府在石油行业拥有较大的管理自主权。在各国石油法律中，规定了行业的政府管理部门，包括管理部门的组建、职能、组织结构、人力资源、经费来源和决策程序等。许多国家将石油行业的管理放在综合性的能源或矿产主管部门，如美国是能源部，加拿大是自然资源部，英国是贸工部，俄罗斯是能源部和自然资源部，日本是经济产业省，韩国是产业资源部，印度尼西亚是能源和矿产资源部，只有印度设立了专门的石油天然气部。

（三）石油上游业务

各国石油立法对石油上游业务规定的内容主要涉及以下几方面：

一是矿权管理。各国的矿权管理制度基本上分为许可证制度和工作合同制度两种。许可证制度是政府授权从业公司代表国家进行石油勘探、开发或生产，履行国家对石油资源的主权，是一种行政性授权。工作合同制度是从业公司通过与拥有许可证的国家公司或代表国家的政府机构签订合同来开展石油业务，是一种合同性授权。这两种制度都是授权当事人在规定的区块和规定的期限内开展规定的石油业务，并履行相应的责任和缴纳规定的税费。二者的不同之处在于，如果当事人持有生产许可证，则产出石油的所有权归当事人所有，由当事人缴纳有关税费；工作合同制度不涉及石油所有权的转移，但当事人在产出石油时有权获得成本油和利润油，或者获得现金补偿，除所得税外，其他费用由国有合作方承担。目前，美国、加拿大、英国、日本、韩国等国采取的是许可证制度，而俄罗斯、印度尼西亚等国采取工作合同制度（更多地采用产量分成合同制度）。

二是国家参与。国家参与是政府授予国家石油公司的特权，目的是加强国家对石油工业的控制权，培养并壮大自己的民族工业。国家参与一般通过国家石油公司与合作方签订合作协议来实现，合作协议还必须经政府主管部门审批。国家参与曾经是某些国家石油法律中的重要内容，在法律中不但规定了国家参与的比例，有时还授权政府发布合作协议的标准模式。目前，除个别国家外，各国石油法律对国家参与的规定已经有所放松，甚至不再加以规定。

三是财税制度。财税制度大多包含在各国的基本石油法律中，有关石油公司所得税的规定一般适用通用性税法或单独的石油税法。各国的财税制度基本上可以按矿权管理制度来分类。对于许可证制度，国家的财税收入除了公司的所得税等一般性税收外，还包括区块占用费、矿区使用费和签字定金等。对于产量分成合同制度，国家的财税收入包括矿区使用费及合同各方缴纳的所得税和其他税。此外，某些国家还有关于暴利税的规定。如美国1980年《原油暴利税法》规定，石油公司因油价上涨获得的超额利润要上缴国家。

四是石油作业的附加权利。各国石油法律对石油作业的授权，一般不包括相应土地的所有权，但授权开展石油作业的企业对土地等资产拥有临时占用权或使用权，这就是石油作业的附加权利。石油作业的附加权利一般都会在石油法律中加以明确规定，石油作业企业要使用土地，必须与受影响各方达成协议，承担一定的赔偿责任，有时还需政府批准。如英国《1998年石油法》第7条规定，许可证持有人拥有履行许可证所需的附加权利，包括石油勘探开发中的占用土地权及建筑物、管道和其他设施的占用土地权。

五是健康、安全和环保。几乎所有国家的石油法律都包含了这方面的内容，有的国家对此还用单独法律加以规定，有的国家在基本石油法律中只是作了原则性规定，具体规定适用政府颁布的条例。在各国石油法律中，对石油污染所造成的损害给予了特别重视。例如，挪威《石油法》第7章和第8章都是对损害责任的规定。为了保证石油作业的安全，某些国家的石油法律还规定作业企业应始终保持紧急准备状态，能够对人员伤亡、财产损失和污染事件做出紧急响应，努力使损失减少到最小程度。

六是国内供应义务。为了保证国内石油供应，尤其是战争或其他紧急状态时的石油供应，某些国家在石油法律中规定了石油企业供应国内市场的义务。例如，印度尼西亚2001年《石油天然气法》规定，石油公司有义务将最多为25%的石油或天然气产量用于国内消费。

（四）石油下游业务

石油下游业务包括石油炼制、进出口、运输和销售等，对于国内石油生产不足的国家，下游业务一般是其石油立法的重点，如韩国、日本和印度都有专门针对下游业务的法律。其主要内容有：①资格管理。大多数国家在其石油法律中都有关于石油下游业务从业资格的规定，一般都采取许可证管理方式。例如，日本1962年《石油业法》规定，新建炼油厂要由政府主管部门批准，从事石油进口和销售业务要向政府主管部门申报，并且政府主管部门在特殊情况下有权决定石油产品销售配额。②油品质量。关于油品质量，大多数国家在石油法律中只作原则性规定，具体的质量标准由政府颁布法规条例。例如，印度尼西亚2001年《石油天然气法》规定，石油天然气产品必须符合政府颁布的标准和质量。③经营行为。如美国1978年《成品油销售准则法》对成品油特许经营进行了规定，保护成品油被特许人的利益，建立了调整特许人与被特许人关系的统一规则。④过渡安排。如印度尼西亚2001年《石油天然气法》规定，本法生效后一年内成立管理产量分成合同的执行机构和下游业务的监管机构，原国家石油天然气公司要在两年内改制为国有有限责任公司，并在4年内继续负责国内成品油供应。

（五）石油储备

石油储备也是各国石油法律中的重要内容，某些国家对此还专门立法。如韩国1997年《石油事业法》规定，产业资源部制定并实施石油储备目标和储备计划，从事炼油、石油进出口和石油销售业务的公司要承担储备石油的义务。印度尼西亚2001年《石油天然气法》规定，政府要建立原油储备，以保障国内石油燃料的供应，并责成政府另颁条例。

四、国外石油立法的趋势

各国的石油法律并不是一成不变的，始终处于不断修订和完善之中。虽然各国石油法律的修订目的有所差异，但最终目的是创造稳定和有吸引力的投资环境，扩大国内石油生产，保障国内石油供应或增加国家从石油中获得的收入。从各国石油法律的修订过程，可以看出国外石油立法有如下一些最新趋势：

一是逐步取消国家石油公司的垄断地位。除委内瑞拉2002年《石油基本法》出于政治需要，强化国家石油公司在石油行业的垄断地位外，其他国家近年对石油法律的修订中，为了加快国内石油工业的发展，提高国家石油公司的竞争力，都逐步取消了国家石油公司的垄断地位。如印度尼西亚2001年《石油天然气法》明确规定，国家石油公司必须在两年内改制为国有有限责任公司，改制完成后不再管理产量分成合同，相应职能由新成立的执行机构接管，从而结束了该公司必须参与所有产量分成合同的垄断地位。

二是健全行业管理机构。各国对石油法律的修订在逐步取消国家石油公司垄断地位的同时，都强调了政企分开，建立和完善了行业管理机构，并详细规定了各管理机构的职能、组织机构、经费来源和人员组成等，力求创造更为公平透明的竞争环境。如巴西 1997 年《石油法》建立了国家能源政策理事会和国家石油管理局，原国家石油公司不再承担行业管理职能。国家能源政策理事会负责能源政策的制定，国家石油管理局负责实施国家石油天然气政策、制定有关实施条例、授予租让合同，并对炼油、运输、进出口等业务进行授权经营。

三是建立稳定的财税环境。如俄罗斯在 2001 年关于《产量分成协议法》的一项修正案中，使投资者在纳税时多了一种选择，即引入了直接产量分成法，投资者只需按产量的一定比例进行实物纳税，就可免除向联邦和地方政府缴纳的所有税种。[1]

第三节 我国《石油法》立法框架和基本制度

我国现行的石油管理体制涵盖了资源保护、资源发现与开发利用、行业准入、投资审批、资源价格、出让与转让以及环境、安全等多方面内容，涉及的行业主管部门包括国家发展和改革委员会（含国家能源局）、国土资源部、商务部、财政部、环保部、国家税务总局、国家海洋局等，形成了以《矿产资源法》为基础的法律法规体系作为石油上游产业管理的重要依据，采用法律、行政和经济手段相结合的管理方式，但尚未制定专门的石油行业的基本法——《石油法》。

一、制定《石油法》的立法需求

目前，我国尚未制定《石油法》。[2]而市场经济条件下发展石油业的前提之一，是营造法律环境。为了促进石油业的快速发展，保护国家资源所有权和矿

---

① 方忠于、朱英、石宝明：《国外石油立法（一）》，《当代石油石化》，2003 年第 10 期，第 45~46 页。

② 1995 年，全国人大就有 207 名代表提议制定《石油法》，但也有许多反对意见，最终立法努力没有实现。与此同时，有关专家也开始收集资料，研究石油法涉及的主要问题，就立法模式、调整范围、与其他相关法律关系的处理、行业监管、对外合作、石油储备以及油田设施保护等问题开展研究。2005 年 10 月 17 日，国家发改委能源局召集中石油、中石化、中海油、中化、中联煤、国家发改委能源研究所等单位召开了石油天然气立法工作座谈会，对立法前期工作安排、工作步骤、分工与协作等问题进行研讨。

业权人的合法权益，保障国家石油安全，促进石油资源的科学开发和合理利用，建立与市场经济相适应的石油产业格局，鼓励有序竞争，健全石油业管理机构，加强勘探开发，实现石油业上下游协调发展，建立稳定的石油储备和供应体系，制定一部综合性的石油法典，形成以《石油法》为主干的石油法律体系，是十分必要的。

第一，这是石油资源重要性的要求。石油是最重要的能源之一，它对国民经济的发展发挥了极其重要的作用。与石油资源的重要性相比较，我国在石油业方面的法律规范严重滞后，因此有必要加强石油方面的法律规定，制定一部该领域的基本法《石油法》。第二，是规范石油市场主体资格、确定经营主体法律地位的需要。通过制定《石油法》可以规范石油市场准入和经营权问题。石油是不可再生资源，石油业具有高投资、高技术、高利润、高风险的特点。在市场经济体制下，石油勘探开发既不能沿袭原有的垄断经营体制，又不能完全自由竞争。因此，什么样的企业有资格从事勘探开发等经营活动，需要通过立法做出规定，以优化市场主体制度。第三，是规范石油资源分配，解决市场合理配置和市场运作问题的需要。在市场经济体制下，国家作为石油资源所有权和社会管理的主体，通过立法建立竞争机制，有偿授予企业探矿权和采矿权，使企业在统一的准则下实现平等竞争，从而实现资源的优化配置，提高配置效率。同时，依法界定国家与企业在石油资源开发利用中形成的权利与义务的关系，规范政府行为与企业行为，保障石油勘探开发市场的有效运作。第四，是健全政府监管机制，解决依法调控问题的需要。石油资源的生产和供应，关系国民经济的发展和国家安全，通过制定《石油法》以规范政府职能，加强对石油业的监督管理，有利于促进石油企业的安全生产、环境保护，维护社会公共利益，促进石油资源开发与环境保护的协调发展，实现资源开发与环境改善、社会发展的良性循环。此外，明确政府对石油行业监管的权责、方式和程序，强化监管职能，也有利于形成政府宏观调控与市场配置资源相结合的机制，促进石油资源市场的公平竞争，推动石油工业健康、持续、长远的发展。[①] 第五，是健全和完善我国石油法律体系的需要。目前，我国石油立法不健全，还有许多立法空白存在，没有形成完整的石油法律体系，为此，必须加强石油立法工

---

① 时良敏：《试论中国石油天然气之立法》，《重庆工学院学报》2007 年第 2 期，第140~142 页。

作。一是要制定《石油法》作为矿产资源法和能源法的特别法，其主要调整石油勘探、开发、储运、销售等活动中发生的国家与企业、企业与企业、企业与社会之间的法律关系。二是石油专业性的法律法规应以《石油法》为依据，主要调整某一专业领域的法律问题，如石油管道法规、石油产品管理法规、石油生产环境法规、石油生产安全法规、石油建设用地法规以及石油税收法规等。三是依据《石油法》，由国务院石油业主管部门和有关部门制定管理石油工业的章程和办法。①可见，石油法律法规体系的形成与完善，首要任务是制定《石油法》。第六，是石油业对外开放的需要。我国石油业的两个对外合作条例，只是为外国企业提供了市场和机会，而国内企业要想"走出去"却受到很多限制，客观上不能与外国企业享受同等的待遇。我国在保障国内企业参与国际市场竞争方面的立法尚属空白，这不利于与国际市场的接轨。这些问题有待于在《石油法》中得到明确规定。第七，是维护我国石油安全的需要。在我国目前现有的石油资源法律制度中，有许多重要的基本制度没有涉及，比如石油储备制度、石油安全预警制度等，由于这些制度的欠缺，使我国缺乏石油风险的承担和抵御能力，无法适应风云变幻的国际政治经济形势和飘忽不定的国际油价，非常不利于我国石油安全的维护。制定《石油法》，完善石油资源各项基本制度，无疑为我国的石油安全设立了一道强而有力的保护屏障。

二、《石油法》的基本框架

法律框架结构作为法律的表现形式，应当与基本法律制度相统一，并符合立法逻辑要求。《石油法》的框架是石油法律规范和法律制度的逻辑结构和形式。从各国石油法框架和内容来看：现代石油法的形成和变迁往往与石油生产和使用有关，与对石油的战略认识有关。现代石油法可以分为五类：石油勘探和生产法，石油加工炼制、供应、进出口法，石油政策法，石油管道法，石油公司法。每一类石油法都有特殊功能及形成和变迁的动因。②

《石油法》是产业法，石油业的产运销各个环节，既自成体系，又紧密联

---

① 杜东亚：《中外石油法律体制比较研究》，《中国石油和化工》，2005 年第 4 期，第 90 页。

② 肖乾刚、肖国兴：《能源法》，法律出版社，1996，第 130~131 页。

系，据此，《石油法》框架和内容大致可分如下几部分：[①] ①总则。规定立法宗旨和根据；适用范围；石油资源所有权和矿业权；石油工业发展方针；国家鼓励投资的原则；国家鼓励外商投资和管理的原则；国家鼓励国内企业跨国经营的原则；石油企业税费制度；国务院石油主管部门的职责；国家石油公司的法律地位和职责；有关法律专业术语的含义；保护油田的责任；法律效力及与其他法的关系。②石油勘探。规定标准区块的划定；勘探招标；勘探企业的资格审查；勘探合同和探矿权人的权利义务；国家鼓励风险勘探的措施；勘探资料的归属、保护、转让及管理；勘探环境保护；勘探作业损害补偿；储量申报与评估；资源战略储备；资源管理与分配原则。③石油开采。规定开采许可制度；采矿合同和采矿权人的权利义务；油田建设与城市规划、土地利用规划的关系；合作开采油田及控股；合理开采石油资源；矿区使用费；生产安全与环境保护；油质鉴定与计量；国家鼓励中后期油田和边际油田的措施；油田终止开采及善后处理。④石油储运。规定管道、站库的统一规划与管理；管道建设工程与其他工程的关系处理；管道运营的监理；管道企业与生产、加工企业的关系（合同制）。⑤石油加工炼制。规定加工企业的布局；加工企业设立的审批及生产许可；石油生产计划；炼制设备和技术；加工炼制涉及的环境与安全；禁止小炼厂、土炼炉的规定；国家鼓励深加工的措施；制成品质量责任和监督检查。⑥石油供应与贸易。规定供应与进出口业许可和计划；定向供应的制定和指导；国家对石油进出口的管理；油品价格管制和监督检查；石油储备。⑦石油利用。规定节约用油；限制运油和监督检查。⑧油田保护。规定油田保护的范围；油田保护的主要措施；油田企业对保护油田的责任；地方政府保护油田的责任。⑨石油公司。规定国家石油公司和商业石油公司的地位、组织、资本、经营范围。⑩法律责任。违反石油法律法规者承担的不利后果。

一部完整的《石油法》原则上应该是涵盖石油业的上下游、内外贸、产销等产业链的全部内容，保证石油业形成一个有机的整体，在法制的轨道上运行。在表现形式上，可吸取国外经验，在总体框架下，可制定若干个专业性法规作为支撑。[②] 因此，也有的学者根据石油产业链的特点，建议《石油法》框架与内容划分为上游业务与下游业务进行规定，如上游业务包括矿权管理；国家对

① 郭进平：《我国〈石油法〉立法问题（4）——石油法框架结构》，《石油规划设计》1996年第1期，第37~38页。

② 万邦蕉：《建议国家尽快制定〈石油法〉》，《中国石化》2000年第1期，第25~26页。

石油工业的控制权及参与权；财税制度；石油作业的附加权利（即对土地等资产拥有临时占用权或使用权）；HSE 体系，即健康、安全和环境体系；石油企业的国内供应义务。下游业务包括石油的炼制、进出口、运输、销售等。此外，还包括石油的过渡安排和石油储备；对石油消费者的权益保护，违反石油法者的法律责任等。[①]

三、《石油法》的基本制度

《石油法》基本制度是石油法的制度结构，是作为石油法律制度基础和带有决定意义的法律制度，是各国石油法都应选择和确立的法律制度。归纳学者的建议，《石油法》的基本法律制度主要包括以下几点：[②]

（一）石油资源权属制度

石油资源所有权是所有人依法对石油资源占有、使用、收益和最终处分的权利。石油资源所有权是石油业产权的基础和核心。在我国，国家是石油资源所有权人，并且是其唯一主体。国务院代表国家行使石油资源所有权。石油矿业权是探矿权人和采矿权人依法在划定的区域范围内对国家所有的石油资源进行勘探、开采，排除他人干涉并获得原油的权利。石油矿业权的特点是，非所有权人支配石油资源从事勘探、开采活动，其性质属于准物权。因此，石油矿业权的取得必须通过竞争的方式，并要经过政府的审查与许可。

国家作为石油资源的所有权人，可以引入招投标和谈判等机制，择优选择探矿权人和采矿权人，在公平竞争的基础上，实现矿业权的合理分配；矿业权人对已取得的石油资料或成果，可以依法有条件地实行转让。

（二）石油资源经营主体制度

从我国石油工业实际出发，并借鉴发展中国家的通行做法，在主体制度中，应特别突出国家石油公司的职能和它在实施国家石油政策方面的工具作用。国有石油公司可以根据国家石油供求战略，组织和管理所属子公司、分公司的勘探开发业务，统一经营和组织石油储运和销售，保障石油供应；经国家授权，组织招标和谈判，并与社会各方面投资者签订勘探开发石油资源合同，实行控

---

① 时良敏：《试论中国石油天然气之立法》，《重庆工学院学报》2007 年第 21 卷第 2 期，第 141~142 页。

② 黄振中、赵秋雁、谭柏平：《中国能源法学》，法律出版社，2009，第 187 页。

股经营，以保障合理开采石油资源；统一经营石油对外合作业务，规划和组织跨国石油经营业务。

（三）石油合同制度

按照市场配置资源的机制，合同应当成为石油资源使用和石油作业的重要维系纽带，也是规范作业主体的主要法律形式。合同性质大体上分为三类：石油资源使用合同；合资、合作开采石油合同；专业服务或劳动服务合同。在勘探阶段，合同应当规定勘探期限、最低业务工作量和合同区块面积撤销的内容；在开采阶段，按产量阶梯向国家缴纳矿区使用费，并按国家规定的作业规程，合理开采石油资源；在利益分配和产品管理上，按国家规定缴纳税费，接受国家对石油产品的统一配置。同时，合同对国有石油公司参股、控股中的权利义务，也应做出相应的规定。

（四）石油勘探开发专项基金制度

石油勘探开发专项基金制度是政府依法设立专项资金，经政府特许专用于石油勘探与开发活动，促进石油业发展的财政支持制度。石油具有埋藏深、成矿条件复杂、勘探风险大的特点，石油开采又有随地层压力减少而造成产量递减的自然规律。如果没有应有的激励和保障机制，难以吸引企业进行风险勘探，发现并增加后备储量，也不能实现油田的稳产增产，从而使石油供应难以形成良性循环机制。从保护石油资源和保障后续资源的可持续利用方面，要以法律的手段引导企业克服"重采轻探""重产量轻质量"而导致"破坏性"开采的行为。因此，《石油法》应当建立石油勘探和开发的专项基金，从制度上保障必要的资金投入。主要是：①国家勘探基金制度。主要用于风险投资和有条件地补偿风险勘探中的沉没部分，并允许石油企业用沉没的资金抵免勘探税赋，允许其从另外的区块收益中补偿已发生的风险投资。②老油田维护制度。对进入二次和三次采油的油田，从资金上保证其技术改造和扩大再生产的投入。③油田开采补贴制度，对边际油田和小油田，国家给予资金补贴，鼓励油田企业合理有效地开采利用。

（五）石油税费制度

我国建立的石油税费制度要与国际接轨，同时还要考虑我国的现实，建立合理的石油税费制度。该项制度立足于对税费的规范和对石油产业的扶持，主要包括以下内容：①按照国际惯例，建立矿区使用费制度；②对风险勘探以及老油田开发减免税费制度，运用税收的杠杆作用，促进产业的发展；③法定税费制度，明确石油企业只缴纳国家法定税费，避免地方滥收费。

（六）石油储运和销售制度

石油储运与销售是石油生产的延续，是不可分割的整体，储运和销售任何一个环节出现障碍，都会造成生产和供应中断的严重后果。这项制度的主要内容是：对管道、站库等储运设施的建设实行统一的规划，集中管理；在国家对石油产品统一配置的基础上，设定石油供应的合同管理制度，合同界定产运销之间的权利义务关系，保障石油生产正常进行，进而使国家统一配置资源的宏观调控措施顺利实现。

（七）石油战略储备制度

石油战略储备制度是政府依法储备一定数量的石油资源和成品油，非经特许不得开发和使用的制度。石油战略储备旨在保证石油的安全供给和应付突发事件，是保障石油供应的主要手段之一。借鉴国际上的通行做法，我国应当通过立法建立石油战略储备制度，主要包括战略性石油储备和临时性原油、成品油储备，以保障各种应急需要。

（八）石油作业安全和环境保护制度

石油是易燃易爆产品，也是高污染产业。石油作业应当有严格的安全规范和环境保护规范。其中安全方面，《石油法》主要应对勘探开发作业、油田和储运设施建设和运营等，做出原则性的规定，以便据此另行制定专门法规。环境保护除适用现行环境立法外，应侧重石油工业的实际加以规定，并注意与相关法规在体系和内容上的衔接。

（九）跨国投资和进出口贸易制度

主要是鼓励国内企业参与国际市场竞争，包括石油资源勘探开发和技术服务。在审批程序、设备进出口以及国外生产原油进口等方面，为国内企业跨国经营提供更为宽松的法律环境，以适应国际市场不断变化的需要。石油产品的进出口，应当由国家统一管理。但在经营上，应当克服计划经济体制下生产企业与外贸企业脱节的弊端，通过完善代理制和国家石油公司自营的体制，使原油出口与设备、技术引进等贸易紧密结合，以实现优惠贸易条件，使原油出口带来更大的经济效益。

（十）油田保护制度

基于油田企业的特殊环境和石油在国民经济中的特殊地位，对采矿权和作业秩序应当实行特殊保护。通过立法，科学界定地方政府在开采石油中的权利和义务，强化其保护油田的义务和责任。同时，建立强有力的专业执法系统，加强石油专业执法，使石油资源和油田秩序得到有效保护。

（十一）政府监督管理制度

按照市场经济体制要求，政府主要对石油业实行宏观管理和执法监督。这项制度的主要内容包括制定石油业的发展战略和政策；制定有关石油作业的条例和规章；对石油作业实施管理，并进行执法监督；审批石油合同；协调解决石油作业中发生的争议和纠纷；协调石油企业与地方政府的关系。

第九章　天然气法律制度

天然气是一种清洁、高效的能源，对于缓解能源短缺和环境污染具有重要作用，因此倍受世界各国的青睐，在世界能源消费结构中占有重要的地位。我国的能源需求较大，环境污染问题越来越严重，促进和保障天然气行业健康发展能够有效应对能源供应安全危机和环境污染问题。长期以来，我国的天然气资源勘探开发力度不够，产、储量较低，没有形成产业规模，天然气立法停滞不前。近年来，随着市场经济体制和能源体制的改革，我国天然气生产和消费快速增长，而天然气立法明显不足，面临法律缺位、监管不力、价格监管制度不合理等各种问题和挑战，亟须立法予以规制。

第一节　天然气及天然气法概述

天然气在我国能源消费结构中十分重要，近年来，天然气的消费增长较快。在当前气候变化问题和能源安全隐患凸显的情况下，大力发展天然气是一条比较有效且现实的应对措施。提高天然气在能源供应结构中的比重，对于减缓碳排放，改善环境，提高居民生活水平具有重要意义。

一、天然气特点及产业概况

（一）天然气的概念及特点

天然气有广义与狭义之分。从字面上理解，天然气是指自然界中一切天然生成的各种气体的混合物，这是天然气的广义解释。如果从能源的角度来说，天然气是指贮存于地层的无色无味的一种可燃性气体，即气态化石燃料，这是天然气的狭义解释。天然气的主要成分中85%~95%为甲烷，比重轻于空气，极易挥发，并在空气中迅速扩散。此外，根据不同的地质形成条件，天然气还含有不同数量的乙烷、丙烷、丁烷、戊烷等低碳烷烃以及二氧化碳、氮气等，与石油共生的天然气常称为油田伴生气。天然气属于可燃可爆性气体，天然气与空气混合浓度在 5%~15% 时，遇明火或者大于天然气燃点 530℃时即燃烧。目前，天然气的利用形态主要有两种，即气态和液态。气态主要有管输天然气和压缩天然气（CNG）。天然气在−162℃常压下可液化，称液化天然气（LNG），液化后体积缩小到 1/600。液态以液化天然气为典型代表，还有近年来开始受到人们关注的天然气合成油（GTL）。今后在利用天然气的过程中，必将是两种形态并存。但目前应用比较广泛的还是管道天然气和 LNG。

天然气作为能源利用，具有以下特点：①天然气是清洁能源。天然气的燃烧产物主要是二氧化碳和水，与其他燃料相比，几乎不含硫、粉尘和其他有害物质，它产生单位热量放出的温室气体二氧化硫只有煤炭的一半左右，比石油还少 1/3。可见，天然气作为燃料可以明显减少污染，环境效益优越，是环境保护的首选燃料。可以说，天然气的清洁特性是其最主要的优势。②天然气是安全能源。天然气成分中不含一氧化碳，可以减少因泄漏对人畜造成的危害；同时，天然气着火温度高，爆炸界限窄，安全性好。③天然气资源丰富。天然气与石油相比，其探明的可采储量接近，但是天然气资源更丰富，采出程度低，接替率高，可采年限长，显示出天然气资源的巨大潜力。而且，天然气资源的勘探开发成本比石油低。④天然气使用方便。天然气在燃烧前和燃烧后只需要最低程度的处理，不像石油需集中炼油厂加工处理，也不像煤炭燃烧后留下大量煤灰、煤渣。⑤天然气有较大的综合经济效益。天然气热值高，燃气联合循环发电的效率可达 60%（常规煤的效率只有 38%~40%），造价只为常规煤电的 1/2~2/3。天然气用作化工原料，工艺简单，转换效率高，能耗低，投资少，易实现清洁生产。因此，世界上在石油化工（氨或甲醇）、锅炉燃料以及发电方面，1988 年天然气的使用量就已超过石油。⑥天然气价格具有竞争力。国外管输天然气的价格比石油低，欧洲市场上的气价为油价的 80%~90%，美国的气价更低一些。这也是天然气发展速度快的一个原因。天然气不论在消费量的增长速度还是在能源结构所占比例的增加程度，都比石油高很多。此外，天然气含碳量低，符合能源非碳化发展的时代潮流，正处于新的发展时期，在今后四五十年内将取代石油成为主要能源。

（二）天然气工业概述

天然气田蕴藏在地层内，天然气从气田开采出来，要经过处理、液化、储运、接收和再汽化等几个环节，最终送至终端用户。自 20 世纪 20 年代以来，天然气工业首先在美国和欧洲发展起来。1925 年美国铺设了第一条天然气长输管道（路易斯安那州北部至得克萨斯州博芒特市），成为天然气现代工业利用的标志，它不仅把天然气作为商品大量推向市场，而且促进了天然气的化工利用，开创了天然气利用的新时代。当前，随着世界经济的发展，石油危机的冲击和煤、石油所带来的环境污染日趋严重，而天然气又是清洁优质的燃料和化学工业的重要原料，因此，世界上越来越多的国家开始重视天然气资源的利用，天然气与煤、石油一起成为目前世界能源供应的三大支柱。

（三）我国天然气资源现状

根据 2010 年新一轮油气资源评价和全国油气资源动态评价，我国常规天然气地质资源量为 52 万亿立方米，最终可采资源量约 32 万亿立方米。截至 2010 年年底，累计探明地质储量 9.13 万亿立方米，剩余技术可采储量 3.78 万亿立方米，探明程度为 17.5%。总体上分析，我国天然气资源丰富，发展潜力较大。2010 年我国天然气产量为 948 亿立方米，储采比约为 40∶1，处于勘查开发快速发展阶段。鄂尔多斯盆地、四川盆地、塔里木盆地和南海海域是我国四大天然气产区，合计探明剩余技术可采储量和产量分别约占全国的 78%、73%，是今后增储上产的重要地区。

我国还有丰富的煤层气资源。埋深 2000 米以浅煤层气地质资源量约 36.8 万亿立方米、可采资源量约 10.8 万亿立方米。截至 2010 年年底，煤层气探明地质储量 2734 亿立方米。2010 年煤层气（煤矿瓦斯）产量 90 亿立方米，其中地面开采煤层气 15 亿立方米。

我国页岩气资源也比较丰富。据初步预测，页岩气可采资源量为 25 万亿立方米，与常规天然气资源相当。目前，我国在四川、重庆、云南、湖北、贵州、陕西等地开展了页岩气试验井钻探，已钻井 62 口，24 口获天然气流，初步证实我国页岩气具有较好的开发前景。[1]

（四）我国天然气生产和消费

西部是最主要的天然气供应地。2011 年，西部地区天然气产量占全国天然气总产量的 81.12%，东部地区占 13.1%，中部地区占 5.68%。从省市看，2011 年，陕西一跃成为全国最大的天然气生产省，排名从上年的第三位上升为第一位，当年天然气产量 272.2 亿立方米，同比增长 21.8%，占全国总产量的 26.6%，新疆从上年的第一位下降至第三位；四川仍为第二位，广东和青海仍分

---

[1] 国家发展和改革委员会：《天然气发展"十二五"规划》，发改能源〔2012〕3383 号。

列第四、五位。以上五个地区的产量占全国总产量的 90%。

随着陕京三线、秦沈线、西气东输二线、榆济线等长输管线和支线工程的陆续投产，江苏、大连两个液化天然气项目投产运营，天然气消费量跳跃式增长。2005~2011 年，天然气增长 20.5%。2011 年 10 月 26 日，中石油在西藏拉萨建设的第一座天然气站工程建成投产，结束了拉萨市作为省会城市中唯一没有使用天然气的历史，消费区域进一步扩大，大陆 31 个省市区已全部使用天然气。从月度消费来看，1 月取暖用气量大，天然气需求量大，2、3 月份天气回暖，日均用气量回落；二季度天气转暖，消费量继续下降；三季度气温较高，用电量增长带动发电用气大幅增加，日均用气量仅次于冬季采暖期；四季度随着取暖用气的不断增加，消费创新高。

我国天然气消费结构逐步向多元化发展，城市燃气成为增长最快的用气部门，用户不断增多，消费量持续增长，所占比重不断上升。受夏季气温较高影响，江苏、浙江、广东等地的天然气发电装机利用率提高，带动发电用气大幅增加。随着我国天然气供应的增加，为了缓解节能减排压力，多地工业企业实施"油改气"或"煤改气"工程，导致工业用气稳定增长。化工企业受资源供应和价格制约，经营状况不佳，化工用气比重持续下降。随着石油供需矛盾越来越突出，国家对温室气体排放的约束越来越严格，清洁能源的利用越来越受到重视，天然气在交通运输业的消费不断上升。

（五）我国天然气市场发展

近年来，国内天然气市场发生了翻天覆地的变化。随着我国积极调整能源结构，加大了燃气开发利用领域的对外开放力度，一些大型战略性项目开始逐步对外资开放。国外跨国石油石化公司凭借资金、技术、营销等方面的优势，纷纷进军中国市场，并且跨国公司之间竞争的国际化已转为国内化，如埃克森美孚、壳牌、BP 通过与中国企业合作成立成品油销售公司，已开始在我国东南沿海地区展开油品分销市场的争夺战，在天然气方面积极参与政府基础项目和市场的基础开拓，由此更增加了业内的竞争程度。其中，2004 年是一个分界点，举世瞩目的"西气东输"工程建成投产。这条线路把西部丰富的天然气资源输送到东部最发达地区，成功实现了资源与市场的对接。从"以销定产"到"以产定销"，从买方市场到卖方市场，我国天然气市场发生了巨变。从目前现状来看，天然气产业的健康发展，必然要求上游的开发、中游的管线、下游的工业和民用用户建设基本同步进行。我国天然气管道和存储行业也正经历着快速发展的过程。一些重大项目已经规划、在建或建成运营，比如第二条"西气东输"管道、深圳龙岗大鹏 LNG 等①。2006 年进入"十一五"之后，国家开始大力推广和鼓励清洁能源的使用，天然气消费量增速明显加快，超过产量增速，为满足日益增加的天然气需求量，天然气进口量开始逐年上涨，导致我国天然气进口依存度大幅提高。2011 年随着中亚管道气进口能力的提升和江苏、大连 LNG 接收站的建成投产，我国天然气进口总量达到 313.9 亿立方米，对外依存度达到 21.6%。未来 20 年，我国天然气需求增长速度将明显超过煤炭和石油。预计 2015 年我国天然气消费将达到 2300 亿立方米。

（六）天然气法概述

天然气法是指调整人们在天然气的勘探、开采、储运、分销、消费等过程中形成的社会关系的法律规范的总称。天然气法的调整对象是人们在天然气勘探、开采、储远、分销、消费等过程中形成的社会关系。天然气法调整的社会关系，按照天然气行业的产业链，大致可分为两大类：一是天然气行业上游领域的社会关系，如天然气资源的勘探关系与开采关系；二是天然气行业下游领域的社会关系，如天然气储运关系、分销关系、消费关系、竞争关系等。天然气储运关系包括了天然气管网运输关系，天然气管网运输也可单独列为天然气的中游领域，本文把它归属于天然气的下游领域之列，一并阐述。天然气法的调整对象按照其内部结构，又可分为天然气行业纵向的监管关系和天然气公司企业与终端客户、消费者之间的利用消费关系，以及它们相互之间横向的经营协作关系。前者包括作为天然气资源所有者代表的政府监管机构与相关部门、天然气公司企业之间因监管发生的权利义务关系，包括国家与天然气公司企业在天然气收益上的分配关系，以期确定天然气政府主管和相关部门的职责、地位、监管原则、运行机制、天然气运营模式，以及确定天然气市场准入规则、天然气定价机制和管输费确定的原则、管道建设及运营的审批、对外合作模式及领域的规定等；后者包括天然气生产企业、管道公司、配送公司、销售公司等相互之间形成的权利义务关系，以及天然气供应合同关系，以期确定这些主体的法律地位、运营资格、管线施工、设备维护、安全保障、容量买卖、消费者权益保护等。

天然气法应该妥善处理与协调天然气产业链各环节经营者和投资者的利益关系。天然气工业的价值链是由天然气的勘探开采、储运、分销和消费这四个

---

① 黄振中、赵秋雁、谭柏平：《中国能源法学》，法律出版社，2009，第 214 页。

环节构成的，天然气法能否理顺与平衡这四个环节的利益，是整个天然气行业能否顺利发展的关键。因此，通过完善的天然气法律法规与政策，构建合理的天然气价格结构，制定与国际惯例相一致的、以风险共担为原则的照付不议合同，建立合理的风险共担机制，已成为我国各天然气项目能否顺利实施的当务之急。我国天然气管网长途输送和城市配气系统还处于落后的状况，这个特点决定我国的天然气法必须对天然气管网的建设和保护，以及城市天然气商品的供应和分配，予以重点关注与调整。处理好这些关系，还必须充分发挥天然气行业协会的协调能力以及其在技术和管理方面的研究、培训与交流作用。

二、我国天然气立法现状

我国过去在高度集中的计划经济管理体制下，天然气与石油一样，其勘探、开采和销售成为国家行为，经营主体和生产经营方式单一，且由于勘探开发不够，产、储量较低，没有形成产业规模，天然气立法长期处于停滞状态。随着市场经济体制改革的深入，我国加快了法制建设的步伐，社会经济生活逐步走上法制轨道。由此，我国有关部门和地方政府陆续制定了一些有关天然气方面的条例规定。

我国的天然气立法是随着石油立法的进程而建立起来的，迄今初步形成了依托于石油立法，以天然气行业上游领域为主的天然气法规体系。[①] 我国天然气行业的法律法规主要由两部分组成：一部分是与天然气行业相关的法律法规，主要是环境保护、土地管理、矿产权属、价格、税收等方面的法律法规；另一部分是专门适用于天然气行业的法律法规。在天然气上游领域，主要适用《矿产资源法》（1996 年修订）、《对外合作开采海洋石油资源条例》（2001 年修订）、《对外合作开采陆上石油资源条例》（2007 年修订）等法律法规，其基本目的是体现国家对油气资源的所有权。此外，还适用《地质资料管理条例》（2002 年）、《石油地震勘探损害补偿规定》（1989 年）、《海洋石油安全生产规定》（2006 年）等法规规章。在天然气下游领域，对天然气长距离管道运输进行规范与管制的是国务院制定的专门行政法规《石油天然气管道保护条例》（2001 年），其目的是为了保障石油（包括原油、成品油，下同）、天然气（含

[①] 陈玉龙：《我国应加快天然气立法进程》，《天然气工业》2001 年第 5 期，第 107 页。

煤层气，下同）管道及其附属设施的安全运行，维护公共安全；在城市输、配气环节，主要的适用法规是《城市燃气管理办法》（1997 年）以及各地根据该法规制定的地方性法规，其立法的基本出发点是将城市配气系统作为公用服务事业，除了较多地关注安全等问题外，在准入、价格等方面强调政府的直接管制。此外，还有一些部令、通知等，对天然气下游领域起调整作用，如国家计委发布的《关于调整天然气井口价格的通知》等。2012 年 10 月，国家发展和改革委员会颁布实施了《天然气利用政策》，其目的是为缓解天然气供需矛盾，优化天然气使用结构，促进节能减排工作。在我国境内所有从事天然气利用的活动均应遵循该政策。

三、我国天然气立法存在的问题

我国天然气法规建设已有了长足进步，并且在天然气工业管理中发挥了重要的作用，但是天然气法制化建设在市场体制改革中还是一个薄弱环节，天然气立法还存在许多不足。

第一，我国有关天然气的法律法规大都制定于改革开放初期，当时，天然气作为国家重要的资源性产业，与其他垄断性产业一样，其原有的体制框架是国家垄断。1999 年行业重组破除了国家垄断体制，单一国家公司垄断经营的局面已经打破，原有的利益格局已发生重大变化。随着市场的进一步开放，上述矛盾将更为突出。因此，以保证国家和国有企业利益为基本理念的法律制度，政企不分的行业管理体制，以及主要依靠政府行政性命令和协调的规制手段就明显地带有时代的局限性。[①]而且，现行仍产生效力的一些规定背离了市场经济规律，如《天然气商品量管理暂行办法》对天然气实行统配统销的规定，以及对天然气价格的规定等，都不符合市场价值规律。

第二，我国天然气行业尚缺一部综合性强的法律。过去，我国天然气的勘探储量、产量低，天然气被看作是石油的副产品，对天然气的认识不足，"重"油"轻"气。因此，至今还没有一个单独的天然气法律法规。不仅如此，就是在整个油气行业，不管油气是单独分开立法，还是统一立法，我国至今没有出

---

① 宦国渝、何晓明、李晓东：《对加快我国天然气行业立法的建议》，《国际石油经济》2002 第 3 期，第 31~34 页。

台一个综合性强的法律，只出台了《对外合作开采海洋石油资源条例》等条例和法规。

第三，我国天然气行业立法明显不足，仍存在着大量的法律空白。例如，天然气上游领域，在勘探开发、油气田矿区设施保护、油气田弃置管理、天然气地质资料管理、对外投资、环境保护等方面缺乏法律法规规定，或者立法层次不高。天然气下游领域，在天然气储备、城市输气管网安全保护、天然气商品市场管理、贸易管理、加气站管理等方面缺乏法律法规规定，或者立法层次还不高。特别是天然气下游领域具有自然垄断性质，而目前在该领域还没有专门的对自然垄断领域实施监管的法律。由于许多立法空白的存在，我国天然气行业不可能形成一个较完备的法规体系。立法上的不足，使天然气企业的一体化经营、垄断地位滥用等问题均没有有效的法律约束。同时，由于许多问题无法可依、无章可循，往往要用大量的政策性文件弥补法律空白，从而导致执法的随意性较大。

第四，我国现行天然气法规不配套、不完善。至今，我国天然气勘探开发输送、销售没有形成一套配套完整、功能齐全、层次分明的法规体系，即使现行一些天然气法规也没有配套的实施细则，致使各地执行发生很大的偏差，油气资源管理比较混乱，乱开滥采的现象屡禁不止，偷盗、哄抢油气田生产物资的案件经常发生；由于对天然气勘察、开采各地没有配套的地方实施细则，使得一些地方石油天然气开发公司利用规定的疏漏或不严密，在中油股份公司取得采矿权的区块上钻井，引起诸多矛盾和混乱，甚至使油气藏遭到破坏；对天然气勘察、开采主体资格的条件规定过宽，没有严格的条件限制，使很多根本不具备勘探开发能力的地方油气开发公司从事油气开采；对地方开办油气勘察、开采企业的审批程序和制度没有明确的细则规定，使得在油气采矿权区块内，如何进行合法开采的问题也未能解决。①

第五，我国天然气监管体制制约了法规建设。长期以来，我国油气工业管理体制不稳定、不成熟。过去我国一直没有专门的天然气部门，天然气的管理归口石油工业管理部门。天然气行业监管职能相对分散，监管责任主体不够明确。石油企业政企分开后，原来由石油天然气公司负责的监管出现不同程度的缺位。随着市场经济的发展，我国政府管理经济的方式和手段在逐步变化。总

---

① 张孝松：《建立健全我国天然气法规与建议》，《中国能源》2002 年第 3 期，第 28~29 页。

的趋势是从以行政手段调节为主向以法律手段和经济手段调节为主的轨道转变。2008 年我国成立了归口国家发展和改革委员会的国家能源局，由其下属的石油天然气处来主管天然气行业的工作。然而，国家能源局的工作仍未步入正轨，对天然气行业进行规范、透明的监管活动，还需要一个发展和完善的过程。油气监管体制的不稳定也影响了我国天然气法规的建立与完善。

此外，现行的天然气法律法规在政府规制的范围和手段、政企关系、市场准入、定价机制等方面还有许多与国际通行的规则相悖处，难以适应油气行业对外开放的要求。

第二节 国外天然气立法模式和经验

在发达工业国家，天然气由过去作为石油勘探开发的附产物，到现在已经成为单独勘探开发的对象，并得到高效集输储存和综合利用。国外在建立和发展天然气市场过程中积累了丰富的经验，建立了较为完善的法律制度，对我国天然气立法具有借鉴价值。

一、国外天然气立法模式

天然气法的立法模式可以从不同角度进行划分。从天然气与石油行业的关系角度，立法模式可以有针对天然气单独立法的，也有把天然气与石油行业混合在一起立法的。其中，以天然气单独立法为例，按照是否区分天然气的不同产业领域，当前世界上主要国家天然气领域的立法模式主要有三种：一是对不同专业领域分别立法。一般见于法制较完善、市场经济较成熟的美国、加拿大和英国等西方国家。如美国 1989 年《天然气井口价格解除管制法》。二是天然气上下游领域分开立法。这种模式的最大特点是天然气行业上游和下游领域一般各有一个基本法律。在日本，上游领域主要适用《石油天然气资源开发法》，规定石油天然气资源开采的批准程序等，下游领域主要适用《天然气公用事业法》。三是针对天然气全行业统一立法。这种模式的特点是整个天然气行业用一个基本法律，这个基本法律涵盖了勘探开发、炼油、运输、进出口和销售等所有领域。如印度尼西亚 2001 年的《石油天然气法》即采用这种模式。有学者认为，我国宜借鉴国外的第三种立法模式，即通过制定涵盖全行业的《石油天然气法》，设定石油天然气行业的基本运营规则。①

从立法技术的角度划分，目前，国外的天然气法律框架基本上有两种模式：一种是以英国、阿根廷等国为代表的"许可证模式"；另一种是以美国、加拿大等国为代表的"规则模式"。许可证模式的主要法律框架由三部分构成：一是规范监管机构成立、权力及其监管程序的法律；二是规范监管机构依法对从事天然气经营活动的企业颁发许可证的许可（或授权）规则；三是规范企业之间商业活动的合同。这种模式比较适用于天然气市场刚刚开放，政府监管及企业的商业运作均还缺乏经验的情况。

"规则模式"的法律框架主要由两部分组成，即由一级法律和二级合同为主要规制手段。根据一级法律成立监管机构并赋予其权力，规定监管程序，制定提供服务收费以及管道建设的原则，这种模式的监管机构有极大的自主权制定监管的具体规则，企业之间的商业活动则通过合同来约束。它要求整个社会对监管有高度的共识，政府有长期的监管经验，监管机构和企业都具有娴熟的签约技巧，比较适用于发达的市场经济体制国家。

我国天然气市场刚刚起步，政府监管及企业商业运作都还缺乏经验，我们认为可以采用两种模式相结合的法律框架模式，即在监管方法上采取许可证为主的方式，而在监管的决策程序上，则采取"规则模式"。②

二、国外天然气立法主要特点

美国、英国、加拿大等工业化国家，以及阿根廷、罗马尼亚、哈萨克斯坦、南非、玻利维亚等经济体制转型国家在天然气立法方面已有多年实践。这些国家尽管各国法律制定时期，与所处的国内环境各不相同，但都体现出一些共同的特点，值得我们借鉴。主要包括：

（一）鼓励市场竞争

各国的天然气法律规制都经历了从严格管制、放松管制到鼓励竞争的过程。美国和欧盟的天然气立法就是典型的例子。美国是世界上最大的天然气消费国，利用历史较长。规制从企业在城市的煤制气生产和配送专营权开始，逐渐扩大

① 叶荣泗：《中国能源法律体系研究》，中国电力出版社，2006，第174~175页。
② 卫德佳：《天然气立法的两个基本点》，《中国石油石化》（半月刊）2007年第22期，第42~43页。

到跨州管线的管输费率，美国联邦动力委员会（FPC）拥有发放州际管线进入某个市场许可证的权力，特别是 1954 年的菲利普斯决议，更赋予了 FPC 控制所有天然气井口价格的权力。直至 20 世纪 80 年代中期，美国天然气产业都处于垄断和严格规制之下，天然气交易途径单一，地方配气公司（LDC）只能通过管输商获取天然气，而 LDC 又是终端小用户获取天然气的唯一途径，因此，管输商的成本和 LDC 的成本最终可以转嫁给终端用户，交易过程中的垄断性价格歧视不可避免。另一方面，规制过低压制了天然气供应价格，生产商的成本难以补偿，供求失衡，致使 20 世纪 70 年代许多州出现严重的天然气短缺，同时期的石油危机更加剧了市场失衡。20 世纪 80 年代中期，美国政府开始对天然气产业的规制进行改革。1978 年《天然气政策法案》放松了对天然气井口价格的控制，允许气价部分放开，确定了整个天然气井口价格放开的基本框架。联邦能源规制委员会（FERC）于 1985 年颁布了第 436 号令、1992 年颁布了第 636 号令。436 号令鼓励管道公司将销售与服务职能分开，并向第三方开放，规定管道运营商可以按"先到先服务"的标准向第三方提供管输服务，所提供的服务必须遵照无歧视原则。欧洲国家的天然气法制也大都经历了从严格管制、放松管制到鼓励竞争的过程。1998 年前，大多数欧洲国家的天然气贸易和输配业务都具有垄断的特点。1998 年欧盟成员国一致通过并采纳了《天然气指令 98/30/EC》，通过引入"第三方准入"制度等方式来增强内部天然气市场的竞争。要求成员国应"以实现公平和开放的准入为目标，形成一个竞争的天然气市场，避免处于主导地位的企业滥用市场影响力"。2003 年欧盟通过了第二个天然气指令——《天然气指令 03/55/EC》，进一步提高了对天然气市场竞争的要求。竞争的法律制度扭转了天然气供需失衡的局面，提供了企业竞争能力、生产效率和经营收益，也为国家财政收入做出了突出贡献。[①]

（二）独立监管

独立监管是各国天然气立法实践中又一重要经验。天然气的管理部门与监管部门各自独立是欧美国家的普遍做法。以西班牙为例，该国产业部是石油天然气行业主管部门，而其监管部门为国家能源委员会。加拿大的天然气管理部门为自然资源部，天然气监管部门为国家能源委员会。后者虽然隶属于前者，但不受前者的行政领导，前者的各职能司局也不得干预后者的工作。[②]

---

① 沈陵：《国外天然气立法经验与借鉴》，《天然气技术》2007 年第 12 期。
② 李润生：《加拿大的能源监管机构——国家能源委员会》，《当代石油经济》2002 年第 2 期。

为了确保监管机构不受外来因素影响，各国天然气法律规定，监管部门的官员不得与任何天然气企业有任何直接或间接的从属关系，"不得直接或间接持有任何天然气企业的股份或与之有任何经济利益关系，不得在任何天然气企业任职"。根据一些国家天然气法的规定，监管部门的经费主要来自于监管服务收费，仅有小部分政府预算列支。经费独立也有利于监管独立。①

（三）逐步开放终端市场

天然气作为重要的能源关乎国家的经济安全。因此，国家对天然气的监管不能完全地放开，在天然气终端消费市场的监管方面，各国普遍采取了循序渐进地开放市场的策略。欧盟政策规定，各国可以选择先开放燃气发电厂等大型用户，再开放中型用户，最后开放家庭等小型用户。而最终的政策目标是建立开放的竞争性市场，即使是最小规模用户都有权利自主选择供应商。

我国应当借鉴国外天然气立法经验，将促进天然气市场竞争作为天然气立法的一项基本原则，循序渐进地建立具备竞争的天然气市场环境，并建立相对独立的监管体制作为天然气立法的重要内容。②

第三节　我国天然气法立法模式和法律框架

我国天然气市场刚刚起步，天然气立法应充分关注天然气供需失衡的严峻形势，清晰地界定我国的天然气发展战略，维护独立、公开、透明的监管原则。既要规范天然气国内市场，也要对天然气市场的对外开放进行规制，覆盖天然气从勘探开采到销售的全部环节。

一、天然气法的立法模式

目前，我国天然气立法需要解决的问题是，天然气与石油行业是单独进行各自的立法，还是两者联合进行立法制定一部单行的《石油天然气法》。这就涉及天然气立法模式的选择问题。如本书前面所述，国外对石油和天然气领域立法主要有三种模式：一是对不同专业领域分别立法，如美国、加拿大和英国等。

---

①② 沈陵：《国外天然气立法经验与借鉴》，《天然气技术》2007 年第 12 期。

二是上下游分开立法，如日本、韩国和印度等。三是全行业统一立法，如巴西、印度尼西亚和委内瑞拉等国就是采用这种模式。

有学者认为考虑到我国石油天然气行业混合经营的现状以及历来的大陆法系立法传统，为了追求这种内在法律精神的统一，促进石油天然气行业的协调发展，建议我国借鉴第三种模式，实行石油天然气统一立法。[1]这种模式的特点是，石油与天然气两个行业共同适用一个基本法律——《石油天然气法》，这个基本法律涵盖了石油与天然气的勘探开发、炼制、运输、进出口和销售等所有领域与环节。在国外，模式一般见于对石油天然气的依赖性较强、国家对油气两行业干预较多。通过制定涵盖全行业的《石油天然气法》，利于设定石油天然气行业的基本运营规则，对该领域内行业管理体制、上游业务和下游业务等做出统一的界定。其中，上游业务涉及石油天然气资源的矿权管理、投资准入、国内供应、安全环保义务等，下游业务涉及石油天然气行业的炼化、销售环节的经营准入资格管理、油品质量、经营行为及定价机制等。

在我国，天然气和石油这两个行业的上游领域应统一起来进行立法，而两者的下游领域分别进行立法。这是因为，我国一直把天然气和石油列为特殊矿产资源，和金属矿等其他矿产一起受《矿产资源法》及其有关配套法规的调整。从我国天然气储存的原始状态看，石油天然气伴生现象较多，因此，在油气上游领域比较适合油气一体化的立法模式。另外，天然气在我国一次性能源结构中所占比例极低，长期以来一直没有引起立法部门的重视。而天然气上下游领域生产经营的性质有很大差别，监管内容和手段也截然不同，因此，天然气立法的适用范围可确定为天然气的中、下游领域，即由净化厂出厂处开始，包括天然气的长距离运输、城市配气、储存以及销售等生产经营活动。再者，现行的法律法规基本上能够满足天然气上游领域目前生产经营的需要，如果综合现行的规范天然气下游领域的法规规章与政策，制定一部统一的对天然气中下游领域起作用的天然气法，也可以节省立法成本，提高立法效率。此外，应在法律中明确天然气是指以甲烷为主要成分的天然生成的气体，因此，也应包括煤层气以及其他非常规天然气。

我们可把统一规范天然气和石油这两个行业上游领域的立法文件称为《石油天然气法》，也可以称其为《石油天然气勘探和生产法》，如在日本，上游领

---

① 叶荣泗：《中国能源法律体系研究》，中国电力出版社，2006，第 183 页。

域主要适用《石油天然气资源开发法》，规定石油天然气资源开采的批准程序，推动勘探开发活动。还有 1994 年乌克兰《石油勘探、生产许可证法》、1991 年波兰《石油勘探和生产法》等也是如此。把石油、天然气行业下游领域分别进行立法的成果，称为《石油利用法》与《天然气利用法》，也可分别称为《石油供应法》与《天然气供应法》，并且明确其适用范围仅是行业的整个下游领域。2007 年 8 月 30 日由国家发展和改革委员会颁布实施的《天然气利用政策》，就是专门针对天然气下游领域的规范性政策文件，可以视为我国今后《天然气利用法》的雏形。

二、天然气法律框架体系

目前，我国迫切需要建立一个天然气的法律法规体系，为天然气工业发展提供一个清晰的法律表述并为天然气工业的运作设定基本规则。国际惯例表明，在天然气工业发达的国家中，在市场开发的初期阶段都制定了一个或数个天然气法规。

如前所述，根据天然气工业的特殊性，该天然气基本法主要包括天然气业务的中游和下游部分，整理归纳不同参与方的职能、权利和义务以及该工业的兼管原则，以此来减少利益冲突并为所有参与方提供一个公平竞争的环境，为短期天然气市场开发活动提供法律基础，如天然气合同协商和执行。应从国家电力法的制定中汲取教训，避免天然气法律中因没有足够的灵活度而无法适应市场中期和长期的变化。

从法律结构看，中国天然气法规应该以《中华人民共和国石油天然气基本法》为母法，继而形成层次分明的天然气法规体系。第一层次：《中华人民共和国天然气法》将国家对石油天然气管理的基本方针政策条文化、规范化，对石油天然气管理中的一些重大问题进行确认；第二层次：根据石油天然气基本法制定天然气管理的办法、条例，属于行业部门执行法规，现已制定如《石油及天然气勘查、开采、登记管理暂行办法》《中华人民共和国对外开采陆上石油资源条例》《石油天然气管道保护条例》等，还需要制定《油气田管理保护条例》《天然气商品量及市场管理办法》等；第三层次：根据石油天然气行业部门管理法规制定配套的各地方管理实施细则，属执行性地方管理法规文件。它对行业部门的法规做出具体实施规定和要求，从而保证国家法规的权威性、统一性，同时又具灵活性、可操作性。目前一些有石油天然气资源的省份急需制定地方《石油及天然气勘查、开采、登记管理暂行办法实施细则》等，以加强探矿、采矿权管理。[①]

三、天然气立法的主要内容

《天然气法》至少应包括以下内容：各级政府的职责，政府监管机构的组织、地位、权力、义务、财务、监管原则和运行机制等，天然气运输管理模式和运行机制，天然气生产企业、管道公司、配送公司、销售公司的地位、资格、权利和义务，天然气和管输费确定的原则和定价机制，管道建设及运营的审批、施工、维护、安全保障、第三方准入、容量买卖等，对外合作的模式及领域，消费者权益保护，HSE（健康安全环境），天然气进出口，违法处置等。

（一）天然气发展战略与政策[②]

天然气是战略性资源，是21世纪的重要能源。我国天然气储量及产量占世界的比例偏低，然而消耗量及进口量却高居全球前列，随着我国经济的高速发展，天然气供需失衡的形势将不断加剧，长此以往将有损于国家的经济安全。所以，我国的天然气法律法规应充分关注天然气供应的严峻态势，以法律清晰地界定我国的天然气发展战略，阐明国家对天然气行业发展的总体方针和政策，政府规制该行业的基本原则，特别是阐明该行业的市场开放政策。此外，还应阐明法律所采取的基本模式，并在法律规范内容上明确规定，要十分珍惜、集约地利用现有资源，充分利用现代科技手段提高天然气勘探和开采水平，努力提高天然气利用效率，这也是我国天然气法立法的主旨之一。

（二）天然气行业监管体制

天然气法应当阐明建立天然气监管机构的原则、性质、隶属关系、职能、组织结构（包括地方监管机构的组成、中央监管和地方监管职能的划分）及人员选配程序、经费来源、决策程序、所应遵循的监管原则和所采取的监管技术以及对监管机构的监管等。并且，阐明天然气下游领域监管政策与天然气上游领域和其他能源行业监管政策的关系。

独立监管是现代监管制度的一项重要原则，国外天然气法主要规定适用独立的监管体制，即要求政策的制定职能与监管职能相分离。这种结构分离的必

---

① 周志斌：《中国天然气经济发展问题研究》，石油工业出版社，2008，第285~286页。
② 黄振中、赵秋雁、谭柏平：《中国能源法学》，法律出版社，2009，第232~235页。

要性，并非指独立的监管机构不受政府政策的约束，而是指它能够独立地执行监管政策可不受利益相关方干扰。独立监管的意义在于：第一，便于归口管理，提高管理效率。第二，能够确保监管部门公正公平地执行监管政策，不受外来压力的干扰。天然气的管理部门与监管部门相互分立是欧美国家的普遍做法。在这些国家，无论是单独设立的还是隶属政策部门的监管机构都应具备充分的独立性。为了保持它的独立性，国家以立法的形式明确其职能及与其他行政机构的关系。为了确保监管机构不受任何外来因素的影响，各国天然气法律还对监管机构官员独立、公正地执行监管政策的条件做了规定，要求监管部门的官员，不得与任何天然气企业有任何直接或间接的从属关系。我国的天然气立法应该吸收国外这种监管体制的成熟经验。

（三）天然气从业主体资格

为了保障天然气行业稳健运营，我国的天然气立法应对天然气行业的从业主体做出合理限定，设置必要的准入条件。实际立法时，对于攸关国家能源安全大局的上游勘探开发、天然气管道投资建设、天然气商品的进出口贸易等业务，应限制外资进入，仅对国有经营单位及符合资质条件的民营企业开放，并须接受监管部门的全程监管；对于一般的下游业务，应规定天然气下游市场的准入条件和从事天然气下游业务的企业所应具备的资质，如加工炼制、配送销售、相关服务等，可允许国有、外资、民营等各类经营主体平等界入竞争，当然，这些经营主体在资质上亦须符合监管部门设定的具体要求，并在开业及经营过程中向监管部门报备登记。此外，天然气立法应确保所有有资质的市场参与者在非歧视原则下获得管道公开准入的权利，并制定天然气运输、配送企业应该遵守的行为规范。

（四）天然气勘探与开采

天然气立法应该规定勘探规划和生产开发规划。①应对天然气勘探与生产开发规划的编制机构、权限、依据和政策优惠措施做出规定，并纳入国民经济和社会发展规划。②应规定天然气资源勘探的登记和开采的审批。天然气法应对天然气勘探的区块登记制度，申请勘探天然气的条件、勘探权的取得、转让、勘探报告的审批和申请开采天然气的条件、开采权取得、转让等制度做出明确规定。③天然气法要对天然气的勘探范围、区域矿产综合评价、勘探资料的保护、保存和有偿使用等制度进行规范。④天然气立法应规定天然气生产的具体要求。应当规定采气的范围、用地、环保要求、工艺和设计要求制度、天然气生产许可证的申请与取得条件、生产许可证的监管制度、天然气生产中的保护性开采要求、生产要求、用地补偿、气井的关闭、报废、安全生产制度、劳动保护制度等。

（五）天然气输送和销售

这方面的内容包括输送天然气的条件、输送许可证的申请与取得、输送范围、输送生产许可证制度、安全生产、输送收费、天然气管道设施的范围、安全保护、监管机构、法律地位、管道企业的权利义务、用地权、管道路由权处理的基本原则等。

在天然气销售方面，天然气法应规定生产企业的销售权、设立天然气销售企业的条件、天然气销售许可证制度、销售范围、安全生产、依法经营、商品气分配管理体制、商品气计划的制订和实施、供气质量规定、环保、计量、供气价格、供用气合同和城市燃气管理等。

此外，天然气长距离运输管道和城市配气管网的建设投资巨大，具有较强的规模经济的特点，新设施的建设只有在已有设施的能力已经充分利用的情况下才能被允许。因此，天然气法需要对天然气下游开发和城市配气管网建设规定适当的条件。

（六）天然气企业的社会责任

在市场经济条件下，经过行政程序许可准入运营的天然气企业，其首要的身份系营利性组织。然而，作为经营领域关乎国家经济安全的天然气企业，应意识到自身是个"社会人"，而非仅以利润最大化为目标的"经济人"，必须尽到与其角色相匹配的社会责任。为此，在我国天然气立法时，应对此做出规定。结合天然气企业的特性，应着重规定如下两项内容：一是规定天然气企业对用户负有安全、稳定地提供各类天然气产品的义务，禁止其利用垄断优势及国际市场波动，擅自哄抬天然气价格或囤货减少供应，从而引发社会恐慌，损害社会经济之稳定运行；二是规定天然气企业的环境保护义务，要求其依法进行环境影响评价，广泛推行可持续生产方式，充分利用科技手段和管理手段进行节能减排，努力提升资源综合利用率。

（七）天然气储备

在21世纪，能源安全是国家安全的重要基础。能源安全涉及众多方面，但尤为重要的一环是油气安全。为了防范突发风险，确保在非常时期天然气的应急供应，必须建立起国家天然气储备制度。相应地，立法上亦应对之做出明确规定。因此，我国天然气法应对天然气储备规定如下内容：储备的监管主体和实施主体、天然气企业的储备义务、储备的量化指标、储备资金的归集、储备的动用及应急机制、与其他国家和国际组织在储备方面的合作等。

（八）对外天然气合作

在对外天然气合作方面，天然气立法要规定对外天然气合作的法律运用、保护外国投资规定、征收规定、合作规划的规定、中方合作企业的条件规定、对外合作合同的签订和审批、合作前的勘探活动的处理、合作开采应遵循的原则、纳税义务、进口设备的优惠等。此外，外国企业的投资回报、利润处理、外汇处理、向中方企业提供资料、投资期满后的资产归属、天然气作业制度、土地使用、作业资料权属和争议解决制度等也应加以规定。

海外油气投资开发在我国21世纪能源安全战略中具有重要地位，我国天然气法还有必要对之加以规范调整。国家对天然气海外投资开发的政策取向、天然气海外投资的监管体制、对国内的供应义务、保障本国能源安全、国家的扶持措施、对外天然气合作等内容，都应当做出明确的法律规定。[1]

（九）法律责任

为了确保天然气法真正得到遵守执行，应对相应的法律责任做出详细规定。具体来说，该部分规定了从天然气的勘探、生产、输送、销售、对外合作至管道设施保护中各种违法行为的法律责任和追究机构，规定天然气经营者不服处罚的救济制度和天然气勘探、开采争议的裁决制度，为天然气法的实施提供法律保障。针对违反天然气法律法规的行为的性质和严重程度，分别规定民事法律责任、行政法律责任和刑事法律责任。

---

[1] 卫德佳：《天然气立法的两个基本点》，《中国石油石化》2007年第22期，第42页。

第十章 煤炭法律制度

煤炭行业是我国重要的基础产业，煤炭产业的可持续发展关系到国民经济健康发展和国家能源安全。煤炭能源立法，具有特殊的重要性。本章结合我国煤炭能源立法存在的问题，通过学习借鉴国外先进的煤炭能源立法模式、立法经验，整合出《煤炭法》修订的法律框架和主要制度。

第一节 煤炭法概述

煤炭是我国的主体能源，煤炭工业是关系能源安全和国民经济命脉的重要基础产业。因此，国家一直非常重视煤炭能源立法。目前我国已经初步形成了法律、行政法规规章、地方性规章等在内的比较系统的煤炭能源法律体系。

一、煤炭能源及产业

煤炭是古代植物埋藏在地下经历了复杂的生物化学和物理化学变化逐渐形成的固体可燃性矿物。煤炭被人们誉为黑色的金子，工业的食粮，它是自18世纪以来人类使用的主要能源之一。

煤炭是世界上储量最丰富的化石燃料，煤炭能源的供需状况直接影响着世界经济结构变化以及社会民生。目前世界煤炭储量估计为1083Gt，按目前的煤炭消费水平来计算，足以可供开采200多年。但由于世界煤炭能源时空分布的不均一性及各国对于煤炭消费比重的不同，从而引起煤炭能源供需形势的变化与供需矛盾，直接影响了各国经济战略的发展。全球煤炭人均拥有探明剩余储量约为162t。俄罗斯、美国和德国具有高于世界4~6倍的人均资源拥有水平。而储量排名世界第三的中国人均储量为145t，低于世界平均水平。印度煤炭储量居世界第四，但人均储量仅相当于世界人均的74%。此外，世界煤炭的产量增长缓慢以及煤炭能源在化石能源中的比重失衡，即全球化石能源储量结构与生产消费结构不匹配，产量和消费量与储量倒置等也是影响世界煤炭行业供需平衡的问题。[①]

我国煤炭产量持续增长，科技进步步伐加快，投资趋于多元化，大型煤炭基地建设取得阶段性成果，安全基础工作得到加强，资源综合利用取得进展。煤炭是我国的主体能源，是国民经济发展的基础产业，中国煤炭能否满足经济增长和社会进步的需要，能否走出一条具有中国特色的煤炭产业可持续发展之路，在一定程度上取决于国家的煤炭产业政策。《煤炭工业发展"十二五"规划》指出"煤炭是我国的主体能源，煤炭工业是关系能源安全和国民经济命脉的重要基础产业"。"十二五"主要目标是到 2015 年生产能力达 41 亿 t/a，形成 10 个亿吨级、10 个 5000 万吨级大型煤炭企业。同时要推进煤炭企业兼并重组，发展大型企业集团；有序建设大型煤炭基地，保障煤炭稳定供应；建设大型现代化煤矿，提升小煤矿办矿水平。国家能源局下发的《关于做好 2012 年煤炭行业淘汰落后产能工作的通知》，全年计划淘汰落后煤矿 625 处，淘汰落后产能 2347 万 t/a。与 2011 年的淘汰计划相比，落后煤矿淘汰增幅达 104%，落后产能增幅接近 50%。在整个"十二五"时期，煤炭工业以转变发展方式为主线，重点做好转变发展方式工作，发展大企业大集团。[②]《国家能源发展战略规划纲要》进一步明确提出我国的能源发展格局是"以煤炭为主体，以电力为中心"，将煤炭列入国家能源规划的重要位置。煤炭是确保中国未来 20 年经济可持续增长的战略资源，其经济价值将在未来稳步提高。煤炭产业发展政策是国家为实现经济发展目标和资源有效配置而制定的规划、干预和引导煤炭产业科学、健康、可持续发展的总体经济政策。

二、我国煤炭能源立法概况

煤炭法是调整开发、利用和保护煤炭能源，规范煤炭生产和经营活动，促进和保障煤炭行业发展的法律规范的总称。煤炭能源立法，具有特殊的重要性。一是煤炭工业在国民经济中的重要基础地位，能否健康有序地发展，事关国计民生的全局，事关国家的发展，事关社会的稳定。二是煤炭工业面临一些特殊的、重大的法律问题，亟待立法。煤炭行业有鲜明的特殊性，具有特有的发展

---

① 许莉：《世界煤炭资源供需形势分析》，《中国煤炭地质》2012 年第 6 期。
② 《我国煤炭工业"十二五"发展规划》，《煤炭科技》2012 年第 2 期。

规律，非常需要国家通过煤炭能源立法，对煤炭工业中的重大问题进行法律规范，用法律手段调节各方面的关系，规范行为。① 三是从产业链角度来看，作为我国的主体能源，煤炭法律不仅涉及煤炭行业，更与煤炭行业有着密切的利益关系，不仅涉及电力、冶金等高耗能行业的利益，也关系到以煤炭为原材料的化肥行业和以煤炭为主要工作对象的运输行业等。

我国已经颁发了多部与煤炭相关的法律、规章以及其他规范性文件，早在1951 年就由当时的政务院颁布了《矿业暂行条例》，该条例由整理旧矿区、探采新矿区、探矿及采矿人之责任、附则等五章共 34 条组成。1956 年年底国务院针对矿产资源保护专门制定了《矿产资源保护试行条例》，该条例由总则，地质勘探、矿山设计，矿山开采、选矿、冶炼、矿产加工和使用，地下水资源管理，其他等七章组成。与《矿业暂行条例》相比较，该条例有明显的进步。如最大限度地提高资源回采率等，但它同时也有许多不足：未明确矿产资源的国家所有权，弱化了对破坏或损坏矿产资源责任人的处罚力度等。② 20 世纪 80 年代以后，我国在大力开展矿产资源勘查，积极发展矿业以满足国民经济发展需要的同时，也十分重视矿产资源开发利用的监管和环境污染的治理等工作。1982 年，国务院发布了《关于发展煤炭洗选加工合理利用资源的指令》，并于1985 年转批了《关于开展资源综合利用若干问题的暂行规定》。为了实施有偿开采，国务院于 1984 年发布了《资源税条例（草案）》。同年，财政部也颁布了《资源税若干问题的规定》。③ 1986 年，我国颁布了《矿产资源法》，这是我国矿产资源立法的一个重要里程碑，国务院 1987 年颁布了《矿产资源勘查登记管理办法》《矿产资源监督管理暂行办法》，1994 年颁布了《矿产资源法细则》《矿产资源补偿费征收管理规定》《煤炭生产许可证管理办法》《乡镇煤矿管理条例》等，为国家矿产资源所有权的实现和矿业权的合理行使，以及煤炭业监督管理制度提供了法律根据，首开了煤炭开发、生产、管理法制化的先河。1996 年，为了适应矿业市场经济体制的变革，我国对《矿产资源法》做出了修改。在此基础上，根据我国经济和社会发展的需要，由煤炭部主持起草并于1996 年 8 月 29 日经第八届全国人大常委会第二十一次会议通过了《煤炭法》，

---

① 吴晓煜：《〈煤炭法〉立法目的和主要法律制度》，《煤炭经济研究》1996 年 11 期。
② 傅英主编《中国矿业法制史》，中国大地出版社，2001，第 61~62 页。
③ 李显冬主编《中国矿业立法研究》，中国人民公安大学出版社，2006，第 10 页。

该法的颁布实施，是我国煤炭行业发展走上规范化、法制化轨道的一个重要里程碑。该法实施以来，对完善我国煤炭法律法规体系，合理开发利用和保护煤炭能源，规范煤炭生产、经营活动，促进和保障煤炭行业的发展发挥了重要和积极的作用。该法于 2009 年 8 月 27 日第十一届全国人民代表大会常务委员会第十次会议《关于修改部分法律的决定》第一次修正，2011 年 4 月 22 日第十一届全国人民代表大会常务委员会第二十次会议《关于修改〈中华人民共和国煤炭法〉的决定》第二次修正，2013 年 6 月 29 日，第十二届全国人民代表大会常务委员会第三次会议决定，对《中华人民共和国煤炭法》第三次修正。可以说，目前我国已经初步形成了法律、行政法规规章、地方性规章等在内的比较系统的煤炭能源法律体系。煤炭法规按照煤炭行业管理可划分为煤炭规划、煤炭能源、煤炭建设、煤炭生产、煤炭安全、煤炭经营、煤层气、煤炭综合利用、煤矿矿区和环境保护、煤炭从业人员及其他 11 大类。当前，我国关于煤炭资源管理的立法体系主要由以下六个方面构成：[①]

（一）宪法

我国的现行宪法对煤炭资源只是做了原则性的规定，具有高度的概括性。但对下位法的制定有很强的指导和框架作用，具体包括第 9 条的煤炭资源权属规定和第 26 条的环境保护的规定。

（二）法律

煤炭资源管理的法律主要是指 1986 年实施的《中华人民共和国矿产资源法》和 1996 年实施的《煤炭法》，专门用来调整与煤炭资源管理相关的社会经济关系。

（三）行政法规和部门规章

我国煤炭资源的保护和开发利用主要依赖大量的煤炭行政法规和行政规章进行调整。目前国务院及其所属的国家行政部门已制定了许多有关管理和保护煤炭资源，防治生态环境污染和破坏以及确保煤矿安全生产的行政法规和部门规章。比如《矿产资源法实施细则》《煤炭生产许可证管理办法》《煤矿安全监察条例》等。

（四）地方性法规和地方政府规章

由于我国煤炭资源分布的广泛性和资源品质的差异性，大量的煤炭资源法律关系需要地方性煤炭资源法规来进行调整。各省（自治区、直辖市）人大常

---

① 江柄成：《论中国煤炭资源管理的立法完善》，《中国矿业》2011 年第 4 期。

委会，各省（区、市）人民政府结合本地实际情况，制定了有关煤炭资源的管理办法。这些地方性法规和规章的出台，对加强本地区矿产资源管理发挥了重要作用。

（五）涉及煤炭资源管理的其他规范性文件，主要是指国务院部委的通知、指示、批复和煤炭资源法律解释

（六）煤炭标准

煤炭标准是煤炭资源立法体系中的一个特殊的组成部分。在我国煤炭方面的标准，主要有国家标准、行业标准和地方标准之分，例如《中国煤炭分类及评价方法》《煤矿企业建设与生产基本标准》《煤矿企业工程建设标准》《煤矿企业生产操作技术标准》《煤矿安全规程》《煤炭工业污染物排放标准》等。

三、《煤炭法》2013 年修正亮点

我国现行的《煤炭法》是 1996 年 12 月 1 日开始施行的，2011 年曾做过一次小幅修改，2013 年 6 月 29 日，第十二届全国人大常务委员会第三次会议决定对现行《煤炭法》做出修改，对 81 条规定中的 19 条进行了删去、合并、修改等处理，改动幅度较大。在此次《煤炭法》修改之前，煤炭生产企业想要正常生产需要取得采矿许可证、安全生产许可证、煤炭生产许可证、营业执照、矿长资格证、矿长安全资格证 6 个证件。修正后的《煤炭法》2013 年将原《煤炭法》第三章煤炭生产与煤矿安全第 22 条修改为："煤矿投入生产前，煤矿企业应当依照有关安全生产的法律、行政法规的规定取得安全生产许可证。未取得安全生产许可证的，不得从事煤炭生产。"将"未取得煤炭生产许可证不得从事煤炭生产"改为"未取得安全生产许可证不得从事煤炭生产"，取消了煤炭生产许可证和煤炭经营许可证，这成为本次修正的最大亮点。

取消煤炭生产许可证和煤炭经营许可证，这一重大举措不仅简化了行政审批事项和过程，为煤炭市场化进一步松绑，同时也是政府行业管理走向科学化的重要标志。《煤炭法》设立煤炭生产许可证和煤炭经营许可证的初衷是为了维护煤炭生产、经营秩序，但由于审批环节较为复杂，且容易形成权力寻租空间，在实际操作中一定程度上增加了煤炭生产经营企业的负担。取消煤炭生产许可证可以减少企业的人力和财务成本，取消经营许可证的意义则更大，降低煤炭经营的行政门槛，只要是有能力、有条件的企业，均可从事煤炭经营，有助于更多的资本进入煤炭经营领域，对活跃市场、推进我国煤炭市场化进程具

有积极意义。

四、现行《煤炭法》存在的不足

(一) 没有对矿业权设置和转让做出明确规定

西方的现代矿业权概念正式产生于 1870 年左右，伴随着 19 世纪资本主义工业的发展得以成长并不断完善。我国的矿业权制度最早体现在 1986 年 3 月 19 日公布的《矿产资源法》中，该法第 3 条规定："开采矿产资源，必须依法取得采矿权"；1986 年 4 月 12 日公布的《民法通则》中第 81 条第 2 款规定："国家所有的矿藏，可以依法由全民所有制单位和集体所有制单位开采，也可以依法由公民采挖，国家保护合法的采矿权"，第一次明确了我国采矿权的主体和财产属性。改革开放之前，我国禁止矿业权转让、出租和抵押，随着我国社会主义由计划经济向市场经济转轨步伐的加快，1996 年对《矿产资源法》做了修改，该法第 5 条第 1 款规定："国家实行探矿权、采矿权有偿取得的制度"，第 6 条规定："探矿权人在完成规定的最低勘查投入后，经依法批准，可以将探矿权转让给他人。"其后陆续发布了配套法规，如《矿产资源勘察区块登记管理办法》 (1998 年)、《矿产资源开采登记管理办法》 (1998 年)、《探矿权采矿权转让管理办法》 (1998 年)、《探矿权采矿权评估管理暂行办法》 (1999 年)、《探矿权采矿权使用费和价款管理办法》 (1999 年)、《探矿权采矿权使用费减免办法》 (2000 年)、《探矿权采矿权评估资格管理暂行办法》 (2000 年)、《探矿权采矿权招标拍卖挂牌管理办法 (施行)》 (2003 年)、《探矿权采矿权价款转增国家资本管理办法》 (2004 年) 等，初步建立了矿业权法律制度，从法律上肯定矿业权流转的合法性，对治理整顿矿业秩序发挥了重要作用。

但是目前的立法规定只是考虑到矿产资源的共性，没有考虑煤炭能源的特性，现行《煤炭法》缺乏相关规定，导致煤炭能源矿业权设置和转让极不合理，不利于实现我国煤炭能源生产开发的规模化、集约化经营，导致许多大型矿床被化整为零、分割勘查开采，一些企业甚至炒卖探矿权和采矿权。例如神华集团在陕西省原有一片远景规划区，当年矿产资源权被下放到各省时，被以 1500 万元的价格将这个远景规划区的矿产资源权卖给了一个个体户，后来在神华想购买资源开采权的时候，这名个体户竟然开出了两亿的天价。这严重影响了国家煤炭勘查开发规划的实施，造成严重的资源浪费和破坏。

（二）没有确立煤炭能源有偿使用制度

煤炭属于不可再生的高耗竭性矿产资源，几乎所有的国家都明确规定煤炭能源的有偿使用原则。我国《矿产资源法》第5条明确规定："国家实行探矿权、采矿权有偿取得的制度，开采矿产资源，必须按照国家有关规定缴纳资源税和资源补偿费"。《矿产资源开采登记管理办法》第9条也规定："国家实行采矿权有偿取得的制度"。《物权法》进一步确认了资源有偿使用制度，界定了所有权人和用益物权人的关系，以及征收和征用的补偿，确立了资源有偿使用制度。

但是，我国现行《煤炭法》并未规定该原则，在煤炭能源管理领域也并没有真正确立煤炭能源有偿取得制度，由于探矿权和采矿权是低偿或无偿取得的，探矿权人、采矿权人不珍惜已经取得的权力和利益，在勘探时漫不经心，甚至圈而不探或者以采代探，而采矿人则经常"采富弃贫""采肥丢瘦"，造成能源的巨大浪费。为贯彻煤炭能源有偿使用原则，各国都通过立法合理设定煤炭能源税费制度，但我国现实中征收的资源税、矿产资源补偿费、探矿权使用费和采矿权使用费极不合理，缺乏激励机制，矿产资源税和矿产资源补偿费这两种费用的征收都是以销售数量或销售收入作为计税和收费依据，不能真实反映煤炭作为矿产资源本身的价值，不利于提高资源回收率，也不利于促进资源的有效利用，很容易导致资源开采的浪费。

（三）对煤炭勘查规划缺乏具体要求

尽管《矿产资源法》对矿产资源勘查做了规定，但煤炭勘查有其特殊性，现行《煤炭法》涉及规划的内容共有5条，包括第一章"总则"的第4条、第二章"煤炭生产开发规划和煤矿建设"的第14条、第15条、第16条和第17条，涉及的规划种类包括煤炭能源勘查规划和煤炭生产开发规划。"目前与煤炭有关的规划主要包括煤炭工业发展规划、煤炭能源勘查规划（同矿业权设置有密切联系）、煤炭生产开发规划、矿区总体规划。通常所说的煤炭能源勘查开发规划，其外延包括煤炭能源勘查规划、煤炭生产开发规划、矿区总体规划和矿业权探矿权、采矿权设置方案。煤炭工业发展规划虽在各规划中占有极为重要的地位，但在立法中没有体现出来"。此外，这些规定太原则，可操作性不强，特别是缺乏对违反规划法律责任和制裁措施的规定，导致现有勘查和生产开发规划形同虚设，造成当前我国煤炭勘查体制不合理、煤炭能源勘查程度低，特别是精查程度低等问题，给统筹规划、合理布局、合理开发煤炭能源的工作带来很大障碍，加大了开发成本，甚至造成资源的严重破坏和浪费。

（四）煤矿安全生产责任制没有具体落实

我国煤炭安全事故频繁爆发，矿难的发生造成了大量矿工的丧生，煤矿事故的死亡率远超出了世界平均水平。严峻的安全生产状况不仅严重威胁着人民群众生命安全和健康，也影响到社会和谐及国际形象。《煤炭法》要对煤矿安全生产责任制的规定进行完善，同时增加安全生产投入资金保障、煤矿安全生产监督管理与企业生产经营之间的关系等有关条款，增加煤矿矿用产品安全标志管理和行业认证制度、安全生产质量标准化建设规定、煤矿安全事故隐患防治内容及煤矿事故应急救援制度。

（五）煤炭管理体制没有理顺

随着我国行政管理体制和经济社会的改革与发展，《煤炭法》的执行行政主体和《煤炭法》的调整对象发生了较大变化。根据《煤炭法》第12条规定："国务院煤炭管理部门依法负责全国煤炭行业的监督管理。国务院有关部门在各自的职责范围内负责煤炭行业的监督管理。县级以上地方人民政府煤炭管理部门和有关部门依法负责本行政区域内煤炭行业的监督管理"。1998年政府机构改革中煤炭部被撤销，组建了国家煤炭工业局，隶属国家经贸委。2000年组建国家煤矿安全监察局。2003年组建了国家发展和改革委员会，承担除资源、安全生产以外的煤炭行业管理职能，是中央层面的煤炭行业管理部门。2013年，设立国家能源局（副部级），为国家发展和改革委员会管理的国家局。目前呈现"九龙治煤"的局面，我国现行的煤炭行业管理职能主要集中在国家发展和改革委员会、能源局、国家环保部、商务部、财政部等多个部委和煤炭行业协会。由于行业管理弱化，改由多个专业管理部门的多头分散执法，各专业执法管理部门在证照管理和监督执法等方面统筹协调不够，出现了越位与缺位并存等问题。

第二节　国外煤炭能源立法概况和经验

基于煤炭和煤炭业在能源和能源产业中的重要地位，虽然各国和各地区煤炭立法采取的法律形式不同，但都对煤炭能源的开发、利用和保护做出了立法方面的制度安排。本节具体介绍了美国、英国、澳大利亚、加拿大、俄罗斯、南非国家和地区的煤炭能源立法概况，从而归纳总结出煤炭能源产权制度、煤炭能源有偿使用制度、煤炭矿区环境保护制度、煤炭生产安全法律制度、煤炭能源的行政管理体制等方面宝贵的立法经验。

一、国外煤炭能源立法主要模式

纵观国外煤炭能源立法，有的国家在矿业法中就矿业权在煤炭中的实现做出特别规定，如法国《矿业法》第二编第一章对固体矿物燃料的国家开采做出特别规定。有的国家以单行法律对煤炭行业做出专门规定，如澳大利亚1946年《煤炭工业法》对煤炭业管理机关及其权利、投资、劳务等做出了规定。日本1968年《煤炭矿业合理化临时措施法》，韩国1986年《煤炭产业法》对煤炭合理开发、煤炭及煤炭加工制品的工序调整、煤炭产业的职员和指导监督合作做出了规范。①总体而言，以单行法律对煤炭行业做出专门规定的国家居多，而且，在该种模式中，突出的特点是对煤炭行业的环境保护、安全生产等重要问题分别做出特别规定。如日本《煤矿安全法》，美国《联邦煤矿租赁修正法》《露天开采控制与复田法》等。

二、国外煤炭能源立法概况

（一）美国煤炭能源立法概况

美国是世界上煤炭生产和消费大国之一，煤炭能源管理战略规划、管理体制、运行机制等相对完善并依法运行，美国规范煤炭活动的法律体系包括三个层次，即法律、法规、政令，每一层次都包括直接规范和间接规范煤炭业活动的法律法规。

1920年，美国出台了《矿产租赁法》，把包括煤炭在内的一些高价值矿产分离出来，采用租赁方式授予矿权，该法颁布后，曾经历40多次修改，是煤炭能源勘查开采的核心立法，其中1976年《联邦煤炭租赁法修正案》主要是对涉及煤炭的内容进行了重大修改，目的是抑制煤炭租约的投机行为。1976年《联邦土地政策和管理法》确定了美国公共土地政策、土地管理局管理联邦土地时的管理指南、土地利用规划等内容。

20世纪70年代以来，随着采煤活动的日益活跃，造成的环境污染问题引

---

① 肖乾刚、肖国兴编著《能源法》，法律出版社，1996，第153页。

起人们的关注，要求控制煤炭开采、保护环境的呼声日益高涨，美国出台《露天采矿控制复垦法》《原生态环境保护法》《废弃矿山复垦法》《空气清洁法》等对煤炭能源的开发利用从环保方面做出了专门规定。围绕煤矿安全与卫生生产，美国先后制定了 10 多部法律，最早制定的煤炭安全法律是 1952 年的《煤矿安全法》。1968 年康苏尔发生了瓦斯爆炸，促使联邦政府于 1969 年颁布了《矿山卫生与安全法》，确定了严格的安全卫生标准，1977 年再次修改。该法对所有采矿活动都规定了综合健康安全标准。另外，作为 1969 年和 1977 年矿山健康和安全法一个组成部分的《黑肺利益改革法》，要求为患黑肺病和死于黑肺病的煤炭工人支付福利。美国关于影响雇员健康安全的其他法律还包括《职业安全和健康法》（州层次上也有类似法律）、《煤炭业退休者健康利益法》及《美国矿山工人联合利益基金》等。

2005 年《能源政策法》放宽了煤炭勘查开发条件，涉及需要修改煤炭租约方面的法律主要包括第 432 条（煤炭租约面积限制）、第 433 条（煤炭租约合理采矿）、第 434 条（煤炭租约预付权利金）、第 435 条（提交煤炭租约经营和复垦计划）、第 436 条（煤炭租约保证金要求）、第 437 条（煤炭租约库存）等条款。除联邦法律、行政法规以及裁定令外，为履行管理职能，美国内政部还制定了一系列的标准、指南、操作手册等。目前，内政部土地管理局有效的指南有 86 项，38 个手册，同煤炭能源管理有关的有《土地利用规划指南》和手册，手册长达 161 页，对规划过程、方法、数据的取得和处理、人员分工、协作等进行了详细规定。①

（二）英国煤炭能源立法概况

英国煤炭开采历史悠久，尤其是建立了比较完善的垂直管理的煤矿安全监察体制，对世界许多国家的煤炭行业健康发展均产生了积极的影响，印度、南非等英联邦国家及许多欧盟成员国，在改善煤矿安全状况过程中都不同程度地借鉴了英国的经验，并取得了明显的成效。

英国 1974 年颁发了针对所有行业的《职业健康与安全法》，随着技术的发展，安全生产法律、法规不断完善。近 50 年来，先后颁布的矿上健康与安全各项法令主要有《煤矿健康与安全管理规定》《重大伤害、疾病及危险事故报告规程》等，这些法律规定对企业的安全管理行为起到了有力的约束和制约作用，

---

① 陈丽萍：《美国煤炭资源立法概览》，《国土资源情报》2007 年第 4 期。

保障了矿工参与矿山企业安全管理的权利，对改善煤矿安全状况起到了积极的作用。

根据《职业健康与安全法》，成立了两个安全监察机构，一个是健康与安全委员会，另一个是健康与安全执行委员会。前者的主要职能是为政府提供安全政策建议和信息，并提供技术咨询；制定修改安全法律、法规的细则；受政府委托对重大事故进行调查和分析。后者主要职能是审批安全法律、法规，由议会审批颁布；贯彻、落实并实施健康与安全的法令，强制企业实施；对危险行业审批颁发许可证；对企业重大危险区域进行安全评估；实施事故调查等。矿山安全执法主要由健康与安全执行委员会进行，即贯彻落实并实施健康与安全法令，强制企业实施。矿山安全监察人员要求条件严格，并且通过严格的考试才能被录用，录用后还要定期培训。英国颁布了一系列关于矿山健康与安全的各项法令，数目已达到53件，主要包括《职业健康与安全法》《煤矿健康与安全管理规定》《重大伤害、疾病及危险事故报告规程》等。这些法律的规定对企业的安全管理行为起到了有力的约束引导作用，也为煤矿监察执法提供法律依据。[①]

（三）澳大利亚煤炭能源立法概况

澳大利亚煤炭能源丰富，是煤炭的生产大国但是消费量却不多，是重要的煤炭出口国。澳大利亚对煤炭行业的管理为很多国家所借鉴，它实行的是联邦政府和州政府两级政府调控，煤炭企业自主经营的体制模式。

澳大利亚为了加强对煤炭及其他能源、矿业的调控管理，设立了初级产业能源部，初级产业能源部下设煤炭与矿业司来加强对煤炭产业的管理。初级产业能源部的职权主要是：代表政府在宪法及法律规定的范围内行使管理职权，侧重于宏观调控，不涉及企业生产经营活动。重点是运用税率和银行存贷款利率等经济手段来调控经济，进而影响企业，同时协助企业对国外联络出口及监督企业环保等。具体职权包括四个方面：一是煤炭出口管制；二是税收政策；三是环境保护；四是管理支付给州政府的专项基础设施建设资金。澳大利亚的煤炭生产主要集中在新南威尔士州和昆士兰州，两个州均设置了矿产资源部。按照宪法的规定，土地及煤炭能源属州政府所有，州政府要制定各行业的法规，并由相应的单位执行。州政府主要管理以下几个方面的事情：一是土地的使用，

---

① 窦永山、王万生：《英国的煤矿安全检查体系》，《当代矿工》2002年第4期。

公布勘探、采矿租借权和矿区使用费；二是为煤矿提供基础设施，确定使用这些设施的费用；三是制定颁布矿井规程、劳工法和安全规则等；四是环境保护管理；五是税收。作为州政府的煤炭管理部门的主要职责是，负责煤炭开采计划的审查批准；提供生活服务；组织建设相关基础建设。具体内容：根据煤炭储量分布规划开采区域；负责办理勘探许可证、开发和开采许可证；进行有关数据的统计，为州政府和煤炭公司提供咨询服务；管理煤矿雇员培训计划；负责保险医疗，建立若干保险医疗中心，为煤矿职员提供工伤救护及疾病医疗；为煤矿建设铁路、港口等基础设施。①

（四）加拿大煤炭能源立法概况

加拿大的煤炭立法权主要由各省行使，但联邦在调整煤炭出口、煤炭开发利用中的环境保护以及各省间煤炭的销售、运输平衡等方面享有立法权和管理权。各省主要负责煤炭开发利用和保护及环保复垦方面的立法，如不列颠哥伦比亚省 1989 年制定的《矿山法》《矿产保有法》《矿业权法》，1990 年的《矿山健康、安全与复垦法典》《矿山开发评估法》《环境评估法》以及专门调整煤炭能源开发利用的《煤炭法》及其实施条例。②

（五）俄罗斯煤炭能源立法概况

俄罗斯是世界主要的产煤大国之一，为有效合理开采煤炭能源，俄罗斯在煤炭能源管理上采用勘探许可证和采矿许可证制度。根据国家矿物资源中关于矿产资源开发者必须按照国家有关规定办理采矿许可证的制度，矿物勘探许可证有效期为 5 年，采矿许可证为 20 年，许可证到期后，持有许可证者可申请更新许可证，采矿许可证采用拍卖和招标两种途径发放。拍卖通常用于小型矿产资源，在拍卖中，买主是为获取矿物资源开采权而提出最高报价的投标人。在招标中，投标者必须满足经营和支付条件以及其他条件，并提出最佳的技术与环境方案。标书由俄罗斯矿物委员会和地方政府共同制定的专家委员会负责审定。③

（六）南非煤炭能源立法概况

南非矿产资源丰富，采矿业是南非经济的支柱产业，采矿技术和设备都非常先进，煤炭矿业立法也比较全面和系统，对煤炭矿业从勘探、开采、加工、

---

① 潘伟尔：《我国能源管理体制探讨》，《经济研究参考》2002 年第 8 期。

② 侯玉新：《我国煤炭资源法制研究——从执法视角论煤炭资源法治》，硕士学位论文，东北林业大学，2005。

② 仇建农：《关于加强基层地矿部门行政执法工作的思考》，《资源产业》2001 年第 3 期。

利用到土地复垦等各方面均有规定，主要有 1956 年《矿山与工程法》、1967 年《采矿租赁登记法》《矿业权法》、1977 年《中部能源基金法》、1985 年《煤炭资源法》、1987 年《能源法》、1989 年《矿业法》和 1991 年《矿产资源法》等。[①]

三、国外煤炭能源立法的经验

上述各国煤炭能源法律制度内容丰富，尤其是煤炭能源国家所有制度、资源有偿使用制度、矿区环境保护制度和安全生产责任制度比较完善。

（一）煤炭能源产权制度

煤炭能源所有权制度是一国煤炭能源立法的基础。各国煤炭立法之间的基本区别在于煤炭能源所有权和土地所有权是合为一体还是两相分离，发展的趋势是明显朝两相分离的方向前进。英美等国家从法律传统上保持着土地所有权与矿产资源所有权合一的原则，大陆法系国家如德国、法国等为代表的大多数国家，则实行土地所有权与矿产资源分离的制度。1865 年普鲁士矿业法规《普通采矿法规》较早地确立了土地所有权与矿产资源所有权相分离的制度。《德国矿业法》将矿产资源分为国有矿产资源，即归国家主权所有，由国家授权利用的矿物资源；私有矿产资源，即归私人土地所有者所拥有的矿物资源，并严格区分土地资源所有权与矿产资源所有权的界限，规定"不允许将土地所有权与矿山所有权相结合，也不允许将矿山所有权作为土地所有权的一个组成部分或者把土地所有权作为矿山所有权的一个组成部分登记在土地登记簿中"。在煤炭能源所有权制度基础上，国外矿业权一般被认定为物权和视为物权，如《日本矿业法》规定，"矿业权应视为物权。除了本法律有关条文已做的规定外，有关不动产的规定，均可适用于矿业权。"同时，大多数国家的法律制度准许矿业权有条件地进行转让，如德国《矿业法》规定，只要主管部门同意，允许将矿业权转让给第三者。

（二）煤炭能源有偿使用制度

世界上大多数国家都规定，矿产资源属于国家所有，开采矿产资源必须向国家缴纳一定的税费，当然各国有关矿业税费的法律规定，包括税费名称、种类、计算方法等各有特色。如美国煤炭公司需要缴纳三种费用：一是土地使用

---

① 姜业清：《国外煤炭矿业立法现状及其发展趋势》，《煤炭企业管理》1996 年第 6 期。

费，即土地的出租费；二是权利金，即矿产资源费，按坑口价格的百分比计算，露天矿井交 12.5%，井工矿交 8%；三是红利，相对于资源地租，资源条件好的多交一些，差的不交或少交。① 俄罗斯的矿产开采税在税法典中明确规定，税率为 17%。地下资源使用费由矿产资源法规定，另外还要交纳五种费用：一是出现许可证约定的某种事件时一次性地下资源使用费，付费后即可勘查、开采矿产资源；二是定期地下资源使用费，即租金；三是地下资源地质信息费；四是投标（拍卖）参加费；五是许可证颁发费，即发证手续费、工本费。这些收费全部上交联邦预算。②

（三）煤炭矿区环境保护制度

环境和资源，是煤炭产业可持续发展的基础，在煤炭勘探、开采、加工和冶炼过程中如何将环境污染影响降到最低，加强矿区环境保护已经成为各国煤炭立法中的重要制度安排，主要包括矿区环境影响评价制度和生态补偿制度等。矿区环境影响评价制度是贯彻预防为主的原则，防止新的环境污染和生态破坏的一项重要法律制度，很多国家对该评价制度的适用范围、评价内容、审批程序、法律后果等做出了明确规定。关于环境影响评价制度有代表性的是美国一票否决的做法。美国对国内不可再生资源的探查与开发往往加以法律上的种种限制，资源开发需要经过长期、复杂的经济效益和社会效益的可行性论证后方可进行，对环境保护的考虑成为矿产能否开采的一个主要决策因素，环境影响评价对矿业项目有一票否决权。③ 矿区生态补偿制度，旨在弥补生态损失。如美国《露天开采治理与复垦法》规定，露天煤矿采后要恢复原有的地貌，如地形、表土层、水源、动植物生态环境等；对井口煤矿开采要防止地表下沉；不再使用的井口要封闭；矸石尽量回填井下；矸石山保持稳定等。煤矿主要开采前须缴纳复田保证金，其中露天开采的烟煤交 35 美分/吨，井工开采的煤炭交 15 美分/吨。④

---

① 黄清：《我国煤炭资源地质勘探存在的问题及对策》，《煤炭经济研究》2005 年第 1 期。

② 王昕然：《试论矿产资源法律体系之完善》，硕士学位论文，中国政法大学，2006。

③ 粟楠：《不可再生资源可持续利用制度的经济学分析》，硕士学位论文，吉林大学，2007。

④ 段治平、周传爱、姜爱萍：《我国煤炭成本核算存在的问题及对策建议》，《价格理论与实践》2007 年第 6 期。

（四）煤炭生产安全法律制度

加强煤炭能源生产安全，减少或避免事故发生，以保证人类安全获取和利用资源，是煤炭能源安全中的重要环节。各国都非常重视煤炭安全的法律法规制度，并不断增强其可操作性，一般都既纳入矿业安全一般性规定，又有煤炭专门安全性法律规范。例如，美国1977年通过的《联邦矿业安全与健康法》确定四大原则：一是安全检查经常化，每个矿井每年必须接受4次安全检查；二是实行事故责任追究制，特别是伤亡事故，蓄意违法的责任者将被罚款和判处有期徒刑；三是安全检查"突袭制"，任何提前泄露安全检查信息的人，可能被罚款和判处有期徒刑；四是检查人员和矿业设备厂商供应者均负连带责任，监察人员出具误导性的错误报告，矿业设备供应不安全设备，都可能被罚款和处以有期徒刑。另外，安全监察人员权大责重。在执法领域，美国煤矿安全生产监督机构强调独立性，在机制上防止检查人员与矿主、地方政府形成利益同盟。根据法律，安全监察人员如果发现事故隐患，有权责令煤矿立即停产，如果泄露检查信息或误导调查，则可能被判刑。[①]

（五）煤炭能源的行政管理体制

煤炭能源的行政管理是维护一国煤炭行业正常发展的重要基础，但是各国的资源状态不同，主权表现不一，加上经济体制的差异，决定了各国煤炭能源行政立法体制有较大的区别。大致有两种模式：一是设立相对专业化的政府机构管理，例如美国能源部、英国煤炭管理局、乌克兰煤炭部、印度煤炭部、南非矿产与能源局。美国的煤炭工业主要由能源部代表联邦政府管理。二是由综合性较强的政府机构管理，例如德国联邦经济部、波兰经济部、俄罗斯联邦工业和能源部、澳大利亚初级产业和矿产资源部。德国政府主要通过政策和法律来管理煤炭工业。煤炭工业主要管理部门为联邦经济部、州经济部和矿山局。联邦经济部第三司主管全国能源经济及矿产资源。对煤炭行业而言，联邦经济部负责制定能源发展战略和煤炭政策，管理硬煤补贴基金。[②]两种行政立法体制，固然存在运作等方面的差异，但共同点是致力于通过立法对职责做出清晰的界定，加强权利关系的法律化、制度化建设。

---

① 何刚、张国枢：《国外煤矿安全生产管理经验对我国的启示》，《中国煤炭》2006年第7期。

② 何国家：《国外煤炭行业管理和政策对我国的启示》，《中国煤炭》2007年第1期。

第三节　《煤炭法》完善后的法律框架和主要制度

我国是世界上最大的煤炭生产国和消费国，储量居世界第三位，同时，我国又是世界上少数几个以煤为主要能源的国家之一，完善的煤炭法律体系和制度是能源安全和效率的重要保障。

一、煤炭立法的宗旨

现行《煤炭法》第1条规定："为了合理开发利用和保护煤炭能源，规范煤炭生产、经营活动，促进和保障煤炭行业的发展，制定本法。"当时立法的背景是受亚洲金融危机和国内外市场变化影响，以及我国煤炭行业计划经济色彩较浓，煤炭需求不旺，供大于求，价格一路下滑，货款拖欠增加，企业经营陷入极度困难，行业发展遇到了严峻挑战。党和国家十分重视煤炭行业的改革发展特别是扭亏脱困工作。由此，当时是从三个方面界定煤炭能源立法宗旨：第一，要解决煤炭能源的合理开发利用和保护问题。第二，要解决煤炭生产、经营活动的法制化和规范化问题。第三，要解决促进和保障煤炭行业的发展问题。这三个方面是一个有机统一的整体，其中合理开发、利用和保护煤炭能源是根本目的，规范生产、经营活动是手段，促进和保障煤炭行业的发展是立足点。

随着人类经济社会的发展和当今国内形势的变化，安全、资源、环境问题日渐突出，自然资源的衰竭和匮乏所形成的资源安全问题成为影响国家稳定和社会进步的重要因素，运用法律手段加强煤炭活动的综合调控和监督管理非常重要。"煤炭资源安全应当包括煤炭资源供给安全，在煤炭资源的开发利用过程中减少污染、防止生态破坏；煤炭资源生态环境安全，在煤炭资源的开发利用过程中减少污染、防止生态破坏；煤炭资源生产安全，减少或避免事故发生，以保证人类在不受损失的状态下获取资源。这三方面彼此联系，缺一不可。"因此，资源安全、环境保护、可持续发展等理念应纳入煤炭立法宗旨，具体可以表述为"规范煤炭开发、利用和管理行为，构建稳定、经济、清洁、可持续的煤炭供应及服务体系，保障煤炭能源安全，促进煤炭能源和社会协调发展。

二、构建煤炭法律体系

我国现行《煤炭法》共分八章 69 条。从其体系构架来看，存在明显的不合理：一是章数少、条数少，相关内容规定太过单薄，使整个《煤炭法》笼统、抽象、原则性强、可操作性差；二是章的设置不合理，对相关内容该设章加以规定的没有设章；该单独设章明确规定的没有单独设章。应该做到：第一，对应当设章加以规定的相关内容，必须设章加以规定。比如就对促进煤炭工业健康发展的重要性而言，除现行《煤炭法》已经设章加以规定的煤矿生产开发规划、煤矿建设、煤炭生产和煤矿安全、煤炭经营、煤矿矿区保护等内容外，煤炭能源勘查规划、煤炭勘查、煤矿职工权益保护、煤炭开发利用的环境保护等问题也都应当设章加以规定。此外，煤炭能源探矿权与采矿权是否应在《煤炭法》修订时单独设章，也需要我们积极考虑论证。第二，对应当单独设章加以明确的重点内容，必须单独设章加以明确规定。比如除现行《煤炭法》中已经单独设章规定的煤炭经营、煤矿矿区保护等内容外，煤炭勘查规划与煤炭生产开发规划、煤炭勘查、煤矿建设、煤炭生产、煤矿安全、煤矿职工权益保护等内容，也迫切需要单独设章加以明确、具体的规定。

三、煤炭法律的基本制度

（一）煤炭能源产权制度

第一，科学界定矿业权的性质和内容。2007 年 3 月 16 日第十届全国人民代表大会第五次会议通过，2007 年 10 月 1 日施行的《物权法》第 118 条规定："国家所有或者国家所有由集体使用以及法律规定属于集体所有的自然资源，单位、个人依法可以占有、使用和收益"。第 123 条规定："依法取得的探矿权、采矿权、取水权和使用水域、滩涂从事养殖、捕捞的权利受法律保护"。这是从立法角度明确了矿业权的用益物权属性，以及探矿权和采矿权的内容，一定程度上平息了矿业权属性"债权说""知识产权说"，以及矿业权内容"三分法""多分法"的争议。因此，在《煤炭法》中应当针对煤炭行业特点明确矿业权具有的有限效力、排他效力和物上请求权等物权效力，设定矿业权人的权利及行使该权利的程序规则以及相应的侵权责任，以避免架空"国家所有""全民皆煤"。

第二，要建立符合市场经济要求的矿业权流转制度。产权的自由流通是市场交易的前提，也是实现资源优化配置、产值最大化的前提，矿业权依法流转，是煤炭能源得到合理配置和市场经济的必然要求。可以说，《探矿权采矿权招标拍卖挂牌管理办法（施行)》规范了探矿权采矿权招标拍卖挂牌活动，向市场化迈进了一步，但是同时也规定"探矿权采矿权招标拍卖挂牌活动由县级以上人民政府国土资源行政主管部门负责组织实施"。在某些地方性法规规章中区分了国有矿山企业和其他主体，并深化了采矿权合同取得制度。例如，山西省国土资源厅《关于进一步加强煤矿采矿权转让管理完善转让程序的通知》（晋国土资法〔2007〕408号）规定，"采矿权转让合同签订后，应报国土资源部门批准，合同自批准之日起生效""转让人与受让人签订的采矿权转让合同，要提交县或市级人民政府同意转让煤矿采矿权的批准文件"。据此，我国应当进一步完善采矿权合同取得制度，淡化行政审批规范市场出让，将行政法规规章和地方性法规规章中的有关规定上升到《矿产资源法》《煤炭法》中，既要依法严厉打击煤矿采矿权非法转让行为，又要鼓励放开矿业权流转市场，通过价值规律和市场供求来调节矿业权交易的价格，才能建立规范、有序的矿业权市场。

（二）煤炭能源有偿使用制度

煤炭能源有偿使用有利于提高资源回收率，促进资源的有效利用，煤炭能源的价值和价格相统一，也对煤矿安全、减少矿难发生起到积极的作用，是能源可持续发展的必然要求。目前，我国煤炭能源有偿使用制度需要解决两大问题：一是从无偿到有偿的矿业权价款改革；二是从有偿到科学有偿的资源税费改革。

从无偿到有偿的矿业权价款改革，要在借鉴国际立法和国内地方立法有益经验的基础上，国家统一立法进行矿业权有偿使用的规范，理顺规章制度，科学评估定价。矿业权价款改革中：①要将国家出资勘查形成的矿业权与非国家出资勘查形成的矿业权都纳入评估定价，保证矿业权流转市场的统一和公正。目前，我国的《矿产资源开采登记管理办法》《探矿权采矿权转让管理办法》和《矿业权出让管理暂行规定》规定对国家投资勘查的资源收取矿业权价款，而对没有投资勘查的资源不收取矿业权价款。对于国家出资勘查形成的矿业权应当进行评估确认，对于非国家出资勘查形成的矿业权没有规定。山西省从2003年以来多次组织有关部门和专家进行专题调研，认为煤炭采矿权无偿取得是造成早期煤矿准入门槛低、乡镇集体煤矿过滥的主要原因之一。2005年国家发改委、财政部、国土资源部、劳动和社会保障部、环保总局与国家煤矿安监总局组成的"煤炭资源管理调研组"在山西调研后，决定在山西个别地区先行试点，然后在全省铺开。2006 年 2 月 28 日发布的《山西省煤炭资源整合和有偿使用办法》（下称《办法》）对上述规定有所突破，《办法》规定无论采矿权的形成国家是否投资，均需缴纳采矿权价款，且改革中的采矿权价款与我国中央立法中的采矿权价款并不相同，不是给付采矿权形成的对价，而是对已探明资源储量价值的一种估量。但《办法》仅涉及采矿权价款，改革还不充分。2006 年 9 月 30 日，《国务院关于同意深化煤炭资源有偿使用制度改革试点实施方案的批复》中仍然仅确认了国家出资探明的矿业权益，即企业无偿占有属于国家出资探明的煤炭探矿权和无偿取得的采矿权，均应进行清理，并在严格依据国家有关规定对剩余资源储量评估作价后，缴纳探矿权、采矿权价款。②要明确中央和地方，以及各地方矿业权的收入分成、支出比例和用途等。《探矿权采矿权使用费和价款管理办法》规定了矿业权价款收入应专项用于矿产资源勘查、保护和管理支出，但在中央与地方各级的用途没有细分。2006 年 9 月，财政部、国土资源部、中国人民银行联合发布《关于探矿权采矿权价款收入管理有关事项的通知》明确了中央政府和地方政府在探矿权、采矿权的出让价款收入上的重新分成：出让价款收入的 20%归中央所有，80%归地方所有，使中央政府财政收入有所增加，地方政府财政收入减少。《山西省煤炭资源整合和有偿使用办法》对价款在基层的用途做出了规定，根据该办法，对于县级人民政府分配所得采矿权价款，主要用于在煤炭资源整合过程中关闭合法矿井补偿和煤矿企业所涉及乡村的地质生态环境治理。③要建立公正、公开、公平的价格评估体系。目前，各地方的进展不同，规范也并不统一。例如，山西起步较早，以"有偿使用"为特色的山西煤炭采矿权改革从 2004 年就开始推出并试点，提出了煤炭工业"资源资产化管理、企业股份化改造、区域集团化重组"的三化改革思路。内蒙古自治区在 2007 年出台的矿产资源有偿使用管理试行办法中，公布了煤炭矿业权最低评估出让价格，并规定以市场方式出让国家出资勘查形成矿业地的矿业权，出让底价不得低于评估价。煤炭矿业权出让底价不得低于内蒙古自治区人民政府确定的评估出让价格，市场出让成交价格为应缴纳的矿业权价款。河南省正全面推行矿产资源有偿使用制度，煤炭矿业权在 2008 年年底基本完成有偿处置，其他矿种的矿业权将在 2009 年年底完成有偿处置。

从有偿到科学有偿的资源税费改革，目的是调整煤炭能源税费政策，逐步使煤炭企业合理负担煤炭能源成本，煤炭产品价格真实反映价值，各级政府依法监管并获得相应收益，同时加大国家对煤炭能源勘察的支持力度。该项改革主要包括矿产资源税和矿产资源补偿费两方面。矿产资源税，是调节部分矿山企业的级差收益，鼓励企业间的平等竞争。该项调整主要是资源税计征方法。煤炭属于矿产资源，是一种高耗竭性资源，矿产资源税和矿产资源补偿费这两种形式的费用的征收都是以销售数量或销售收入为计税和收费依据，不能真实反映煤炭作为矿产资源本身的价值，没有体现出煤炭能源资产化管理和资源有偿使用的全部内涵，不利于提高资源回收率，也不利于促进资源的有效利用，导致了煤炭能源的价值和价格相背离。[①]从理论上分析，资源税从量计征的依据有储量、产量、销量三种，理想的资源税应以储量为计税依据，即按照煤炭能源已探明的地质储量的动用量计税。但这种方法在实践中不易操作，难度很大，不仅要求对煤炭能源地质储量勘探准确无误，而且要求有很高的征管技术水平。目前最合适的计税方法是从价计征，并与资源回采率和环境修复挂钩。首先对同等开采条件的煤矿核定统一的回收率标准，再将各企业资源回采率达标情况和环境修复指标确定相应的税收标准，资源回采率越高，所缴纳的资源税越少。[②]这样一方面可以使其真正成为调节资源级差收益的杠杆；另一方面促进企业注重生态环境的保护。矿产资源补偿费，主要是对资源消耗的补偿，是调节矿产资源所有者和采矿权人之间的产权关系，是对已消耗的资源的货币补偿。该项调整主要确立规范的浮动费率制度。《深化煤炭资源有偿使用改革试点实施细则》规定，探索建立矿产资源补偿浮动费率制度；适当调整煤炭资源探矿权、采矿权使用费收费标准，建立和完善探矿权、采矿权使用费的动态调整机制。因此，还应当进一步明确资源补偿的收费依据、计费标准、资金用途、征收时间等内容，尤其要体现推进煤炭企业的技术创新，促进核定回采率提高的减免激励，以确保合理开发利用煤炭能源和保护生态环境。

（三）煤炭能源规划管理制度

煤炭能源规划管理制度，是国家依法对煤炭业发展做出整体规划并实施的制度。煤炭能源是重要的战略资源，要改进管理方式，实现由粗放开发型管理向科学合理开发、保护节约型管理的转变，各国都在煤炭立法中将勘探规划制度作为重要制度予以确认，尤其是我国煤炭能源相对丰富，但分布不均衡，而

---

① 秦建芝、郝庆军：《我国煤炭资源合理开发利用的法律对策》，《山西煤炭管理干部学院学报》2005 年第 1 期。

② 朱莲美、刘成杰：《我国煤炭资源税税制改革探讨》，《煤炭经济研究》2005 年第 11 期。

且京津冀、东北、华东、中南地区煤炭需求量持续增加，"北煤南运、西煤东调"压力加大。由此，煤炭能源与水资源逆向分布、煤炭生产与消费逆向布局的矛盾更加突出。建立规范的煤炭能源开发秩序，依法规划管理煤炭能源具有更为关键的意义。

规划管理煤炭能源制度的关键是明确煤炭能源规划管理的统领性法律地位，明确编制规划和实施规划的具体要求，对于不按照规划执行和不能完成规划目标和任务的行为依法进行认真查处。统领性法律地位，是指煤炭生产开发规划应当根据国民经济社会发展的需要制定，并纳入国民经济和社会发展计划。在国家统一规划的指导下，充分发挥市场机制作用，实现资源的有效配置。煤炭能源开发利用的帕累托效应应当成为我国资源开发利用合理化标准。其一，它是煤炭能源的最佳配置状态，是评价资源效益的公认标准。它使我国煤炭能源开发利用效率同世界各国煤炭能源开发利用效率有了可比的尺度。其二，它可以用经济数学模型计算出来，便于操作，是我国煤炭能源开发利用的总体状况，不仅可以定性，而且可以量化，提供系统、全面、准确的信息，为国家决策提供依据。其三，它追求的是社会福利、社会利益的最大化，是一国总体利益的表现。它可以使社会主体特别是行政主体在共同利益下协调行动，并达到规制的高效率。其四，它是综合性指标，它的适用性可以使我们从全方位反省我国高能耗、低效率的经济和法律成因，矫正只重视煤炭工业发展，轻视煤炭能源有效利用和煤炭能源综合效益等错误决策，全面分析煤炭能源开发利用的最佳状态，是国家行政权经济实现的形式。一般认为，资源配置的帕累托效率只有在市场配置的条件下才能实现，然而，"市场失灵"和"市场不完善"也会导致低效率。于是无论何种市场经济都需要政府对市场的约束，以弥补其不足，[①]因此，健全政府规制、实现国家统一规划，成为煤炭能源开发利用合理化的必然要求，国家规划主要体现在规划的科学编制和实施上。编制全国煤炭能源勘查规划，是指国务院煤炭管理部门根据全国矿产资源勘查规划编制全国煤炭能源勘查规划，以加大煤炭能源勘探力度，加大煤炭能源勘探资金支持力度，研究建立煤炭地质勘探周转资金，增强煤炭能源保障能力。由国家投资完成煤炭能源的找煤、普查和必要的详查，统一管理煤炭能源一级探矿权市场，在此基础上编制矿区总体开发规划和矿业权设置方案；依据矿区总体开发规划和设置

---

① 肖国兴：《煤炭资源开发利用中的国家行政权制度研究（上）》，《煤炭经济研究》1994 年第 1 期。

方案，实行煤炭能源二级探矿权和采矿权市场化转让，转让收入要按规定实行"收支两条线"管理，并用于煤炭能源勘探投入，实现滚动发展。健全煤炭地质勘查市场准入制度，培育精干高效、装备精良的煤田地质勘探队伍。严格执行勘查技术规程，进一步完善储量评估制度，依靠科技进步，提高地质勘探精度，保障地质勘查质量，为合理规划和开发煤炭能源奠定基础。组织编制和实施煤炭生产开发规划，是指国务院煤炭管理部门根据全国矿产资源规划规定的煤炭能源，组织编制和实施煤炭生产开发规划。省、自治区、直辖市人民政府煤炭管理部门根据全国矿产资源规划划定的煤炭能源，组织编制和实施本地区煤炭生产开发规划，并报国务院煤炭管理部门备案。

（四）煤炭安全监管监察制度

"煤矿安全是工人最大的福利，是企业最大的效益，是企业最大的政治"。① 为了及时发现并排除煤矿安全生产隐患，落实煤矿安全生产责任，预防煤矿生产安全事故发生，保障职工的生命安全和煤矿安全生产，必须全面贯彻安全监管监察制度，主要包括安全监管监察主体制度、综合安全监管监察制度、安全监管监察责任制度。

安全监管监察主体制度，是指要落实安全监管监察主体和安全监管监察责任主体。国家对企业安全生产要进行制度化、经常性的监督和检查，用严厉执法推动安全生产法律、法规的实施，查处和追究事故责任人，依法行政，维护安全生产的严肃性和煤矿工人的合法权益。监管监察责任主体，是落实企业安全生产的主体责任和法定代表人的安全生产第一责任人的责任，即煤矿企业是预防煤矿生产安全事故的责任主体，煤矿企业负责人对预防煤矿生产安全事故负主要责任。

综合安全监管监察制度是坚持安全第一、预防为主、综合治理的安全生产方针，具体包括职工教育和培训、安全预警、隐患治理和报告等制度。煤矿企业应当依照国家有关规定对井下作业人员进行安全生产教育和培训，保证井下作业人员具有必要的安全生产知识，熟悉有关安全的生产规章制度和安全操作规程，掌握本岗位的安全操作技能，并建立培训档案。煤矿企业应当免费为每位职工发放煤矿职工安全手册。煤矿职工安全手册应当载明职工的权利、义务、煤矿重大安全生产隐患的情形和应急保护措施、方法以及安全生产隐患和违法

---

① 戴文益：《矿难频发考验政府执政能力》，《安全与健康》2005 年第 2 期。

行为举报电话、受理部门。安全隐患排查，是指煤矿的通风、防瓦斯、防水、放煤尘、放冒顶等安全设备、设施和条件应当符合国家标准、行业标准，并有防范生产安全事故发生的措施和完善的应急处理预案。定期组织排查后将排查情况每季度向县级以上地方人民政府负责煤矿安全生产监督管理的部门、煤矿安全监察机构写出书面报告。

安全监管监察责任制度，是加大对违法违章行为的惩治力度，严格安全生产问责制，对造成重大事故的责任企业和责任人、对监管监察失职和腐败行为给予严肃处理，依法追究其法律责任。在责任制度中贯彻加强煤矿监管、提高处罚力度、加大遇难矿工赔偿额度的原则，尤其突出对职工权益的保护，具体应当包括完善煤矿工人井下特殊作业劳动保护制度，加大对遇难矿工民事赔偿力度，强制要求企业为井下作业职工办理意外伤害保险、补充养老保险等不同形式的补充保险制度，贯彻对矿工实行职业病强制检查和治疗制度、最低生活保障制度等方面的内容。

（五）煤炭矿区环境保护制度

煤炭矿区环境保护制度是建立生产安全、环境友好、协调发展的煤炭能源开发利用体系，建设资源节约型和环境友好型矿区，促进人与矿区和谐发展的重要环节，要贯穿于煤炭能源勘探和开发利用的全过程，覆盖煤炭勘探、煤炭建设项目可行性研究、矿山设计、施工、生产和闭坑等各环节。

完善矿区环境影响评价制度。煤炭能源的开发利用必须依法开展环境影响评价，环保设施与主体工程要严格实行项目建设"三同时"制度。按照谁开发、谁保护，谁损坏、谁恢复，谁污染、谁治理，谁治理、谁受益的原则，推动矿区环境综合治理，形成与生产同步的水土保持、矿山土地复垦和矿区生态环境恢复补偿机制。我国在《矿产资源法》《煤炭法》中对煤炭建设项目环境影响评价做出了相应规定，需要进一步补充规定战略环评和规划环评制度。"战略环评和规划环评应是煤炭矿区环境保护要进一步采取的制度选择。与项目环境影响评价相比较，战略环评和规划环评能在决策中更好地考虑区域之间、流域之间、矿区之间的生态环境影响，如煤炭开采引发的流域水环境问题；能更多地对累计的、间接的、协同的、次生的、长期的和滞后的生态环境影响进行评价，能在决策的更早阶段、在更广的范围内提出更好的替代方案及减缓措施"。①

---

① 白中科、耿海清、郭二民、宋鹭：《关于煤炭开发生态补偿的若干意见》，《环境保护》2006 年第 5 期。

健全矿区生态补偿制度。为实现煤炭能源开发与生态保护的协调发展，不仅要恢复矿区在资源开采过程中破坏的生态环境，还要补偿当地居民因资源开发造成的经济损失，进一步明确生态补偿的方式、补偿资金的来源、使用和管理等。近年来，云南、广东、江苏、山东、湖北等省区相继发布实施了有关矿区环境保护方面的规定，推行矿山环境治理保证金制度。当前，地方立法中矿山环境恢复保证金制度还有待进一步完善，主要表现为：第一，保证金形式单一，以现金为主，对其他形式没有规定。而在发达国家，保证金的缴纳可采取多种形式，如现金、金融担保、政府债券、不可撤销的信用证，信誉良好的公司还可采用资产抵押和母公司担保的形式。第二，保证金数额的决定方式比较简单。一般是根据矿区登记面积、开采方式以及对矿山自然环境影响程度等因素明确规定了计算方式，难以适应现实情况的变化。第三，保证金的返还以全程保证金的返还为主，阶段性保证金的返还还属特例，显得不够灵活，不利于调动矿山企业的积极性。第四，矿区环境恢复的目标偏低，仅是恢复到可利用状态。[1]

（六）煤炭能源管理体制

煤炭管理体制的创新需要达到的基本目标是：实现煤炭行业的集中统一的、系统的、权威的、专业化的、信息化的管理体制。所谓"集中统一的管理"就是要把分散在各个部门的管理权限统一集中起来，由一个主管部门行使权力，改变"九龙治煤"的现象，克服政出多门、管理混乱的局面。"系统的管理"是指煤炭行业管理不能就煤炭而管煤炭，要统筹兼顾煤炭工业与相关产业的协调发展、统筹煤炭开发与生态环境的协调发展、统筹矿山经济与区域经济的协调发展。"权威的、专业化的管理"指要求煤炭行业具有一支专业化水平较高、懂煤炭行业管理的、高素质的管理队伍，使煤炭行业管理机构具有管理的权威性。"信息化的管理"是指在充分发挥主观能动作用的基础上，采用电子技术与网络技术，综合利用现代管理方法，通过建立行业法律规范、科学的行业评价体系等措施，规范煤炭行业行为主体，确保政府政策的顺利实施和信息的及时传递与反馈的管理手段系统，即依托现代化的信息管理手段，实现管理的信息化、现代化。[2]为此，应当按照管理高效、分工协作的原则，由煤炭行业管理

---

① 张晶：《我国煤炭资源立法研究》，硕士学位论文，西安建筑科技大学，2008。
② 肖太寿：《煤炭管理体制创新研究》，硕士学位论文，中国社会科学院，2006。

部门对煤炭行业实行全过程监理，将与煤炭生产相关的资源、环保、销售、国有资产管理及国有重点煤矿负责人的任命等管理职能由行业管理部门来实现，有关部门制定政策制度，并对行业管理部门进行监督，从立法上理顺煤炭工业的管理体制。

第十一章 电力法律制度

作为能源的一个重要组成部分，电力在我国各项经济建设中发挥着非常重要的作用，而电力的建设以及运营等过程都离不开电力法律制度的规制。自改革开放以来，我国的电力法律制度建设逐步取得了一系列的成果，从而基本上形成了较为完善的电力法律制度框架，为我国的电力产业制度的改革和发展奠定了良好的法律制度基础，但同时我们不可否认的是，在电力法律实践中也仍然存有许多的问题需要解决。[①]

第一节 电力能源及其产业结构

电力能源在社会经济发展中的作用和地位日益重要，可以说各行各业的运行都离不开电力能源的支持，同时在电力能源的广泛利用和不断发展过程中，也形成了一定的电力产业结构。

一、电力能源

（一）概况

电力能源是经过各种各样的一次能源转化成的优质二次能源，电气化是现代化的标志之一。[②] 虽然煤炭、石油、天然气等一次性能源构成能源的主要基础，但是它们很难作为终端能源供消费者消费和使用。[③] 在大多数情况下，它们被转化为二次能源，在二次能源中，最普遍的是电力能源。

[①] 成红、张辉：《论我国电力法律体系的完善》，《2006 年全国环境资源法学研讨会论文集》，2006。

[②] 杨露露：《电气化发展的国际经验分析》，《山东电力高等专科学校学报》2011 年第 3 期。

[③] 张文泉：《我国能源产业战略发展方略研究》，《科技和产业》2004 年第 1 期。

根据转化的一次能源的不同，电力能源可以分为水电、火电、核电、风电、地热电、太阳能电等。其中，水力发电是通过在河流上建造大坝利用水位的落差发电。火力发电包括两种，传统火电技术以煤炭、石油、天然气为燃料，核能发电技术以放射性物质为燃料。经过了较长时间的研究和发展，水电技术和火电技术已经逐渐地变得成熟起来，其二者也属于主流发电技术。而风能、太阳能、地热、潮汐发电技术属于清洁能源技术，因其利用可再生资源发电，不会导致环境污染，被称为绿色电力，但受到技术和资源的限制，这些清洁能源技术还不能进行大规模的工业化生产。

电力能源是重要的二次能源，同时，电力产业是能耗最大的产业。21 世纪以来，中国进入工业化中后期阶段，电力部门以整体充足、部分短缺的相对较低成本进行供给，促进了经济的快速发展。然而，在经济快速增长的情况下，日益恶化的环境状况亟待改善。为逐步地减少对于常规性能源的过度依赖和对生态环境的污染，以实现"低能耗、低污染、高效率"的可持续发展道路，大规模开发以可再生能源为基础的电力能源是一个重要的措施。

以可持续发展的视角评价，目前人类依赖的化石能源最终有一天将会消耗殆尽，而未来只能依赖于可再生的能源和受控的核聚变所产生的能源。用于发电的可再生能源通常包括：水能、太阳能、生物质能、潮汐能、地热能等。[1]在产业研究发展过程中主要会涉及资源环境、转化技术以及能源经济与战略管理等多领域的合作与交流。能源的转化技术包括已证实的能源储量、燃料的收集、优化的转化率、可持续的产率等，同时包括能源设备制造。能源经济与战略管理包括税收补贴、公司管理、政府激励大小等。

（二）主要特征

电力能源是一种优质、高效、清洁的能源，是工业品和消费品的统一，是国家得以发展不可缺少的特殊能源。按照能源状态来划分，电力能源主要属于二次能源。从生产的角度来讲，电力能源可通过不同的技术组合来供给。按发电机组所消耗的一次能源不同，电源可分为火电、水电、太阳能发电和风能发电等可再生能源发电。电力能源具有普通商品的一般特性，即具有价值和使用价值。[2]同时，电力能源又是一种介于公共物品和私人物品之间的准公共物品，

---

① 丛荣刚：《可再生能源发电优化模型及其应用》，《电力建设》2012 年第 10 期。
② 陶涛：《浅析电力市场营销》，《中国电力教育》2005 年第 3 期。

是一种特殊能源，因而有着其自身的特殊特征：

（1）对于一次能源的依赖性。由于电力资源属于二次能源，电力的生产需要消耗其他能源，电力供给的保障依赖于其一次能源供给的保障。因此，我们要合理开发和有效利用可再生能源发电，在保护环境的同时也要提高能源利用率，保证电力的有效供给。

（2）不可储存性。电力是无法储存的①。一般而言，电能的产供销是同时实现的。而用户的用电行为是随机的、不确定的。因此，为避免浪费，必须以客户的需求来决定电力的生产。相对于电力巨大的消费量而言，电力的供给与需求之间应该保持一定的平衡。电力产品的不可储存性决定了其生产的连续性，电力的供给和消费的需求之间必须每时每刻保持平衡，电力工业必须通过不同类型的电厂组合运行满足基荷与峰荷的要求，从而保证电网的安全可靠运行。

（3）公共服务性。电力能源的供给涉及各行各业的生产工作和人民群众的日常生活保障问题，如果供应发生中断，将会给社会经济生活带来难以估量的损失。②因此，必须充分做好准备工作、服务工作，确保电力能源供给安全、稳定、可靠。

（4）差异性。因消费者的用电性质、用电方式和生产条件不同，电力能源作为一种商品，在电压、频率、可靠性等方面存在一定差别，不同的电力用户对这些指标的要求也不尽相同。因此，供电方必须根据消费者需求的不同，提供不同类型的电力供给，并按不同的价格收取电费。

二、电力产业基本结构

（一）电力产业的运行

1. 电力产业运行的市场

电力产业的运行涉及电力产业各个方面，即发电市场、输电市场、配电市场和售电市场四个相对独立市场和环节的有效衔接和配合。发电市场是一个将各电力生产企业包括在内的市场，是一个比较具有竞争性的市场。在电力系统中，发电市场属于一个可以相互进行竞争的环节。输电市场是由各输电网公司形成的市场，主要是用来为电力输送提供服务的。传统意义上，输电市场属于自然垄断环

---

① 目前电力技术条件虽然使小规模电能储存能够实现，但大规模的电能储存尚不能实现。
② 张德卿：《浅析供电企业安全生产工作的立足点》，《中国电力教育》2010 年第 35 期。

节。但近些年来，其自然垄断地位在一定程度上有所动摇。①配电市场则是由各个终端的变电站所形成的市场。配电网络具有小区域覆盖的特点，传输距离也比较短，因此，配电环节是能够引入竞争的环节。售电市场是售电商通过电力交易中心买入电力，然后再转手售给终端用户的市场，属于垄断竞争市场。

2. 电力产业的运行方式

电力产业的运行需要发电、输电、配电和售电四个环节之间的紧密配合和相互协调。由于电力能源具有不易储存的特性，所以电力生产必须与电力消费时刻保持着一定的平衡。②

（1）发电环节。根据原材料不同划分，发电环节主要包括火力发电、水力发电、新能源发电和核电，同时，不同发电的生产成本有较大差异。在传统的电力产业管理模式下，从电力的生产、输送到最终的消费过程则只有一个价格，即销售电价。在新电力产业的管理模式下，电力产业实现了发电、输电、配电和售电的相互分离，并且在发电、售电市场引入了竞争机制，电价也据此划分为上网电价、输电电价、配电电价以及售电电价。③

（2）输电、配电环节。电力能源在生产出来之后要经过输电电网和配电电网的输送，然后最终输送到用电户，输电网则要求适合较远距离的输送相对较高的电压。配电网分配电力能源，之后将其输送给各个终端电力用户。输电网、配电网未分离之前具有自然垄断性，因而二者之间存在着一个交叉补贴的现象。但在分离之后，输电网和配电网之间就分别进行输送和配送电力，这样一来有助于加强电力管理，降低电力产业的运行成本。

（3）售电环节。电力的销售和资金的回收是同步进行的，这一环节通常由配电公司的售电部门负责或者是独立的售电公司负责。在售电部门未从配电公司分离之前，其作为某一个地域的唯一的供电者，配电网可以非常容易地获取超额的利润。但是在分离之后，配电网只是提供配电的服务，而售电公司就可以直接通过电力交易市场去进行电力的交易。

（二）电力产业的主要特点

1. 电力产业的技术性

电力产业的同时性、连续性和等量性。电力能源的生产、输送、分配、交

---

① 王重阳、赵海荣：《我国地方电力立法初探》，《法治论坛》2013 年第 3 期。

② 康涛：《电力系统自动化发展趋势及新技术的应用》，《科技与企业》2012 年第 21 期。

③ 徐灿：《电力行业的管制与中国实践》，《现代商业》2009 年第 6 期。

易和消费必须是连续性的，并且同时完成。由于电力产品具有不可储存性，这一特性决定了其各个生产环节之间联系密切。电力产业必须通过不同类型电厂的组合运行来满足基荷与峰荷的要求，为了确保将系统发电、输电总成本降到最低，确保电网能够安全可靠运行，电网应当采用集中控制，且在调度的统一指挥下协同进行。

电力产业的网络性。从技术层面来看，电力系统的总体运行主要由四个阶段来构成：发电、输电、配电和供电阶段。发电是由不同类型的发电厂构成的，其具体可以分为火力发电、水力发电以及太阳能、风能等能源发电。输电阶段则主要是由输电网来负责完成的，输电网是电力系统中的主要网络，是电力系统中较高电压等级的电网。在配电的阶段，则是将电能从枢纽变电站直接分配到消费者的电网上，一般而言，一个配电网则只是负责分配一个地区的电力并且向该地区提供供电的任务。因此，电力产业的网络性是指电力产品或服务的生产、输送、分配和供电等几个环节存在着一个很强的关系，电力能源生产者只有借助于网络传输才能将其产品或服务传送给电力用户，电力用户也必须借助网络传输才可使用电力生产厂商生产的产品或服务。因此，发电、输电、配电和供电互相衔接，形成广义上的电力网，覆盖整个供电区域。

电力产业的高度协调性。电力产业的高度协调性主要是指在电力的生产和电力的输送之间具有一个密切的协调关系，而出现任何的不协调现象都将有可能会造成电力输送的中断，甚至将导致整个电力系统处于瘫痪的状态。[①]因此，电力的高度协调性一直受到重要的关注。电力生产的同时性、连续性和等量性共同造成的电力生产的高度协调性和电力生产过程中各个环节的紧密协调性并不妨碍电力产业经营的独立性，即从生产的角度来讲，电力产业各个环节必须紧密相连、不可分割，但在电力经营上可以相对分离，各自独立核算。

2. 电力产业的外部性

外部性指的是一个市场主体从事某项经济活动时对其他主体带来的利益或损失的现象。如果给其他主体带来利益且是无偿性的，则称其为正外部性，如果给其他主体造成损失，却无须赔偿，则称其为负外部性。

外部性的存在意味着市场是不完善的，电力产业也具有一定的外部性，同时兼具正外部性和负外部性两种特征。从电力产业的正外部性而言，作为一种

---

① 吕忠梅：《体制改革后的电力立法模式选择》，《理论月刊》2003 年第 11 期。

重要的生产和生活必需品，电力能源为各行各业的发展提供不可或缺的动力支持，并且，电力能源对相关产业有着巨大的影响和带动作用。[1]因此，可以说电力产业是国民经济发展的命脉，是支撑国民经济和社会发展的重要基础产业，电力产业健康发展则是国民经济持续、健康发展的重要前提。而电力产业的负外部性是指对于其污染环境所可能产生的问题。电力能源的生产需要消耗大量的一次性能源，这将导致生态环境遭受严重破坏。随着人类对于环境保护意识的逐渐加强，电力产业的发展越来越受到环境保护的制约。所以，电力产业的外部性需要把市场机制和政府干预有效结合起来，制定相应的政策来解决外部性问题。

3. 电力产业的自然垄断性

电力产业一般投资巨大，而投资回收的周期较长，同时电力的生产又需要大量的固定设备，所以其成本非常大，而可变成本又相对较小，所以长期以来，电力产业被视为自然性的垄断产业。但是，自然垄断也具有阶段性和局部性，其不仅要受到需求变化和规模经济的强有力的影响，更会受到技术革新所造成的巨大影响。随着科学技术的发展，电力产业的自然垄断性已经发生了较为显著的变化。[2]一般来说，输电网特别是高压性的输电网不仅对于规模化的要求相对较高，而且同时也需要特殊的网络结构才能完成输送电任务。电网企业具有很强的自然垄断性，所以应该继续采用垄断的市场结构，由政府进行管制，引导电力资源的优化配置，降低成本，在确保其合理利润的前提下，实现社会福利最大化。在发电领域政府可以适当地放松管制，引入一定的竞争制度，以达到促进经济效益的增加和服务质量的提高。在售电领域，通常实行配电与售电的一体化经营。售电领域如果是由配电企业来负责经营，那么应该是属于完全的自然垄断产业，但是如果由单独的企业运行，就具有了潜在意义上的竞争性，则最多可以称之为准自然性的垄断产业。所以，在条件相对达到成熟的时候，在电力销售的环节也可以探讨逐步引进一个竞争的机制。

三、电力产业发展的趋势

20 世纪 70 年代后，世界各国在电力生产、建设规模、能源结构等方面都

---

[1] 薛晖：《从国外电力改革看中国电力市场化进程》，《江苏科技信息》2007 年第 5 期。
[2] 吴江：《解析电力管制与竞争》，《中国电力企业管理》2008 年第 1 期。

发生了较大的变化。伴随世界电力产业技术的发展以及中国电力产业的改革现状，我国电力产业的发展主要呈现以下趋势：

第一，随着科技的发展，电力产业的发展将继续向市场化的方向迈进。科学技术的进步逐步削弱了发电领域的规模经济性，基本实现厂网分开，于是，发电领域的竞争态势初步形成。此外，随着科学技术的进步，现代电网领域逐渐向高效、可靠、灵活、开放的方向发展，这将促进电力产业中发电、输电、配电、售电各环节之间的分离，推动电力产业走向竞争性的市场领域。

第二，进一步优化发电能源产业结构，加大新能源发电的开发力度，使电力产业由污染、耗能向低碳、环保的方向转变。

第三，在未来很长一段时间内，我国电力产业发展将保持快速增长趋势。伴随我国工业化进程的不断加快、人民生活水平的逐步提高和国民经济的快速发展，必将引起对电力能源需求的大量增加。所以，保持电力产业的持续、平稳和健康发展以满足社会发展日益增长的电力需求是当前我国电力产业发展的最主要任务。

第四，伴随经济全球化的进一步发展，电力产业从垄断性向市场竞争性转化的过程中，在确保电力能源得以安全、高效、可靠供应的前提下，应逐步向国际市场开放。

第二节　国外电力产业管理机制及其经验

19 世纪中期，欧洲国家和美国、日本的资产阶级革命或改革相继完成，促进了经济的发展。19 世纪 70 年代开始的第二次工业革命使人类进入了"电气时代"，国外电力产业也相应得以产生并且得到了飞速的发展。国外的电力产业法律体制发展到今天，可以给我国电力产业法律制度的建设和改革提供有益的借鉴。

一、国外电力产业管理机制

（一）英国

英国采用纵向分离模式。英国的电力产业体制是按照新自由主义理论设计的，属于私有化模式，是一个标准的从资本主义国家国有电力向私有电力转变之路。英国电力产业的私有化进程是厂网完全分离、输配分开、用户自由选择供电商，将发电、输电、配电、售电各环节分解。经过 10 年左右的时间，英国出现了纵向整合的趋势。2000 年 3 月 27 日，英国取消了强制性电力库，实行多边合同主导的新交易规则，并且重新设定新的电力交易规则，从私有化模式到管制不断加强，改革政策处于不断调整之中。英国电力体制制度发展的设想是：公平竞争，并且每家公司的市场占有率在 1/5 以下。

1989 年英国议会通过关于英格兰、威尔士和苏格兰电力企业私有化改革的计划，并对《电力法》进行修改。该法的主要原则是：电力产业实行私有化、自由化，打破垄断格局，引入竞争机制。1990 年 4 月，英国电力产业又进行了较大调整，主要内容包括[1]：

（1）电力产业所有权由国有向私人投资者转变。对于英格兰、威尔士，改革前中央发电局管理发电和输电的国有公司和地区配电局相互分离，改革后将发、输、配、售电各环节独立，并实现私有化。

（2）引入竞争性市场。具体包括：引入市场竞争机制，建立市场结构，如制定市场准入规制、交易规则等。

（3）形成独立管理系统。为适应电力产业私有化的需要，国家填补过去没有电力管制机构的空白，建立新型的电力管制机构和管制方法，确保市场竞争的公平、有效。

1997~1999 年，英国电力管制机构通过调查电力产业体制改革的发展情况，总结出强制电力库存在的一系列问题，并设计了新电力交易制度，由此展开了英国电力产业体制的第二次调整。新电力交易制度以发电方、售电方、交易方和用电方间的双边合同为基础，目标是：保持电力系统正常运行，实现高效电力供需平衡，通过有效性竞争求得较低的电价，为用户提供安全可靠的电力能源。对于新的电力体制改革方案，有专家认为，尽管旧的市场体制有操纵市场的行为，但新的市场体制并不能完全消除操纵市场的行为，新的电力体制改革方案仍然有待实践的考验。

据媒体报道，英国拥有世界上屈指可数的自由能源市场，国内电力供应商的竞争十分激烈。英国电力管制机构表示，新一轮电力产业体制调整将会成为英国实行电力产业私有化以来最为彻底的一次变化。英国各大电力公司表示，

---

[1] 国家经贸委电力司：《英国电力工业改革》，中国电力出版社，2001。

国内缺乏必要的财政刺激政策，所以选择可再生能源来取代化石燃料存在一定的风险。只有英国政府出台更多的政策保证，确保低碳技术上的巨额投资能收回成本，电力公司才不会有过多顾虑。在距今20年的电力产业体制改革过程中，英国采取了改革前提高电价等举措，使得用电户获得了改革后取得的降低电价的好处，因此，大多数人拥护电力产业调整方案。从实行第一次电力体制调整到第二次电力体制调整，大约经历了10年时间，现在距新电力交易制度实施也已有很长一段时间，新的形势酝酿着新的变化。为应对全球气候的变化，实行节能减排，发展低碳能源，英国将会实行新一轮电力产业体制的改革①。

（二）欧盟

欧盟采取弹性原则模式。欧盟对各国电力体制提出原则性的要求，电力体制的模式由各国根据本国国情自行确定。欧盟允许主导性电力公司的存在，对于各国而言，如果要保持相互竞争的地位，应该有两个以上的主体公司，以此来稳定电价。欧盟推进电力产业体制调整的一个主要目标是：建立高效、稳定的电力产业体制，保证欧洲的电力能源供应安全，提高欧盟电力产业的总体竞争实力，形成统一的电力市场。在电力产业体制调整方案上，欧盟通过电力产业结构的调整和完善电力产业监管机制等不同手段，采取逐步推进的改革方式。

1990年，欧洲部分国家开始进行电力体制的调整和变化。1996年，欧盟发布第一个关于放宽电力产业市场的指令，强调适度监管、厂网分开，以加强市场竞争性，降低电价。欧盟各国的电力产业体制变迁在欧盟的统一框架下逐渐全面展开，市场化改革的步伐也逐步加快。

2003年，欧盟整个电力产业市场开放了80%，其中，有一半的成员国电力产业市场开放程度达到了100%，远远超过指令中规定的33%的目标。当年，欧盟发布了第二个电力产业指令，以加快欧洲统一电力产业市场建设为目标。第二个指令实施后，欧盟电力能源市场的改革取得了显著成效，欧洲的用电户明显受益。2005年，欧盟委员会评估后发现，虽然欧盟要求各成员国在法律和功能上实现发、供电与电网运行相分离，但若输电公司是一体化公司的子公司，则会存在较大问题。因此，欧盟需提出进一步深化调整电力产业的建议。

基于此，2007年9月，欧盟发布了第三个关于电力和天然气市场化调整的指令草案，主张"将发电、供电环节从电网经营中有效分离出来"，以实现电

---

① 覃泽文：《英国酝酿30年来最大电力市场整改》，《中国能源报》2010年12月20日，第8版。

力产业彻底的产权拆分，推动欧盟电力产业市场的进一步开放。草案认为，从产权上明确划分输电和发电、供电是最有效的拆分方式。对于不采用这一方案的成员国，欧盟委员会提供了一套替代方案，即"独立系统运行"方案，允许垂直一体化的电力公司保留输电网络资产产权，但网络运营要移交给完全独立的第三方管理。同时，为确保电力产业的独立运营，需制定相应的法律法规来监管。

对于草案，不同成员国持有不同的态度。以荷兰、丹麦等为代表的国家认为，电力所有权的拆分有利于市场竞争，有助于实现用电户的选择多样化，有利于促进电力网络基础设施的投资。以法国、德国等为代表的国家提出了替代方案以外的第三种方案，即实现"法律分离"，电力公司可以保留电力网络资产产权，通过对电力设备和工作人员的监管，实现利益的有效分离。

2008 年 6 月 6 日，第 2875 次欧盟理事会在卢森堡召开，欧盟各成员国能源部部长对电力及天然气的改革方案展开讨论，最终达成引入"独立输电（输气）运行机构"方案的协议，不强制规定对一体化能源企业产权拆分。同时，为加强对能源市场化改革的监管，欧盟将成立能源监管合作机构。2008 年 6 月18 日，欧洲议会对改革草案进行投票表决时，最终通过了产权完全拆分的模式，这与欧盟理事会之前通过的决议产生较大分歧。欧盟理事会是欧盟的主要决策机构，而欧洲议会是欧盟立法、监督、咨询机构，按照欧盟相关法律规定，当二者意见不一致时，将进行二次审议。2008 年下半年，法国担任欧盟轮值国主席，欧盟理事会要求法国欧盟主席团处理此项事务，双方将对改革草案的具体内容进行协调。

（三）美国

美国采取纵向整合模式。美国的电力产业体制调整开始于 20 世纪 80 年代，伴随美国经济的快速发展，过去的电力产业管理体制越来越不适应社会经济的发展需求。20 世纪 70 年代发生的两次石油危机导致美国工业受到严重影响，工业产值大幅下降，于是，美国政府逐渐意识到电力产业体制改革的重要性，开始实行改革。美国的电力体制的调整只是在特定区域实行，而且在主要区域之间实施的措施不同。美国电力产业以州管理为主，联保能源委员会仅仅提出厂网分开、发电引入竞争机制的要求，具体的电力产业体制调整方案由各地域结合实际情况自行确定。

美国拥有世界上最大规模的电力工业，具有高度垂直一体化垄断的管理模式。美国的电力产业采取联邦政府和州政府双层管理模式，对电力产业的管制十分严格。

（1）发电侧市场方面：电力产业体制调整前，美国政府仅仅允许拥有电网的公司投资建立发电厂，导致发电端运行效率低下、电价较高等问题。对此，美国政府决定打破原来的投资局限，逐步放开发电侧市场，实现投资主体多元化，充分引入竞争。随后，美国的独立发电企业快速发展起来。

（2）电网管理方面：电力产业体制调整前，电力公司实行垂直一体化的管理模式，电网不对外开放。这种管理模式促使美国电力产业形成自然垄断的格局。为打破此格局，政府实行引入竞争机制的电力产业体制改革。在电网管理方面，实行所有权与经营权分离，电网由独立的非营利机构统一管理，同时，实行区域间电网的联合，统一调度电力，鼓励各发电企业竞价上网。

（3）电力零售方面：引入竞争机制，开放电力能源批发市场，用电户可以自由选择电力企业，同时，制定电价上限，保障消费者的利益。

（4）电力监管方面：联邦政府和州政府分别设立监管机构，与政府电力主管部门的职能划分严格。联邦政府电力监管机构的主要职责包括：审核批发价格；审批输电服务价格；审查跨州电力公司合营、兼并；指定电力公司开放输电设备；核发水电工程许可证；监察大坝安全等。①

随着电力产业体制改革的整体推进，电力行业协会在美国电力产业的发展和电力用户的维权方面具有越来越重要的作用。整体上，以电力行业市场化为导向的美国电力体制改革取得了显著成效，实行统一调度的联合电网，电力用户拥有了更大的自主选择权，电力产业市场化进一步得到完善。但是，在电力体制改革过程中，曾发生过一些由于改革失误而带来的教训，典型案例是加州的电力危机，主要原因是没有处理好电力市场开放和发展的关系。

美国加州的电力体制调整方案采取了较为激进的做法。电力公司对输电网享有所有权，但没有使用权。电力价格放开并由电力市场竞价决定。配电零售市场放开，电力用户自主选择电商。改革经过多年筹备，在组织、技术、法制、市场交易规则方面都比较详细。但是，2000年美国夏季高温，用电负荷急剧增长，相近地区支援的电力不能及时到位，造成供电紧张。1990年以后，以加州为首的美国西部地区的经济高速发展，电力负荷迅速增长。基于对公共安全、环境保护的考虑，加州民众强烈反对建设核电站，新增发电装机容量很小。10

---

① 李鹏：《中国电力体制改革初析》，《西南财经大学学报》2002年第7期。

年内，加州没有新建大型发电厂，没有扩建输、变电线路，因此，电力能源和输电网络的建设远远不能满足电力需求的增长。由于美国西部严重干旱缺水，大多数水力发电站的发电量不足，大部分电力能源的生产主要依赖于天然气电厂。虽然天然气电厂污染小，但价格比较高，尤其在 2000 年后，全球石油价格暴涨，加州天然气价格也随之上涨，导致加州电力公司的发电成本急剧上涨。其中，部分电力公司将储存的天然气直接在市场中出售而取代发电，以牟取暴利，造成发电容量进一步减少。美国电力公司基本要依靠电力市场买电转供。在卖方的市场规律作用下电力价格暴涨了 10 倍，发电侧市场的上网电价屡创新高，然而，面对用电户的终端销售电价却被冻结，两家私有化电力公司高进低出，承担巨大的购销差额，最终亏损 140 亿美元，不得不申请破产。在此期间，由于电力能源不足导致多次停电，造成加州的电力危机，给美国造成巨大经济损失和社会混乱。[①]

二、国外电力产业管理机制的经验

（一）准备充分，立法先行

进行电力产业调整或者改革的方案，国家从提出问题到推行改革，一般都会经历 10 年左右的时间，其中，用一半的时间设计方案，建立模拟市场，拟制相关的法律法规；用一半的时间来组织实施改革。例如，英国从 1983 年进行立法，提出鼓励建立发电商，1989 年立法提出发电、输电、配电、售电各环节相互分离，一直到 20 世纪 90 年代初完成这项电力体制改革，前后大约经历了 10 年左右的时间。

（二）分步实施，循序渐进

电力产业的调整并不仅仅局限于某个特定的环节，而是对电力的生产、传输、配送、使用全过程的相关配套政策进行完善，是对整个电力体制的推进。因此，在实施电力体制调整之前，要有明确的设计方案。但是，实施的过程是分步实施的，从发电商之间的竞争到售电市场的开放是循序渐进的，都经历了一个竞争逐步扩大，市场逐级开放的过程。所以，改革的整体性和渐进性是国外电力产业体制发展的共同特点。

---

① 何大愚：《美国加州电灾的分析与思考》，《电力系统自动化》2001 年第 11 期。

（三）分解业务，集中管理

打破垄断格局，引入竞争机制，这是电力产业体制调整完善的核心。在电力产业链中，竞争部分应遵循价值规律和供求关系，依靠市场规则运作，垄断部分应在政府的监管下规范运作。美国和西方国家的电力改革都立足于把垄断限制在最小范围内，将一体化的格局分解成若干环节，将可以进行竞争的部分独立出来进行充分竞争。对于必须垄断的部分，设立独立的监管机构依法实施监管，使得经营财务透明化。在体制完善的过程中，国家对电力实行相对集中管理，对电力的宏观调控向政府政策管理部门集中，对电力市场的管理、协调向市场监管机构集中。

（四）高层决策，推动改革

由于电力产业的调整具有复杂性和特殊性，需要从体制、法规、技术等各个方面推进，以实现电力投资者、经营者和使用者之间的利益调整。因此，国外电力产业的体制调整都是由高层决策，发出指令。另外还依赖于技术支持手段，依靠电力行业中介广泛参与。由于电力产业各方对改革的要求不同，各国都在政府的主持下，将效率与公平有机结合，实现使社会受益的改革目标。

第三节　中国电力基本法律制度

自改革开放以来，我国电力法律制度建设取得了极大的发展，电力产业法律体制框架已经基本形成。但是，同时不可否认的是，与西方发达国家相比，我国的电力法律制度仍然存在着一些问题亟须进行改善。

一、电力立法概述

电力法律制度具体是指调整电力的经营和供给、电力工程及其设施的管理，并且用之以维护电力用户的利益，保证电力产业健康发展和公共安全的法律规范的总称。[1]

（一）电力资源立法概况

我国的电力立法主要是从 20 世纪的 80 年代开始进行，到目前为止已经形

---

① 汪庆：《我国电力法律制度存在的问题》，《今日湖北》2013 年第 4 期。

成了以《电力法》为核心的包括其他行政法规、部门规章以及地方性法规等为内容的电力法律制度框架，具体涵盖了电力产业建设、电力生产与电网管理、电力输送与使用、电价电费、电力的设施保护、监督检查、标准化管理、反窃电及其相关的法律责任等。

1. 法律

我国现行的《电力法》于 1995 年 12 月 28 日公布并于 1996 年 4 月 1 日起开始实施，内容共分为十章，具体是在总结了改革开放之后的电力建设、生产、供应、使用、保护以及电力管理经验的基础上，根据社会主义市场经济发展的客观性要求和标准，吸取了国外相关的先进的电力立法经验而制定的。自《电力法》实施以来，其发挥了非常重要的作用，但由于其自身的历史局限性，伴随电力体制的改革，越来越不适应电力产业的发展。另外，相关的法律法规也对电力资源做出一定规范，如《可再生能源法》为绿色电力的发展提供了法律保障，《合同法》对供用电合同制度进行规定，为厂网分开、输配分开和配售分开提供了法律基础。现行《电力法》是我国电力工业法律制度建设历史上的里程碑，具有非常重要的意义，标志着我国的电力法律制度建设进入了一个新的历史阶段，其总结了新中国成立几十年来特别是改革开放以来我国电力产业建设的成功经验，并将这些经验上升为法律，同时也借鉴了国外先进的电力法律制度建设的先进经验，体现了改革的成果和方向，是一部符合中国国情的电力法。但是其历经近 20 年的实施，随着国家社会经济格局的变化，现行的《电力法》及其配套法规在执行的过程中同样也遇到了各种问题。

2. 行政法规及部门规章

我国《电力法》颁布时，电力产业的市场化改革还未开始，《电力法》中未涉及市场准入、产业性质、电价形成和控制等，因此，随着电力产业体制改革的开展，陆续出台的一些电力资源行政法规和部门规章在一定程度上填补了《电力法》的空白。在电力市场准入方面，包括《承装电力设施许可证管理办法》《电力业务许可证管理规定》等。在电力供应与使用方面，包括《供用电监督管理办法》《电力供应与使用条例》《电力网运行规则》等。在电价方面，包括《上网电价管理暂行办法》《跨区域输电价格审核暂行规定》等。①在电力监管方面，包括《电力监管信息公开办法》《电力监管执法证管理办法》《电

---

① 辛文：《关于电价的访谈：电网企业正面临一场悄悄的革命》，《广西电业》2005 年第 9 期。

力可靠性监督管理办法》等。

3. 地方性法规

该部分主要包括电力建设、电力供应、电力保护等方面，如《新疆维吾尔自治区电力设施保护办法》《福建省电力设施保护办法》等。

4. 司法解释

如《最高人民法院关于审理破坏电力设备刑事案件具体应用法律若干问题的解释》。

5. 其他规范性文件

在《电力法》不适应社会主义市场经济发展的情况下，其他规范性文件在规制电力市场、调整电力产业法律关系、引导电力产业市场化改革等方面发挥了重要作用。[①] 主要包括《关于区域电力市场建设的指导意见》《关于进一步完善电煤价格临时干预措施的通知》《发电权交易监管暂行办法》等。

6. 电力产业政策

作为一项基础能源产业和公共性事业，电力产业目前非常迫切的需要一部完善的产业政策来进行产业调整指导。通过产业政策的发布，用以调整产业结构和指导电力产业的发展，这是电力产业政策制定的出发点和落脚点。然而，我国到现在还没有全国性的电力产业政策，仅部分地区根据当地的经济发展规划制定了一些地方性的相关产业政策。因此，制定全国性的电力产业政策势在必行。

（二）电力法律制度的立法原则

现行的电力法律制度，主要体现了以下几个原则：

（1）适当的超前发展和电力事业建设谁投资、谁受益的原则。

（2）电力建设、生产、供应和适用应当注意依法保护生态环境安全，鼓励并支持发展可再生能源、洁净能源发电的原则。

（3）企业自主经营，实行政企分开、主管与分管的管理体制。

（4）对少数民族地区、边远穷困地区以及中小水电、农村电气化采取扶持和优惠的政策。

（5）采用先进科学技术和管理方法的原则。

（6）电力建设发展规划应该遵循合理利用能源、电源与电网配套发展、提

---

① 夏珑：《论电力市场管理规则的重建》，《学术论坛》2012 年第 3 期。

高经济效益和有利于环境保护的原则。

(7) 电力生产与电网运行应该遵循安全、优质、经济，提倡并网和正确处理并网关系的原则。

(8) 建立相对稳定的供电营业区，防止争抢供区、恶性竞争的原则。

(9) 电价实行统一政策、统一定价、分级管理的原则。

(10) 保障电力安全运行、电能质量可靠、供电和电业自律的原则。

二、电力法律基本制度

电力法律基本制度是指根据电力法的基本原则，由调整特定电力法律关系的一系列电力法律规范形成的相对完整的实施规则系统，其作为电力法律制度的基础和结构，是把握电力法及其制度的本质属性，是进行电力法制度选择和安排的前提，其对具体电力法律规范具有指导、整合的功能与提纲挈领的作用。

（一）电力许可制度

电力许可制度具体是指电力业务许可制度，指电力监管机构依照法律授权向市场主体颁发许可证，并通过变更、撤销许可证等进行持续性监管的机制。电力许可制度是市场准入监管的重要方法和手段之一，目的是为了避免自然垄断产业的重复投资而引起的社会资源浪费。大多数实行电力市场化改革的国家普遍采用电力业务许可制度，其主要目的是为保证政府对电力行业的适度控制，保证国家电力产业的健康、稳定和有序的发展。根据电力业务分类的不同，电力业务许可证主要有两大类，一类包括发电、输电、供电，另一类包括发电、输电、配电、售电。

《电力法》最早对电力业务许可制度进行了具体的规定，当时的电力产业整体合一，实行发电、输电和供电一体化经营，仅颁发电力供电营业许可证即可。[1]但随着电力产业的不断深化改革，电力供电营业许可证越来越不能适应对发电、输电和供电业务实行监管的需求。2005 年 12 月 1 日实施的《电力业务许可证管理规定》中规定，电监会负责颁发和管理电力业务许可证。除了电监会规定当中的少数特殊情况之外，任何的单位或者个人在没有取得电力业务许可证之前，是不能从事电力业务的，同时被许可的单位或个人也同时应依法

---

[1] 吴姜宏：《解读电力监管条例》，《中国电力企业管理》2005 年第 4 期。

开展电力业务，并且接受电监会的管理和监督。其中，如果是主要从事发电业务的单位或个人，也要取得发电类电力业务的许可证。而从事输电业务的单位或个人，要取得输电类电力业务许可证。[1]从事供电业务的单位或个人，应该取得供电类电力业务的许可证。从事配电、售电业务的相关许可，则由电监会另外进行规定。[2]

（二）电力价格制度

电力价格制度，是价值规律在电力市场中发生效用的表现，通过价格反映电力资源的稀缺程度，以此来促进能源结构调整，推动可持续发展。电价是电能商品的价值的具体体现，对电力企业的生存和发展有着举足轻重的作用，电能是一种很难用其他商品替代的重要生产资料，对电力生产的资源优化配置起着重要的杠杆作用。电价改革是电力体制改革的重要内容，厂网分开、竞价上网、政府监管等各项改革措施都与电价改革密切相关，对建立和培育电力市场、优化电力市场资源配置具有十分重要的意义。

各国一般把政府依法对电力行业提供的产品和服务的价格实施监管作为电力监管的主要内容之一。[3]我国主要从以下三方面促进电价改革，形成良好的电力价格制度：一是核实电力的真实成本。在电力产业运行过程中，将电力的垄断环节和竞争性环节相互分开，核实垄断环节的真实成本。[4]二是调整电力价格，促进能源结构合理化，鼓励发展清洁能源，如风电、核电等。三是遵循市场化的原则，确保电力价格的可预见性、透明性和持续性。

（三）电力监管制度

所谓监管，就是指政府依据法规对企业的市场进入、价格决定、产品质量和服务条件施加直接的行政干预措施。而电力监管则是电力监管机构依据电力法和相关行政法规的规定，对电力经济活动实施的直接或者间接的行政性的干预措施，是在市场经济的环境下，由专门的电力监管机构对电力企业及电力市

---

[1] 杨卫东：《电力行政许可制度设计基本构想》，《中国电力教育》2004 年第 4 期。

[2] 根据 2013 年 3 月《国务院关于提请审议国务院机构改革和职能转变方案》，将电监会和国家能源局的职能进行整合，重新组建国家能源局，由国家发改委管理，电监会不再保留。

[3] 任玉珑：《从国际经验角度探讨我国现代监管体系的构建》，《工业工程》2008 年第 5 期。

[4] 臧传琴：《市场结构重组后自然垄断产业的规制政策设计》，《云南社会科学》2008 年第 3 期。

场交易行为进行约束的一系列制度性安排。具体地说，电力监管制度就是指导和调节电力监管机构、电力企业、电力调度交易机构等组织及其工作人员以及电力用户行为的准则，是实现市场资源优化配置的制度。

我国的电监会（现并入国家能源局）虽然具有法律层面上的电力改革的主导权，但是其存在着职能分散、权力不合理的问题，电价的监管和市场准入的监管应该是电力监管机构的两大主要的基础性监管职能。因此，电价监管和市场准入监管应是新组建的国家能源局的两大主要职能。但是发改委决定电力企业投资审批和电力定价，发改委和商务部决定市场准入权，国资委管理国有电力资产。由此可见，在行使具体职能时，国家能源局与上述部门之间存在着职能界限模糊以及重复的监管等诸多问题。

（四）电力规划制度

电力规划制度，是指国家对电网、一个地区或者全国的电力产业结构进行系统的规划，对于电力行业的发展提供指导性的依据，以达到使全国电力协调、可持续发展的一项制度。

电力是产品或者说是商品的一种形式，但是电力规划制度仍然有其存在的必要性和重要性，规划是计划经济的生命线，如果没有它们，社会经济体制就无法正常的运转。目前我国的社会主义市场经济正在逐步建立与完善的过程中，绝大多数的商品已经无须通过计划或者规划来完成，可以完全由市场机制的调整来完成。但是，电力是一种特殊的商品，其具有"经济晴雨表"之称，并且电力行业具有自然垄断性和竞争性相结合的特点，因此电力行业的发展如果完全依靠市场调节，非常可能会造成巨大的浪费。而且电力产业一般投资巨大，工程建设周期比较长，如果企业预测不准，会带来巨大的经济损失。因此电力行业的规划工作在电力工业发展的过程中具有非常重要的作用，其规划的质量和水平将直接关系到电力工业发展的质量和水平。但并不是所有的国家都建立了电力规划制度，很多西方国家就仅仅是采用了依靠市场调节的手段，其主要原因是西方发达国家电力基本进入了"饱和期"，经济发展缓慢，市场波动不大。而我国却刚好相反，经济发展迅速，阶段性起伏大，因此电力规划在我国具有重要意义。

（五）电力市场安全运行制度

电力市场运行制度，以实行市场化改革和建立竞争性电力市场为核心，以建立新型电力工业体制和促进电力产业平稳持续发展为重点，增强电力市场平稳运行的可靠性。因此，政府有待建立一套符合实际情况的电力市场运行制度。[1]

首先，在电力规划机制上，从电力质量的管理角度看，电力产业市场的各成员之间相互联系、密不可分。电网是一个不可分割的整体，电力系统是一个十分复杂的网络系统，"交流电网的电压和频率的质量，不仅直接影响电力用户终端产品的质量，而且直接关系到电网本身的安全和用电户用电的可靠性。一个电网内所有发电、供电单位都要严格按照规定，在统一指挥下进行生产。只有对电力生产进行严密的组织指挥，科学的统一调度管理，才能保证电网协调一致、安全平稳运行。这种管理严密、技术复杂的系统工程需要有科学、权威的法律法规作为行为准则，以保证电网统一调度的实施"。[2]

在生产的运行和监测机制领域，经济、社会发展需要电力供给与需求平衡，而电力行业只有在网络化、规模化的经营基础上才能保持动态平衡，得以实现系统的最大经济效益。为促进电力供求平衡，加快建立电力生产运行的监测预警机制，我国原电监会在 2008 年 7 月 4 日颁布了《电力供需及电煤供应监测预警管理办法》，对电力供需、电煤供应情况做出供应监测预警规定。此外，该办法对各单位电力监测预警工作责任机制提出要求。由此可见，生产运行监测机制要以其动态和持续性来实现经济性与可靠性相协调。

最后，在生产事故的管理机制上，我国原电监会于 2004 年 12 月 28 日颁布的《电力生产事故调查暂行规定》，明确了安全第一、预防为主的方针，在总结经验教训的基础上，采取预防措施，预防电力生产事故的发生。在进行电力生产事故调查时，应当坚持尊重科学、实事求是的态度，同时对电力生产设备事故、电力生产人身事故、重大电网事故、特大电网事故做出界定。因此，完善电力生产事故管理制度也具有一定的紧迫性。[3]

三、中国电力法律制度的问题

我国早在 1985 年就开始了《电力法》的研究起草工作，1995 年 12 月 28 日在第八届全国人大常委会第十七次会议上获得通过，并从 1996 年 4 月 1 日起

---

① 孙耀唯：《俄罗斯电力改革的启示》，《中国电力企业管理》2008 年第 9 期。
② 《电力生产的特点》，http: www.lnen.com/power/html/power200720070611101488. html。
③ 徐瑞卿：《电力系统应急管理探讨》，《中国管理科学》2006 年第 4 期。

正式实施。之后，电力体制也慢慢地进行了一系列的改革：我国的国家电力公司于 1997 年成立；1998 年撤销电力部，实行政企分开，进行市场化试点运作；2003 年，我国成立了国家电力监管委员会用以主导进行电力产业体制的改革。随着时间的推移，《电力法》中的一些内容与时代不相适应，甚至与电力改革的要求产生矛盾。

1. 《电力法》定位不准确

在《电力法》制定之初，政企不分，随着电力产业的发展，其市场化进程受到了一定的制约。在部门利益的作用下，政企不分在一定程度上成了行业垄断利益的"保护伞"[①]。2002 年 4 月，国务院确定了"厂网分开"的电力改革指导方针，电力管理和经营的方式由此发生了重大的变化，打破国家电力公司长期垄断经营发电、输电、配电、售电四大环节，逐步实现了竞价上网的改革目标。

2. 电力监管体制的不足

因为历史局限性，《电力法》中没有涉及电力市场的建立及运行、电力监管原则、机构、手段等内容。电力产业体制的改革一步步地推进，而《电力法》却越来越不能体现"政企分开、公平竞争、开放有序、健康发展"的电力市场发展原则和电力监管体制的明确要求。例如，《电力法》第 25 条中"供电企业在批准的供电营业区内向用户供电"显然与"厂网分开，竞价上网"相背离。尤其是"一个供电营业区只允许设立一个供电营业机构"使得电力产业的垄断经营合法化，这与产权多元化、资源优化配置、平等竞争等市场规则是相悖的，也与现代电力监管制度不相符。

3. 电业权制度有待确立

所谓的电业权具体是指电业投资者依法通过政府许可，在一定区域内所具有的电业专营权。[②] 在本质上，电业权是一个国家的政府对其国土内的电力资源所享有的开发和利用权。电业权则是民事主体进入电力开发经营领域的入门资格证，一般的民事主体如果想要通过直接生产支配电力而获取一定的利益，则必须首先取得电业权。因此，电业权益的优化配置是电力生产高效持续增长

---

① 孙涛：《我国能源立法初探》，《山东商业职业技术学院学报》2007 年第 2 期。
② 肖勇：《电业权法律制度与我国电力体制改革的关系》，《上海电力学院学报》2004 年第 2 期。

的前提条件，其对划分电力企业性质及其经营范围、合理安排电业产业结构具有非常明显的作用。在计划经济的体制下，和其他的自然资源一样，电业权由政府通过行政许可的方式交给国家垄断企业进行经营，而没有经过市场的等价交换。

四、中国电力产业管理机制改革的方向

2014年12月24日，国务院总理李克强主持召开本年度第三十九次常务会议，此次会议研究了由国家发改委提交的"新版电力体制改革"方案，该方案获常务会议原则性通过，并将择机向社会发布。新方案将不会对电网企业进行横向拆分，但明确了电网企业的公共服务属性、改变了电网"吃差价"的盈利模式，最大的亮点在于网售分开，培育多种售电主体。新电改方案重点是"四放开、一独立、一加强"，即输配以外的经营性电价放开、售电业务放开、增量配电业务放开，公益性和调节性以外的发供电计划放开，交易平台独立，加强规划。[1]

如上所述，我国电力法律制度目前存在着诸多问题，严重限制了我国电力产业体制的改革和发展，为了进一步改善电力产业体制，更好地完善和发挥电力能源对于我国经济社会发展的助力作用，必须对其进行一定的改革探索。

首先，《电力法》是我国规范电力产业及其相关问题的基本法律，须对其进行一个明确的定位。根据国家电力产业"政企分开"的电力产业改革方针，作为电力法律体系的核心，《电力法》的定位应符合可持续发展的需要，应符合经济、社会发展的需要，不断促进电力产业的市场化改革和发展进程。

其次，在电力监管体制方面，必须明确"政企分开、公平竞争、开放有序、健康发展"的目标和要求，进一步探索打破电力企业行业垄断和地域垄断的制度设计。如《电力法》第一章第6条第1款中的"国务院电力管理部门负责全国电力事业的监督管理"应变更为"国务院电力监管部门负责全国电力事业的监督管理"。[2]同时，电力生产与电网管理条款中应明确发电、输电、配电、售电环节自主经营管理的法规及国家能源局电力监管机构与电力市场各经营主体

---

[1] 中国电力网：http://www.chinapower.com.cn/newsarticle/1226/new1226709.asp，访问日期：2014年12月31日。

[2] 黄振中：《中国能源法学》，法律出版社，2009，第275页。

之间的法律关系。

第三，在社会主义市场经济体制下，电业权具有一定的稀缺性和效用性。所以，应确立和发展电业权制度，通过公开电力产业市场来打破长期以来电力产业的行业垄断经营，通过充分发挥市场化的作用对电业权实行有偿配置，确保电力开发、利用合理化和安全、有效供给，以搞活国家的电力产业体制，不断实现我国电力法律制度的完善和创新，为国家经济建设和社会发展服务。

第十二章　核能法律制度

核能是地球上储量最为丰富的能源，可开发的核燃料能源提供的能量是矿石燃料的十几万倍。核能首先被大规模使用在军事上，1945 年 8 月 6 日，美国用铀弹（代号为"小男孩"）轰炸了日本的广岛，三天后又用钚弹（代号为"胖子"）轰炸了日本的长崎，一周后第二次世界大战结束。随着第二次世界大战的结束，在国际社会的呼吁下，通过联合国积极努力推动，促进核能和平利用和谈判核军备控制的国际组织相继成立，逐渐形成了消减核武器数量、防止核武器扩散、促进核能和平、利用国际合作为主要调整目标的国际核能法律制度。

第一节　核能法概述

世界核能立法出现较晚，从 1946 年美国《原子能法》和英国《原子能法》的出现算起，只有 60 多年的历史。随着世界原子能工业的快速发展，各国原子能立法工作不断完善，为加强核能工业管理，提供安全保障提供了坚实的法律保障。

一、核能利用及核能法发展

（一）核能及其利用特性

核能主要通过三种核反应进行能量释放，即核裂变，核聚变和核衰变。核衰变是当原子核内的质子过多或中子过多而自发地以发射不同射线的方式释放出能量而转变为稳定核的现象。核裂变是一个质量较大的重原子核（如铀、钚等）分裂成两个较轻原子核（称核裂变碎片或裂变产物核），此时释放的核能称为裂变能。两个质量数很小的核（如 H-2 与 H-3 或称氘核与氚，也叫重氢、超重氢）聚合为一个较重的核（如氦核）称为聚变，此时释放的核能称为聚变能。

世界上已探明的铀储量为 490 万吨，钍储量约为 275 万吨。这些裂变燃料足够使用到聚变能时代。聚变燃料主要是氘和锂，海水中氘的含量为 0.034 克/升，据估计地球上总的水量约为 138 亿立方米，其中氘的储量为 40 万亿吨，地球上的锂储量有 2000 亿吨，锂可用来制造氚，足够人类在聚变能时代使用。按目前世界能源消费水平，地球上提供原子核聚变的氘和氚，能供人类使用上千亿年。

核能已日益成为世界的重要能源，并广泛运用在军事、工业、农业和医学等各种领域，尤其核电技术基本成熟，安全可靠性得到了实践验证，供应能力强，已成为能源电力战略的重要组成部分。自 20 世纪 50 年代中期第一座商业核电站投产以来，核电发展已历经 50 年。根据国际原子能机构 2012 年发表的年度报告数据，2011 年，核能生产了全世界电力的 12.3%。目前，全世界共有 30 个国家运行着 435 座反应堆，总装机容量为 3.7 亿千瓦，还有 62 台总装机容量为 5930 万千瓦的机组在建造中。

与常规能源特别是煤炭、石油、天然气相比较，核能具有明显的优势，是浓集、清洁和经济的能源，是对环境友善的能源。具体包括：

1. 核能是取之不竭的能源

1 吨铀裂变所产生的能量，相当于 270 万吨标准煤。地球上已探明的核裂变燃料，即铀矿和钍矿资源，按其所含能量计算，相当于有机燃料的 20 倍，只要及时开发利用，便有能力替代和后续有机燃料。更进一步说，地球上还存在大量的聚变核燃料氘，能通过聚变反应产生核能。1 吨氘聚变产生的能量相当于 1100 万吨标准煤，氘即重水中的"重氢"，普通水中有 0.7% 的重水，故地球上存在约 40 万亿吨氘。所以聚变反应堆成功以后，能源真可谓取之不尽，用之不竭，人类将不再为能源问题所困扰。[①]

2. 核能是清洁的能源，有利于保护环境

环境污染问题和地球气候变暖的主要原因是由于使用化石燃料引起的。例如，燃煤燃烧后排放的一氧化碳、二氧化碳、硫化氢和苯化合物，容易形成酸性雨，使土壤酸化、水源酸度上升，对植物及水产资源造成有害影响，破坏生态平衡。苯化合物还是一种强致癌物质，同时大气中的二氧化碳浓度增加也导

---

① 欧阳予、汪达升：《国际核能应用及其前景展望与我国核电的发展》，《华北电力大学学报》2007 年第 5 期。

致大气层的"温室效应"。随着世界人口的飞速增长，化石能源及新能源的产量将无法满足世界人口需求。核电不适用化石燃料，也就不产生相应的杂质硫、氮等元素，以及这些元素在化学反应中产生的氧化物，当然也不排放一氧化碳、二氧化碳、二氧化硫及烟尘等废物。《核电中长期发展规划（2005~2020)》指出："核能已经成为人类使用的重要能源，核电是电力工业的重要组成部分。由于核电不造成对大气的污染排放，在人们越来越重视地球温室效应、气候变化的形势下，积极推进核电建设，是我国能源建设的一项重要政策，对于满足经济和社会发展不断增长的能源需求，保障能源供应与安全，保护环境，实现电力工业结构优化和可持续发展，提升我国综合实力，工业技术水平和国际地位，都具有重要的意义。"

3. 核能是经济高效的能源

首先，核电厂消耗的核燃料很少。两台 100 万千瓦核电机组，每年需要更换约 100 个燃料组件，合 50 吨左右核燃料，只需要 54 辆卡车就能运送，而同等装机容量的燃煤电站则需要 600 万吨煤，要用 10 万节车皮来装，给交通运输和资源开发带来压力。其次，核电的燃料费占成本的比例低。核电的燃料成本较低（占总成本的 20%，火电约占 50%左右)，在还清建设的本息后，发电成本大大低于煤电。

然而，核能的利用对环境和人类也存在着一定的风险，将铀矿转成核能的过程中，伴随着产生了核废料，如果利用不当，则将对人类和环境产生巨大的危害。任何与核有关的活动或设施，无论是军事用途，还是非军事用途，均可能造成不可估量的危害。1986 年 4 月 26 日，切尔诺贝利核电站发生泄漏事故，它使得 33 万多人被迫离开家园，5 000 多儿童罹患甲状腺癌，上百万人生活在对自己健康和生活的忧虑之中，世界永远不该忘记这次事故给人类造成的损失和伤痛。此外，核能工业产生的各种放射性废物，如核反应堆的"三废"、核原料的开采和冶炼、核燃料的后续处理、核试验沉降物等都带有极强的放射性，使环境中的放射水平改变，从而危害人类的健康。

（二）核能法概念和发展

根据 2003 年国际原子能机构（IAEA）发布的《核法律手册》，核法律是指为调整从事与可裂变材料、电离辐射和接触天然辐射源有关活动的法人或自然人的行为而设立的特殊法律规范主体。该定义包括以下含义：首先，核法律是国家立法中的特殊技术性法律；其次，核法律是以调整监管核相关活动对社会和经济发展带来的风险和利益为核心；再次，核法律的主体包括政府，从事商业、学术、科学活动的法人及个人的行为；最后，核法律是以规范和平利用核能为使命的特殊法律制度。这个定义是针对核能利用领域的各种法律制度及其构成的法律体系，揭示了核能法律制度政府监管的行政法属性、核技术的特殊性及和平利用的主旨。①有学者认为，所谓核能法是调整核能科学研究和开发利用及规制，用以维护社会公共利益，保证核能安全、合理、有效利用和保护环境的法律规范的总称。②就一国而言，广义的核能法律是指核能相关法律体系所包含的各项法律、法规、法令、国家发布技术规范、国际公约等，而狭义的核能法是指各国用于指导核能和平利用的基本法。

自核电和平利用以来，历经 60 多年，核能利用技术得到长足发展，而核能法律的建立和发展也伴随着核能利用的科技进步和核能国际关系的发展而发展，突出体现在世界各国和国际组织围绕核军控问题、核不扩散问题与核能和平利用安全三个主要领域，并在不同时期形成了一套庞大的核能利用相关国际原子能法律体系，成为一套独特的、促进核能和平利用的国际法律制度。1956 年《国际原子能机构规约》的签订，代表着调整国际核能利用关系的专门国际原子能法律文件的创立，以此作为有序开展核能利用、维护世界和平和造福人类的有效手段，也标志着世界各国联合起来成立一个关于核能合作的对话平台，以法律手段来推动核能和平利用的健康发展。目前，国际核能利用领域逐步积累和形成了以 50 多个国际多边公约为主，辅之以大量的国家间、国家与国际组织之间核能利用双边或多边协定，还有诸多国际及标准所组成的庞大国际原子能法律体系和标准体系。③国际公约主要有《核安全公约》《乏燃料管理安全和放射性废物管理安全联合共约》《核材料实务保护公约》《核损害民事责任维也纳公约》《核电方面第三方责任公约》《核事故或辐射紧急情况援助公约》《及早通报核事故公约》等。

随着核能和核技术的开发利用，为了充分利用核能并防止其可能带来的污染，世界各国从 20 世纪中叶开始陆续颁布了一系列核能开发利用和放射性污染防治的法规标准。例如，美国自 1957 年投运世界第一座商用压水堆核电站，目前在运行的核电机组共 104 台，美国核能发电量占其总发电量的 19%。但美国于 1954 年起颁布了多部有关核安全管理的法律，内容涵盖核能利用的各个方

① 国际原子能机构：《核法律手册》，2003。
② 黄振中、赵秋雁、谭柏平：《中国能源法学》，法律出版社，2008，第 303 页。
③ 陈刚编《国际原子能法汇编》，中国原子能出版社，2012，第 1 页。

面，主要包括：《1946 年核能法》《1954 年核能法》《1974 年能源重组法》《1980 年核安全研究、发展以及演示法》《1982 年核废料政策法》。在《1954年核能法》的规范下，美国建立了第一个"民管权"为主要特征的涉核事务国家职能机构——美国核能委员会，以政府专制方式行使联邦政府对军事核工业和民用核电力工业的涉核事务管理国家职能。

核电是法国能源政策的"支柱之一"，是法国向所有家庭提供电力的最佳途径。法国没有《原子能法》，但把各项法律分散在国家其他法律中，法国核电立法主要包括：放射性保护法，如 2002 年修订的《全面保护人体免受电离辐射法令》；核设施管制法，如《重要核设施法令》；放射性物质与废物管制法；核电与环境保护以及和损害的第三方责任法等。其主要法律制度有核设施建设程序制度，该制度主要见于《反污染法》，法律授权政府对两种核设施的建设、管理和控制发布政令进行管制。突发事件应对制度，如《森林火灾安全与防护及预防重大灾害法》。核材料贸易管制制度，《核材料保护与控制法》。放射性保护制度。核废料的安全处置制度，如《核废物管理研究法》。核损害的民事责任制度，主要是通过实施 1960 年的《巴黎公约》，1963 年《布鲁塞尔公约》及 1982年的两个议定书，法国还批准了《核不扩散条约》。[①]英国 1946 年就颁布了《原子能法》，之后又做了修订和补充。日本 1955 年颁布了《原子能法》。韩国1958 年颁布了《原子能法》。

二、核能法律制度基本原则

2003 年国际原子能机构（International Atomic Energy Agency，IAEA）在《核法律手册》中规定了核法律基本原则，成为成员国制定相关法律的指导性原则。根据《核法律手册》的分析，使核法律与其他方面的法律区别开来的特征是以下的一些基本概念，它们通常以基本原则的形式出现，也被视为核法律的基本原则。它们是：

1. 安全原则

该原则主要从核本身的自然特征所具有的风险性出发，要求有关当事方由此而应该采取预防措施。有关条约规定，安全是核能利用和电离辐射运用的前

---

① 陈维春：《法国核电法律制度对中国的启示》，《中国能源》2007 年第 8 期。

提条件；①当从事涉及与核能相关的活动时，核安全是必须予以优先考虑的问题。②它可以分解为多个分原则，其中最重要的是防范原则（鉴于核技术风险的特殊性，核能法的基本目标就是做到充分谨慎和预见以防止核事故发生和电离辐射不当使用带来的损害）和保护原则（因为任何法律都是风险和利益的平衡，当风险大于利益时，法律必须保护公众健康、安全、环境等）。该原则还被称为"预防原则"，对于核事业而言，严格的预防技术措施是规避风险必须加以关注的。

2. 安保原则

现在我们谈论核安全使用，不可忘记核技术发展的源头是有关国家出于军事目的的军事项目。如同核材料和技术被用于非和平目的会带来健康与安全风险一样，它们也会引起对个人和社会的安保风险。辐射源的丢失或遗弃将使人在无意识中遭受生理损害；恐怖分子或犯罪集团获得辐射源导致他们生产辐射发散设备并从事不良行为。特定类型核材料的扩散能导致针对国家或次国家团体进行核爆炸的行为的发生。所以，法律措施必须保护能引起安保风险特定类型和数量的核材料，并对它们的安全负起责任；这些措施能够对抗合法使用核材料与技术中的意外和人为方面因素引发的风险。

3. 责任原则

核能运用会涉及多个主体，如研发组织、核材料加工或提炼商、核装置或电离辐射源生产商、医疗从业人员、工程建造公司、建筑公司、核装置运营人、金融机构和主管部门等。那么，如果发生核损害，谁的责任最大？理论上所有对与核相关活动能有所控制的实体都应当承担其相应的安全责任。然而，通常是获得授权进行与核能或电离辐射相关具体活动的运营商或被许可人承担首要责任，他们承担确保其活动符合安全、安保和保护环境等要求。

4. 许可原则

多数国家法律规定，法律不禁止的活动，当事人可以自由举办，但对于可能引起环境或人身伤害可识别风险的活动，通常要事先获得主管部门的许可。基于核技术会带来特殊风险之结果，核法律通常要求涉及可裂变材料和放射性同位素活动应事先获得许可。有时也可用授权（authorization）、特许（licence）、

---

①② 中国法学会能源研究会编《中国能源法研究报告（2011）》，立信会计出版社，2012，第 229 页。

许可证（permit）或批准（approval）等词。该原则实施时，要考虑到核活动可能影响到第三方的情况。

5. 持续控制原则

运营人获得许可后，主管部门还必须有持续能力对有关运营人的核活动进行监控，以确保活动安全、符合安保原则和授权条件。该原则意味着核法律必须提供法定检查员随时能够自由地对所有核材料使用和储存的场所进行检查的机会和条件。

6. 赔偿原则

由于核技术使用因素的复杂和多样，无论如何预防都无法彻底排除核活动带来损害的情况，如在使用核技术过程中对人、物和环境可能带来的损害等。核法律应规定国家要采取特定措施在发生核事故时，提供充分的赔偿。特别是核设施运营人通常要既严格又绝对地对在核设施内、运输核物质过程中发生的或源自核设施中的事故给第三方带来核损害结果的行为承担法律责任。

7. 可持续发展原则

该原则源自环境保护领域。环境方面的国际法文件要求每一代人都有责任不能给后代施加不当的环境负担。它自然适用于核领域，而且在该领域，它更显突出，因为具有长久性损害的核裂变或电离辐射材料及核技术的不当使用给健康、安全、环境带来的损害更容易影响到子孙万代，所以这一原则在核技术使用方面特别重要。

8. 遵守国际法原则

由于核辐射影响具有跨国性，在一国发生的核事故会影响到周边甚至更多的国家，所以有关国家必须遵守国际法（包括该国加入的多边、地区性和双边国际条约和习惯国际法）有关规定，履行国际条约义务。

9. 独立性原则

国家核主管部门在核能管理、控制方面具有独特的作用，因此，必须充分注意到在核立法中特别强调由核专家组成的主管部门做出的涉及核安全的决策不应受到核能开发或促进实体的干预。考虑到与核技术相关的重大风险，在涉及安全问题时，其他利益必须让位于主管者独立和专业性的裁定。

10. 透明度原则

战争时期（包括冷战前期）出于军事目的对核技术、核材料等要求保密有其合理性，但在民用时期，核能只能出于和平目的而使用，公众对核技术的了解和信任已经客观上要求国家必须将出于经济和社会发展目的而使用不同核技术涉及的风险和利益的所有可能的信息公之于社会公众、媒体、立法机关和其他利益群体等。该原则要求涉及核能开发、使用和规制的组织或机构应将所有关于核能使用的方式、过程（特别是涉及可能影响公众健康、安全和环境的核事故、事件）等的信息让公众容易获取。

11. 国际合作原则

核能的国际维度基于以下几个因素构成：首先，就安全和环境而言，跨国影响的潜在性要求各国政府间协调彼此间的政策，开发合作项目以降低对本国公民、领土、全球人口及作为一个整体的星球的损害的风险。同时，一国关于如何提高安全水平的经验与他国情况的改善有着密切联系；及时广泛地分享这样的经验对取得世界范围内核活动及核实施安全改善和水平提高至关重要。其次，核材料的使用涉及不遵守国界的安全风险。恐怖分子行为的威胁与非法贩卖走私核材料相关的威胁及核爆炸物的扩散等长期以来已被视为要求进行高水平国际合作的重大事项。再次，大量的国际法文件已经颁布，以对有关国家在核领域的义务进行法典化。不仅政府必须本着诚信原则履行义务，而且立法者在制定涉及这些义务涵盖内容的国家法律框架时，那些文件的条款也限制了它们的自由选择权。最后，核产业日益增长的多国性特征，核材料和设施跨越国境频繁移动，使对这些的有效控制依赖于不同国度的私人和公共实体的共同和联合行动。基于以上原因，国家的核能立法应当做出充分规定以鼓励核能公共实体和私人使用者积极参与到核领域有关的国际活动中。[1]

三、我国核能立法现状

（一）我国核能立法概况

为发展核能利用并确保核与辐射环境安全，我国制定并颁布了覆盖核电利用和管理、核设施安全监管、放射性废物管理、核材料管制、民用核承压设备监督管理、放射性物质运输管理、核技术应用等多个方面的法规，初步形成了以《放射性污染防治法》为核心，包括核能法律、核能行政法规和规章、核能地方性法规和规章、其他规范性文件和导则及标准，以及国际条约与双边协定等组成的核能法律体系。具体如下：

---

[1] 国际原子能机构，《核法律手册》，2003。

1. 核能法律

2003 年颁布施行的《放射性污染防治法》，是我国核能领域的第一部法律，也是目前唯一的一部法律。该法共由八章组成，体现着"预防为主、防治结合、严格管理、安全第一"的原则，首次明确了放射性污染的防治和管理范围，规定国家对放射性污染实行统一管理，特别是强调和规定了核设施退役后各项工作的监管内容，引入了环境影响评价制度、"三同时"制度、许可证制度等重要制度，推动我国放射性污染防治工作的开展，对保障人民健康和国家生态环境安全有十分重要的意义。此外，相关法律也对核能做出了一定的规范，例如：《矿产资源法》第 16 条和第 26 条分别对放射性矿产的开采、普查和勘探做出了规定。还有与环境保护有关的《环境保护法》《环境影响评价法》《清洁生产促进法》等。

2. 核能行政法规和规章

包括：一是制度导引和战略规划方面。如《中国的防扩散政策和措施》白皮书（2005），《核电中长期发展规划（2005~2020）》（2007），《核电安全规划》（2012）等。二是核原料、核材料、核设施管制方面。主要包括《核材料管制条例》（1987），《核材料管制条例实施细则》（1990），《民用核燃料循环设施安全规定》（1993）等。三是防止核扩散方面。如《核出口管制条例》（1997 颁布、2006 修订），《核两用品及相关技术出口管制条例》（1998 颁布，2007 修订）等。四是核电发展利用方面。如《核电厂设计安全规定》（1991），《核电厂核事故应急管理条例》（1993），《核电厂运行报告制度》（1999）等。五是放射性物质安全监管方面。如《放射性药品管理办法》（1989）《核电厂放射性废物管理安全规定》（1991），《核反应堆乏燃料道路管理暂行规定》（2003），《放射性同位素与射线装置放射防护条例》（2005），《民用和安全设备监督管理条例》（2007），《国家发改委关于完善核电上网电价机制有关问题的通知》（2013）。六是核事故应急方面。如《国际核事件分级和事件报告系统管理办法（试行）》《核电厂核事故应急培训规定》（2003），《核电厂核事故应急演习管理规定》（2003），《国务院关于核事故损害赔偿责任问题的批复》（国函〔2007〕64 号）等。

3. 核能地方性法规和规章对于促进地方利用核能和环境保护发挥着不可替代的作用

例如，2003 年 2 月 1 日实施的《浙江省核电厂辐射环境保护条例》是中国第一部有关核电厂辐射环境保护的地方法规，对核电厂辐射的监督管理、核事故应急管理，以及有关法律责任做出了详细规定，对浙江省打造中国堆型最多、规模最大的民用核工业基地起到了很好的保障和促进作用。①

4. 其他规范性文件也是核能法律体系的组成部分

例如，国务院《关于处理第三方核责任问题给核工业部、国家核安全局、国务院核电领导小组的批复》（国函〔1986〕44 号）。2007 年 6 月 30 日，《国务院关于核事故损害赔偿责任问题的批复》（国函〔2007〕64 号）正式印发。在批复的 10 条规定中，最突出的内容是：核电站的营运者对一次核事故所造成的核事故损害的最高赔偿额达到 3 亿元人民币。核事故损害的应赔总额超过规定的最高赔偿额的，国家提供最高限额为 8 亿元人民币的财政补偿。同时，该批复中还删除了 1986 年国函 44 号文件中关于特大自然灾害所引起的核事故造成的核损害的免责条款。

5. 导则和标准是核能法律体系的有益补充

导则主要包括核安全生产导则和技术导则，核安全生产导则是说明或补充核安全规定及推荐安全规定的方法和程序的指导性文件，目前分为通用系列、核动力厂系列、放射性废物管理系列与核材料管制系列等。核安全导则是推荐性的，在执行中可采用该方法和程序，也可采用等效的替代方法和程序。技术导则表明核安全当局对具体技术或行政管理的见解，在应用中参照执行。

6. 国际条约与双边协定是我国核能法律体系中的重要组成部分

目前，中国累计签署核能领域的国际条约及部门间协定 70 项，包括《制止核恐怖行为国际公约》(2006)、《乏燃料管理安全和放射性废物管理安全联合公约》(2006)、《核损害补充赔偿公约》(2004) 等。此外，中国本着相互尊重主权和平等互利的原则，先后同德国、巴西、阿根廷、比利时、英国、美国、日本、巴基斯坦等国家签订了政府间的和平利用核能合作协定，为中国与这些国家开展核能领域的交流与合作奠定了基础。

（二）我国核能法律实施中存在的问题

我国核能立法初步形成了以《放射性污染防治法》为核心的核能法律体系，为中国核能利用特别是核电发展起到了积极作用。然而，与其他核电发达国家相比，我国的核能法律在实施中还存在着一些问题，严重制约了核能利用和发

---

① 《我国首次对核电厂辐射环保进行地方立法》，http：//news.xinhuanet.com/newscenter/ 2002-12/20/content_665666.htm，访问日期：2008 年 2 月 3 日。

展。具体如下：

1. 缺乏核能基本法律

我国自20世纪80年代开始利用核能发电，核技术应用产业发展迅速，初步形成了核军工、核电、核燃料循环和核技术应用在内的完整的新型核工业体系，但尚未制定一部核安全领域的基本法。《放射性污染防治法》是目前核能领域颁布的一部法律，仅在强化放射性污染防治，保护环境和人体健康方面起到作用，却不能从全局上对核能开发和利用进行整体制度安排。我国曾于1984年国家核安全局成立后，开始启动我国《原子能法》的编制工作，具体由国家核安全局会同原核工业部、卫生部等政府部门起草。但时至今日，仍然没有出台这一核能领域的基本法。

核能基本法的作用在于通过系统而全面的规定构筑一个完善的核能利用法律体系，从而确立核安全的保障性的标准，因此一些国家很早就制定了原子能基本法，如日本（1955年）、英国（1946年）、印度（1948年）、韩国（1958年）。现在世界上的30多个核电国家没有原子能立法的寥寥无几。即使一些没有核电厂，只有供研究用反应堆的国家，如印尼、越南、泰国、马来西亚等国也很早就预先制定了原子能法。另外，我国也缺乏专门的综合性核安全立法，如《核安全法》。当前施行的《放射性污染防治法》仅是从管理层面对核安全问题进行调整，在技术方面缺少对核安全领域新技术利用的法律规制。当然，并不是每一个国家都有制定上述法律的必要，但是对我国而言，当前核安全法律体系及核安全保障制度的欠缺迫切需要这两部法律进行弥合。

2. 核安全立法的部分法律法规亟待修订

需修改的内容一部分是不能满足核能安全利用的需要，如部分法律法规内容之间重叠、交叉等问题；另一部分是原则性过强，缺乏可操作性，或是没有相关配套性规定。同时，有的立法在立法目的方面对核安全保障不明确，如《放射性污染防治法》没有体现可持续发展的理念，这与国际立法的趋势存在偏差。此外，我国核立法还普遍存在对公众参与缺乏保障性规定的问题，这导致核能利用方面透明度不够，不利于民间监督作用的发挥，进而可能侵犯社会公共利益。

3. 核损害责任制度不完善

核损害赔偿责任是指在核电站及其他核设施发生核事故的情况下，由该核电站或核设施的业主对核损害受害者承担的民事赔偿责任。我国在核损害责任方面的专门立法处于空白状态。1986年，大亚湾核电站项目合同谈判中外方按照国际惯例提出核损害赔偿的一系列法律问题。借鉴国际上相关公约，我国通过《国务院关于处理第三方核责任问题的批复》（国函〔1986〕44号）对核损害赔偿责任人、赔偿限额、免责条件、受害人诉讼时效和管辖权做出规定，成为我国处理第三方核责任的基本依据。2007年下发的《国务院关于核事故损害赔偿责任问题的批复》（国函〔2007〕64号）正式印发。其中明确了核电站的营运者对一次核事故所造成的核事故损害的最高赔偿额达到3亿元人民币。核事故损害的应赔总额超过规定的最高赔偿额的，国家提供最高限额为8亿元人民币的财政补偿。同时，该批复中还删除了1986年国函44号文件中关于特大自然灾害所引起的核事故造成的核损害的免责条款。但与国际损害赔偿机制相比较，赔偿数额低，免责条件界定不够清晰，未涉及境外的核损害问题，也未规定核材料在运输过程中的责任问题。《产品质量法》（2000）第73条第2款规定："因核设施、核产品造成损害的赔偿责任，法律、行政法规另有规定的，依照其规定。"但是，我国还没有制定因核设施、核产品造成损害的赔偿责任专门法律或行政法规。《放射性污染防治法》（2003）第12条规定："核设施营运单位、核技术利用单位、铀（钍）矿和伴生放射性矿开发利用单位，负责本单位放射性污染的防治，接受环境保护行政主管部门和其他有关部门的监督管理，并依法对其造成的放射性污染承担责任。"第59条规定："因放射性污染造成他人损害的，应当依法承担民事责任。"该法上述有关核损害责任问题的规定原则性较强，可操作性差。因此，我国应当尽快确立核损害法律制度。

（三）完善我国核能法律体系

1. 抓紧制定核能基本法《原子能法》

原子能法是核能立法的基本法，是有核国家最重要的法律之一。美国早就在1946年就制定了原子能法，英国、加拿大、日本、德国等国也相继颁布了原子能法。《原子能法》的缺位使我国不能构筑起完善而有效的核安全法律体系，这始终是我国核安全立法领域的一个突出问题。

令人欣喜的是，我国的《原子能法》立法工作在2011年取得了重大进展，中国核能行业协会已完成了原子能法的立法研究课题，原子能法起草研究小组正在多方征求专家学者的意见，完善原子能法草案，于2011年年底向社会和有关部门征求意见。即将制定的《原子能法》应对如下领域进行明确的规范：铀矿地质的勘察和采冶、核材料的管制、核设施的管理、核技术应用的管理、放射性废物的管理、核安全的管理、核应急的管理、核损害赔偿的管理及核进出口管理等内容。除此之外，对于备受关注的核损害赔偿问题应在原子能立法中有细化规定且具有可操作性。

核能产业链过长，迫切需要一种制度安排划清政府和企业的边界，确定企业在不同产业链环节的责任，铀资源、厂址、环境、后处理、废物处置等问题都应通过法律的形式加以规范。原子能法无疑能够发挥这一至关重要的作用。原子能法的出台，将使核安全立法的覆盖领域更加全面。借原子能法颁布之机，逐步解决现行法规混乱分散、交叉及缺口（实现法规配套）等问题，旧法规中的一些过时、不合理及与国际法抵触的条款应根据新法及现实需要进行适当的修改与调整，如通过核保险立法改革解决涉核安全保险覆盖不足的问题；完善核损害的法律责任。

2. 完善核安全监管制度

伴随核能利用的进一步发展，我国核安全监管问题凸显。但是目前我国核安全的法律法规不能全面涵盖涉及核能利用的诸多方面，一定程度上造成了核安全监管的缺漏。我国应尽快制定《核安全法》，以法律的形式明确核安全监管的主体、程序及责任，核安全事故的信息公开等内容。借鉴国际上通用的做法，我国应按照"一件事由一个部门负责"的原则，建立具有独立性、权威性的核安全监督管理机构，解决现存的多头管理问题。

除此之外，核安全监管制度的完善还应从以下几方面入手：①增加核问题的透明度，如实行信息公开制，及时、客观地向公众提供核信息；实施行业内公开、运行经验分享的行业政策。②建立全国性的核安全监测及预警系统，及时检测环境目标、反馈数据及安全隐患。目前，我国正力争到2020年，国家辐射环境监测网实现与国际完全接轨，全面掌握区域内辐射环境的动态水平及其变化[1]。③利用互联网建立核信息通报、信息反馈及核安全监督的社会监督网络平台，使公民足不出户即可了解与自身权益相关的核信息、举报核安全隐患或提出建议。④强化环境保护部门的监督管理职能、严格执行辐射防护安全监督员制度，依靠政府直管部门的力量对核安全进行监管是当前中国保障核安全的主要手段。

3. 确立公民参与制度

核安全事关全民福祉，拥有环境权的所有公民对决定自身安危的重大事件都享有知情权和参与权。"知悉、参与、维护是公民行使环境权的完整过程，

---

[1] 郭文生：《建立完善国家辐射环境监测网络》，《中国环境报》2007年3月30日，第1版。

他们相互之间不是孤立的，而是环环相扣紧密联系的。"[1] 外国核安全立法的实践经验显示，允许公众广泛参与核立法论证、环评听证及核能民用等活动，对于促进核能安全和保障公共权益具有积极的作用，而我国核立法在此方面则十分欠缺。当前，我国核能立法应完善下述几方面的公众参与制度：①公众参与决策的机制，如核电建设的立项与否；②核安全立法的公众参与制度，如立法征求社会组织、专家和公众意见；③核安全监督的公民参与机制，如提出建议、意见或进行举报。以上参与制度可以通过召开立法听证会、专家论证会、建立专家网络、构建交流平台等多种形式进行，凡是涉及公众环境权益，以及媒体和民众关心的核问题，都应当广泛听取社会各界的意见，充分利用民众的学识及社会影响力，以各种形式推动核能的安全利用。

第二节　核能安全利用的国际立法

以国际原子能机构为代表的国际组织在国际核能领域发挥了重要作用，成为制定核能领域各公约的主要推动力量，而且，这些国际组织所制定的标准形成了国际公约和各国国内法的基础。

一、国际核能机构及国际核能条约

国际核能机构的宗旨是为了谋求原子能的和平、安全和有效利用，以《国际原子能机构规约》为代表的国际核能条约成为各成员国国家原子能法律体系的重要部分，具有优先于国内法律的效力。

（一）国际核能机构

1. 国际原子能机构（IAEA）

该组织是国际原子能领域的政府间科学技术合作组织，同时监管地区原子安全及测量检查。1954 年 12 月，第九届联合国大会通过决议，要求成立一个专门致力于和平利用原子能的国际机构。1957 年 7 月，旨在保障监督和和平利用核能的《国际原子能机构规约》正式生效，同年 10 月，国际原子能机构正式

---

① 李奇伟：《略论我国环境知情权》，《巢湖学院学报》2004 年第 1 期。

成立。自成立以来，国际原子能机构先后支持制定了《及早通报核事故公约》《核事故或辐射紧急情况援助公约》《核安全公约》《乏燃料管理安全和放射性废料管理安全联合公约》《修订〈关于核损害民事责任的维也纳公约〉议定书》《补充基金来源公约》等一系列与核安全、辐射安全、废物管理安全标准有关的国际公约。中国自 1984 年 1 月 1 日加入国际原子能机构。

2. 经济合作与发展组织核能署（OECD/NEA）

该组织是经济合作与发展组织负责核能事务的专门机构，总部设在法国巴黎。核能署的任务是通过成员国间的协商与合作，促进核事业的发展。核能署共有 28 个成员国，欧洲、北美和亚太地区核技术较发达的国家基本都是核能署成员。

3. 联合国原子能辐射效应科学委员会（UNSCEAR）

该组织于 1955 年根据联合国 913（X）决议而建立，秘书处设在奥地利维也纳。该委员会的宗旨是解决全世界关注的放射性对人类健康和环境的影响问题，包括天然的和人工制造的放射源，例如各种放射性元素、医用 X 射线、核反应堆、核武器等。

4. 核不扩散与核裁军国际委员会（ICNND）

2008 年 9 月成立，由澳大利亚和日本政府共同发起设立，该组织致力于推动国际核不扩散、核裁军及核能民用事业。

（二）国际核能条约

国际核能安全和利用的国际条约主要分为五大类：一是核能和平利用框架性公约，主要包括《国际原子能机构规约》《核安全公约》等。二是关于放射性物质管理的公约，主要包括《及早通报核事故公约》《乏燃料管理安全和放射性废物管理安全联合公约》等。三是禁止和限制核武器的公约，主要包括《禁止在大气层、外层空间和水底进行核武器试验条约》《拉丁美洲禁止核武器公约》《不扩散核武器条约》《部分禁止核试验条约》《禁止在海床、洋底及其底土安置核武器和其他大规模毁灭性武器条约》《反弹道导弹条约》等。四是关于防范和制止核恐怖主义的公约，主要包括《制止核恐怖行为国际公约》等。五是有关国际核损害法律责任的公约，主要包括《核能领域第三方民事责任公约》《核能领域第三方责任布鲁塞尔补充公约》《1963 年核损害民事责任的维也纳公约》和《1997 年关于核损害民事责任的维也纳公约》等。

目前，中国累计签署核能领域的国际条约及部门间协定 70 项，重要的国际公约包括《制止核恐怖行为国际公约》（2006 年 6 月 7 日加入）、《乏燃料管理安全和放射性废物管理安全联合公约》（2006 年 4 月 29 日加入）、《核损害补充赔偿公约》（2004 年 5 月 26 日加入）等。

二、双边核能合作利用制度框架

为了促进核能领域的国际合作，除了国际公约、条约等立法外，世界各国间签订双边协定，以保证在核能和平利用方面进行合作。我国在和平共处五项原则的基础上，先后同德国、巴西、阿根廷、比利时、英国、美国、日本、巴基斯坦、瑞士、俄罗斯、澳大利亚、加拿大、法国、韩国等国家，签订了政府间的和平利用核能合作协定，为中国与这些国家开展在核能利用领域的合作与交流奠定了很好的基础。主要包括《中国和罗马尼亚和平利用核能合作协定》（1982）、《中国和德意志联邦共和国政府和平利用核能合作协定》（1984）、《中国和巴西和平利用核能合作协定》（1984）、《中国和澳大利亚政府和平利用核能合作协定》（2006）等。

一般情况下，双边和平利用核能合作协定主要包括合作范围、核技术、材料、设施和部件的转让或再转让、核安全的承诺、合作的磋商机制等内容。以 1985 年《中国和美国和平利用核能合作协定》为例，合作范围主要包括：①双方应根据本协定的规定以和平利用核能为目的进行合作。每一方应根据他们各自适用的条约、国家法律、规章和与和平利用核能有关的许可证规定执行本协定。在遵守本协定方面，双方承认缔约一方不得以其国内法的规定为理由而不履行条约的国内法原则。②在本协定范围内的情报、技术、材料、设施和部件的转让可以直接在双方之间进行，或通过授权人进行。这种合作应按本协定和双方可同意的附加条款和条件进行。③从一方转让给另一方的材料、设施和部件，只有在提供一方得到接受一方的主管政府部门的下述确认，即这些材料、设施和部件是从属于本协定的，而且其拟议中接受者，如果不是接受一方即为一个授权人，才能被认为是根据本协定进行的转让。④对敏感性核技术、敏感性设施者主要关键性部件的任何转让，将须根据本协定原则另外商订作为修订本协定的附加条款进行。①

---

① 黄振中等：《中国能源法学》，法律出版社，2009，第 307 页。

三、国际非政府组织对国际核能安全利用立法的促进

国际核能合作除了众多的国际组织参与外，非政府组织在核能和平利用领域，特别是在核电管理领域发挥了非常重要的作用。

（一）世界核营运者组织

世界核营运者组织（World Association of Nuclear Operators，WANO）成立于 1989 年 5 月 15 日。美国三里岛核电站事故和原苏联切尔诺贝利核电站灾难性事故发生后，世界范围内核电形象受损，核电行业管理者开始思考如何通过国际合作改善和提高运营管理能力，重新恢复公众信心。在美国核动力运行研究所（INPO）和国际电力生产和配电者协会（UNIPEDE）的支持下，由英国中央电力管理局主席马歇尔爵士倡议，全世界 144 个核营运单位在莫斯科成立了世界核营运者组织这一非政府主导的世界性组织，并于 1989 年 5 月签署了《世界核营运者组织宪章》。宪章中提醒全世界核电营运者必须以开放的心态相互交流经验和教训，共同致力于达到核安全的最高和可行的标准。

协会利用其制定的国际上核电站通用的性能指标，对成员进行一致的协调，以达到加强核电技术、经验和事故情报的交流，目的是提高世界核电站的安全可靠性，以及促进营运者之间开展经验反馈的积极性。根据宪章，任何核电站营运者只需要保证遵从协会的使命并向协会做出履行宪章的承诺即可以加入协会。协会每年召开一次年度大会，每两年选举一位协会会长为双年大会服务。日常活动由协会理事会组织开展，理事会由 8 到 9 名理事组成。协会机构下设协调中心，对协会理事会负责。协调中心的主要职能是通过工作协调和高效联系帮助地区中心完成协会的使命，目前在世界范围内设有巴黎、莫斯科、东京和亚特兰大 4 个地区中心，每个地区中心保持与协调中心和其他地区中心的密切联系，同时还必须促进地区会员之间的有效联系。

目前，世界上所有的核电站营运者都是协会成员。不同于国际原子能机构，协会组织是一个非政府性国际组织，它不与任何政府部门发生联系，可以跨越各种政治壁垒和利益冲突。而基于非官方的特点，协会成员之间的信息交流属于商业机密不能对外扩散。同时，协会专注核安全合作，不与任何利益集团发生联系，是一个非营利性的民间组织。

协会的主要活动形式包括同行评估、运行经验反馈、技术支持活动，以及职业和技术拓展四项基本活动。其中协会的同行评估为协会各成员相互交流学

习和不同文化背景下的良好工作方法和实践、拓展视野提供了平台。协会成员电厂一般要求至少每 6 年接受一次协会的同行评估，同时也鼓励成员电厂至少每 3 年接受一次外部评估。

（二）世界核协会

世界核协会（World Nuclear Association，WNA）成立于 2001 年，总部设在英国伦敦。协会由董事会管理，秘书处也设在伦敦，目前协会拥有 180 家成员单位。最早提议成立协会是在 1975 年核燃料市场大会上由天然铀机构（Uranium Institute）提出的。该协会几乎包括世界所有的铀矿开采、转化、浓缩与燃料制造企业，以及世界主要的核反应堆供应商，核工程设计、建设和放射性废物管理公司，还有占世界核发电量 90% 的核电站营运者。协会成立的目的是推广核能并推动核能企业间的相互支持，联合核能利用的整个环节所涉及的企业共同面向 21 世纪的核能事业。世界著名的法国电力公司、法国阿海珐集团公司、加拿大铀矿公司、通用—日立公司、韩国水力电力公司、日本三菱重工、日本东芝公司、美国西屋公司等核电公司都是其成员单位，中国核工业集团公司、中国广东核电集团有限公司、大亚湾核电运营管理有限责任公司也是协会的成员单位。

（三）国际放射防护委员会

成立于 1928 年的国际放射防护委员会（International Commission on Radiological Protection，ICRP），是一个由各国辐射防护领域专家组成的国际型学术组织，委员会每年召开一到两次大会，而委员们是每年一次会议，委员会大会上总结委员们或专题任务组的研究成果。

由于人类对核能利用最大的担忧来源于使用核能的副产品和放射性物质过程中电离辐射的放射性对生物和环境的损害，因此，委员会需要兼顾核能利用取得效益的同时，关注保护人类、其他生物及环境免受放射性有害效应的危害。它的主要职责是基于科学研究、基础数据和专家经验，研究并制定适用于全球的辐射防护标准，包括制定放射性元素剂量限制等。

国际放射防护委员会第 26 号出版物——《ICRP1977 年建议》，提出了一套完整的剂量限制体系，其中包含了许多新的方针、原则，对世界范围内的辐射防护事业无论从指导思想还是具体的技术措施，都产生了广泛而深远的影响，并成为国际组织和各国广泛应用的推荐标准。1990 年，国际放射防护委员会又发布了 ICRP 第 60 号建议书，成为国际性的辐射防护基本标准和世界各国修订放射卫生防护标准的基本依据。

第三节　核能法的法律框架和主要制度

随着核能事业的发展，核能的开发利用，特别是核能安全受到各国的关注。日本福岛事件后，各国进一步加强了对核能安全的重视，建立起更为严格的核安全法律政策体系，核能法律制度对促进并保障核能的开发和和平利用发挥着重要的作用。

一、核能法的法律框架

国际上比较发达的核能利用国家，绝大多数都建立了较为完善的核能法律体系，并通过颁布新的法律法规或对已有法律法规的修订，不断优化核能法律体系。借鉴国际立法，至少应当从以下三个方面构建核能法律体系：

1. 制定核能基本法

世界上主要的有核国家和地区一般都由其核能基本法作为核能法律体系的核心法律文件。如美国颁布了 1946 年《核能法》、1954 年《核能法》、1974 年《核能重组法》，英国于 1946 年颁布了《原子能条例》，印度 1948 年制定了《原子能法》，韩国、日本、越南、俄罗斯等国均制定了核能基本法。我国目前亟须制定核能基本法，包含核能的放射性物质运输、放射性废物管理、乏燃料管理、放射性矿产资源勘查与开采等主要领域。

2. 与《核能法》相配套的法律法规

核能基本法是框架法，其有效实施有赖于国务院及相关部门出台的配套法律法规，这些规范是核能法律体系不可或缺的重要组成部分，为核能基本法的运作发挥了重要作用。英国曾于 1946 年颁布《原子能条例》后，陆续颁布了《放射性矿物质条例》《核设施条例》《辐射防护法》等配套法律。日本也在其《原子能基本法》的基础上，于 2000 年颁布了《核灾害事件应急特别法》。我国于 2003 年制定了《放射性污染防治法》，但尚未出台《核安全法》等配套法律。此外，随着核电技术的发展，目前现行的核电标准、技术规范已经不适应核电发展的新形势。

3. 修订与国际核能立法不协调、不一致的规定

中国逐渐成为世界核能大国，更多地参与国际核能利用和建设，与此同时，

也应肩负起维护核能利用安全的国际责任，促进国际核能利用的国际合作。但目前，核责任损害赔偿制度仍不完善，在赔偿标准、范围等方面与国际公约存在很大差距。核能领域的公众参与程度低，主要是因为我国一直坚持以政府的直接行政控制为主，公众参与核安全的法律制度和保障措施没有真正建立起来，而在国际上，公众参与核立法相关活动已经比较成熟，对核电发展起到了很好的促进作用，例如，法国于 2003 年组织了全国范围的能源问题大辩论，得出了核能是法国能源结构的核心，而且，为了顺利完成 2020 年发电厂的更新换代，对法国能源结构中的新能源、核能、技术创新的比重做了准确的定位。①

二、核能法律基本制度

核能法律制度内容广泛，主要包括核能规划制度，核原料、核材料、核设施监管制度，核应急管理制度，放射性污染监管制度，核损害赔偿制度等。

（一）核能规划制度

核能规划制度是指核能安全利用中的重大项目决策，由国家统筹安排，实施规划，规划制度适用范围比较广泛。核电发展规划是核能规划制度的核心和关键。此外，规划制度还包括核能矿产勘探开采规划、核废物处置规划等。核能是我国能源构成的重要组成部分，对于满足电力需求、保障能源安全、节能减排、优化能源结构具有重要的意义。因此，加强和完善核能特别是核电发展规划对于保障能源供应与安全，实现经济可持续发展意义重大。

2007 年 11 月国务院正式批准了《核电中长期发展规划（2005~2020 年）》，在总结国内核电建设和世界核电发展经验的基础上，分析研究了我国发展核电的意义和相关条件，提出了核电发展的指导思想、方法和目标，在核电自主化发展战略实施、核电建设项目布局与进度安排、厂址资源开发与储备、核电安全运行与技术服务体系、配套核燃料循环及核能技术研发项目和落实规划所需要的保障政策与措施等方面提出了具体的实施方案。自日本福岛第一核电站事故后，我国一度暂停审批核电项目，包括开展前期工作的项目。在对运行、在建核电机组进行综合安全检查的基础上，国务院于 2012 年两次讨论并通过《核电安全规划（2011~2020 年）》和《核电中长期发展规划（2011~2020 年）》。这

---

① 黄振中等编著《中国能源法学》，法律出版社，2006，第 310 页。

两个规划的通过，意味着核电新项目审批重启在即。核能矿产勘探开采规划是将矿产资源勘探开采纳入国家调控。我国《矿产资源法》第7条规定，国家对矿产资源的勘查、开发实行统一规划、合理布局、综合勘查、合理开采和综合利用的方针。第17条规定，国家对国家规划矿区、对国民经济具有重要价值的矿区和国家规定实行保护性开采的特定矿种，实行有计划的开采，未经国务院主管部门批准，任何单位和个人不得开采。核废物的处理是否妥当，直接关系到大众的健康与环境安全，因此，有必要将核废物处理纳入规划。目前，国防科工委、科技部、国家环保总局等部门于2006年制定了《高放废物地质处置研究开发规划指南》，启动了国家级高放废物地质处置研究开发规划，将确立我国高放废物地质处置研究的总目标，计划在21世纪中叶建成高放废物地质处置库，通过工程屏障和地质屏障，保障国土环境和公众健康长时间内不会受到高放废物的危害。

(二) 核原料、核材料、核设施管制制度

核原料、核材料、核设施的运营都具有比较大的危险性和污染性，因此，政府核能主管部门依法对核原料、核材料进行管制是保证社会公众健康、环境安全的需要，而且，国家对核出口实行严格管制，履行不扩散核武器的国际义务，维护国家安全。

核原料管制制度主要是对核原料物质生产冶炼、转让受让、持有和使用、进出口、运输和存储、废弃等各方面进行监管，从事核原料生产冶炼必须向政府主管部门申请，经许可批准方可进行。根据《矿产资源法》，一是设立矿山企业，必须符合国家规定的资质条件，并依照法律和有关规定，对其矿区范围内的安全措施和环境保护措施进行审查；二是转让受让核原料申报政府主管部门，经批准同意才能进行；三是核原料持有和使用管制。持有和使用核原料物质必须向原子能主管部门申请并接受其检查，按照主管部门的要求，采取安全措施保证核原料物质处于可控制状态。国家对核材料物质持有、运输、使用和处置等各方面进行管制。根据《核材料管制条例》的规定，受管制的材料包括铀–235及含铀–235的材料和制品，铀–233及含铀–233的材料和制品，钚–239及含钚–239的材料和制品，氚及含氚的材料和制品，锂–6及含锂–6的材料和制品。持有一定数额的核材料必须向主管部门申请许可，并进行登记；持有单位必须建立专职机构或指定专人负责保管核材料，严格办理交接手续，建立账目报告制度，保证账物相符；持有单位应当在当地公安部门指导下，对生产、使用、贮存和处置核材料的场所，建立严格的安全保卫制度，采用可靠的安全防范措施；此外，核材料运输、存储、使用、处置和进出口等，都应向主管部门进行申报，经其批准后才能进行。为了保证核设施的安全运营，由政府对核设备的设置、运转、退役等进行管制，由营运人向主管部门提出申请，经许可同意才能进行相关活动。按照现有立法，核设施主要由国家核安全局进行核安全监督。有关核设施的设计、制造、安装及核设施的选址、建造、调试、运营、退役等，都要经核安全局的许可，取得核设施安全许可证件和执照后才能进行。

各国原子能法鼓励以和平利用原子能为目的的国际合作及核技术、核材料进出口活动，特别是近年核电大国都加大核电技术和设备输出力度，各国间和平利用原子能技术、服务、设备贸易活动有加大趋势。核材料与核技术及进出口受到《不扩散核武器条约》《实物保护公约》等国际原子能法律文件的严格限制和规范，因此，开展相关进出口活动都应当以坚持和平目的为原则，必须符合国际原子能组织安全保障措施、满足非军事目的应用要求及承诺履行国际义务。例如，美国原子能对核领域技术与材料出口要求获得许可，许可证签发条件必须满足：①符合国际原子能机构安全措施；②不会用于任何核爆炸装置或者核爆炸装置的研究和开发；③不会被转移到任何其他国家。任何不利于美国的共同防卫和安全的出口，委员会不得签发出口许可证。根据我国《核出口管制条例》，核出口由国务院指定的单位专营，任何其他单位和个人不得经营。

（三）放射性污染管理制度

根据《放射性污染防治法》规定，国家对放射性污染的防治实行预防为主、防治结合、严格管理、安全第一的方针，主要管理制度包括对核技术利用的污染防护、对核原料矿产放射性污染防护、对核设施的放射性污染防治及放射性废物的污染防治。对核技术利用的污染防护，要求相关单位申请领取许可证，办理登记手续，并在申请领取许可证前编制环境影响评价文件。放射性矿产开发利用应当向环保部门提交环境影响报告书，经批准后方可进行。包括污染防护设施与主体设施的"三同时"制度，开发利用单位应当对周围的环境实施监测，并定期向国务院和省级政府环境主管部门汇报结果。核设施的放射性污染防治从核设施的选址开始，严格遵循选址法律规定，编制环境影响报告书，办理审批手续。申请领取核设施的建造、运行许可证和办理装料、退役等审批手续。依照环境责任原则，由污染者付费，即产生污染物的单位须承担损害赔偿及治理污染的费用。因此，核技术开发研究、利用单位，放射性矿产开发利用单位及核设施营运人应承担放射性废物的污染防治。放射性固体废物贮存、处置必须经过环境保护行政主管部门审查批准，取得许可证。其他放射性废物由产生单位自行处置或委托技术单位处置。

(四) 核应急管理制度

核应急机制是核事故发生后的最后一道屏障。完善的核应急法律制度保障核应急工作的全过程，使核事故得到有效、合理的预防，处理和恢复。核应急管理制度应明确核应急管理体制，完善核应急法律法规及加强国际合作交流和信息公开。

核应急管理体制应以政府为主导，统筹国家、地方政府和核设施运营单位等利益相关单位、形成多级协调的管理机制。例如，日本在应对危机的长期发展中形成了以内阁总理大臣为最高指挥官的全政府危机管理组织体制，包括首相召集的中央防灾会议与安全保障会议，以及负责协调与实施具体措施的内阁官房组成，对首相负责。根据《核灾害应对特别措施法》，国家核事故对策总部由内阁府、经济产业省、文部科学省、国土交通省等部门组成。当发生涉及公众需要撤离的严重核事故时，由内阁总理大臣亲自担任核事故对策总部的最高指挥官，统一指挥应对灾害的一切活动。同时，国家出资在每个核电站附近20千米范围内，建立一个不小于800平方米的场外核应急指挥中心。经济产业省每年以一个核电站为对象举行一次国家、地方政府与核设施营运单位都参加的国家级核应急演习。[1]

完善的核应急法律体系是核应急管理制度的重要组成部分。核应急法律法规应协调、统一，相互配合，明确核应急管理中的组织安排、各方职责，使得各方、各部门在核应急管理中分工明晰、职权明了、形成合力，高效有序地应对危机。日本有十分完整的核应急法律体系，在《灾害对策基本法》的基础上，设立了核应急专门法——《核灾害应对特别措施法》，规定了详细的组织安排，使得应对核事故有法可依、应对高效。《核灾害应对特别措施法》与《灾害对策基本法》相互配合，成为一体，更有利于核事故应对。

核事故应急工作与公众的安全、健康密切相关。公众对立法工作的积极参与和政府对相关信息积极披露，有利于增强民众对核事故应急工作的正确认识。法国在核应急领域的立法，对于公众，始终采取透明化制度，不断与民众进行各种交流和解释，不隐瞒各种风险。此外，核应急工作应加强与国际原子能机构等国际组织和有关国家或地区的核应急协作，履行《及早通报核事故公约》

---

① 黄振中等编著《中国能源法学》，法律出版社，2006，第319页。

和《核事故或辐射紧急情况援助公约》规定的义务，积极响应全球应急网络。

（五）核损害赔偿制度

核损害赔偿制度是原子能法律体系中调整核设施营运者、政府和公众在处理核事故产生损害时的特殊民事法律责任制度。尽管人们高度重视原子能利用的安全风险，并建立了较为完整的防护体系，但完全排除核事故风险是不可能的。20世纪50年代末，核损害责任法律制度伴随着原子能事业的发展而出现，各国相继提出核设施的运行必须对社会承担责任，同时也需要明确责任限额和政府补偿机制以控制营运人风险，相应制定一套核损害责任法律制度。美国是世界上最先建立核损害民事责任法律制度的国家。1957年，世界上第一部有关核损害赔偿的法律——美国《普莱斯—安德森法》出台，成为世界各国制定核损害责任立法的典范，20世纪60年代初期，欧洲国家推动建立起核损害民事责任国际公约体系，1960年7月，有关国家签订了《关于核能领域的第三方责任公约》（简称1960年《巴黎公约》），随后又于1963年1月签订了《关于1960年巴黎公约的补充公约》（简称1963年《布鲁塞尔补充公约》），该公约属于地区性公约，美国、加拿大、韩国、印度和我国都没有加入，但公约中所确立的核损害责任的重要原则，特别是国与国跨境核损害责任问题，被各国国内立法所采纳。1963年5月，国际原子能机构组织通过了《关于核损害民事责任的维也纳公约》。上述几个公约内容基本相同，都采用了严格责任、唯一责任、有限责任、强制性的财务保证及单一法院管辖等原则。[1]

各国大多制定了专门的核损害责任法或阐明适用国际公约而形成的责任体系，如韩国、美国、俄罗斯等。我国尚未建立完整的核责任损害赔偿法律体系，现有的规定主要包括以下几个方面：一是赔偿限额。1986年国务院在《关于处理第三方核责任问题给核工业部、国家核安全局、国务院核电领导小组的批复》（国函〔1986〕44号）中规定，对于一次核事故所造成的核损害，营运人对全体受害人的最高赔偿额合计为人民币1800万元。2007年国务院在《关于核事故损害赔偿责任问题的批复》（国函〔2007〕64号）对核责任规定为："政府提供必要的、有限的财政补偿，核电站的营运者对一次核事故所造成的核事故损害的最高赔偿额为3亿元人民币。核事故损害的应赔总额超过规定的最高赔偿额的，国家提供最高限额为8亿元人民币的财政补偿。"二是责任原则。根据

---

① 徐原编译《世界原子能法律解析与编译》，法律出版社，2011，第106页。

我国民法规定，核损害属于特殊侵权行为，适用无过错责任，即基于法律特别规定，无论行为人是否有过错，只要发生损害，就应当承担民事责任。三是诉讼时效。根据我国现行法律规定，一般诉讼时效期限为两年，从权利被侵害之日起超过 20 年的，不再保护。考虑到核损害的特殊性，对核损害赔偿应采取特殊诉讼时效制度。国函 44 号规定，核事故的受害人，有权在受害人已知或者应知核事故所造成的核损害之日起 3 年内，要求有关营运人予以赔偿，但是，这种要求必须在核事故发生之日起 10 年内提出，逾期赔偿要求权即告丧失。①

---

① 蔡先风：《中国核损害责任制度的缺陷及立法设想》，《中国人口资源与环境》2007年第 4 期。

第十三章　可再生能源法律制度

传统能源主要是化石能源，化石燃料——煤炭、石油与天然气，合计占全球现在使用能源总量的80%以上。以化石燃料为基础的能源使用对人类生活贡献巨大，但也产生一系列污染问题，比如燃煤造成烟尘排放，带来雾霾；二氧化碳等温室气体引起气候变化问题。同时化石能源也被认为是不可持续的。据统计，全球的石油可使用的时间是54.2年，天然气是63.6年，煤是112年。[1]面对全球气候变暖和生态环境的不断恶化、化石能源的耗竭危机，可再生能源作为可持续发展的能源、绿色的能源、未来的能源，其开发利用正日益受到重视。

第一节　可再生能源法概述

可再生能源法是在20世纪70年代全球石油危机的背景下发展起来的法律领域，一开始它是节能法律制度的组成部分。在化石能源环境问题日益突出，可再生能源日益受到重视的背景下，伴随着可再生能源开发利用的过程，可再生能源法开始从节能法中独立出来，成为能源法一个新兴的领域。了解可再生能源法，应先了解可再生能源。

一、可再生能源概述

（一）可再生能源概念

在能源科学领域中，能源资源依分类标准的不同可以划分为不同种类。[2]从能源的形成和是否可再利用的角度，能源可分为可再生能源和不可再生能源。

---

[1] 王革华、欧训民等：《能源与可持续发展》，化学工业出版社，2014，第23页。

[2] 按能量的物理性质可分为机械能、化学能、生物能、核能等；按照是否能作为燃料划分可分为燃料能源和非燃料能源；按成因可分为天然能源和加工能源。

可再生能源是指那些长期的开发利用也不会导致其总的数量减少，甚至可以不断得以补充，从而不断"再生"的能量资源，典型的可再生能源包括太阳能、风能、水能、海洋能、地热能、潮汐能等。可再生能源也被称为"自然能源"或者"新能源"。相对于煤炭、石油等传统常规的化石能源而言，可再生能源是自然界中可以不断再生、永续利用的资源，这些能源资源丰富，清洁干净，而且资源分布广泛，适宜就地开发利用，是最具有前景的替代能源。

最早定义可再生能源的国际法律文件是 1981 年联合国《促进新能源和可再生能源发展与利用的内罗毕行动纲领》，在该文件中，可再生能源被界定为"新的可更新的能源资源，采用新技术和新材料加以开发利用，不同于常规的化石能源，可持续利用，几乎是用之不竭的，而且消耗后可得到恢复和补充，不产生或很少产生污染物，对环境无多大损害，有利于生态良性循环"。这一概念说明了可再生能源的可再生性与环境友好性的特点。

欧盟在 2001 年《关于在共同体内部市场推广使用可再生能源发电的指令》第 2 条第 1 项中将"可再生能源"界定为"可再生的非化石的能源"，并在该定义后用括号列举了风能、太阳能、地热能、沼气能、水电、生物废料、排放的气体、废水净化站的气体和生物质气体等 9 种能源形式。德国 2009 年《可再生能源法》（EEG）第 2 条规定："可再生能源指的是水能（波浪能、潮汐能、盐差能、海流能）、风能、太阳能、地热能、生物质能（包括沼气、垃圾填埋场气体、污水气体、生活垃圾及工业废料中生物降解产生的能源形式）。"日本采用列举加排除的模式，在 2003 年实施的《电力设施利用新能源特别措施法》中将可再生能源定义为指风能、太阳能、地热能、水能、生物质能及以石油为热能源以外的能源且符合政令所规定者。

我国 2006 年实施的《可再生能源法》第 2 条规定："本法所称可再生能源，是指风能、太阳能、水能、生物质能、地热能、海洋能等非化石能源。水力发电对本法的适用，由国务院能源主管部门规定，报国务院批准。通过低效率炉灶直接燃烧方式利用秸秆、薪柴、粪便等，不适用本法。"

（二）可再生能源的分类

根据我国能源法，可再生能源是指除常规化石能源和大中型水力发电、核裂变发电之外的生物质能、太阳能、风能、小水电、地热能及海洋能等。

1. 生物质能

生物质能是蕴藏在生物质中的能量，绿色植物通过叶绿体将太阳能转化为化学能，贮存在生物质内部。有机物中除矿物燃料以外的所有来源于动植物的能源物质均属于生物质能，通常包括水生植物、油料植物、城市和工业有机废弃物、木材及森林废弃物、农业废弃物、动物粪便等。生物质能的利用主要有直接燃烧、热化学转换和生物化学转换①等多种途径。

2. 太阳能

太阳能一般是指太阳光的辐射能量。其转换和利用方式有光热转换、光电转换和光化学转换。接收或聚集太阳能使之转换为热能，然后用于生产和生活的一些方面，是光热转换即太阳能热利用②的基本方式。

3. 风能

风能是因空气流做功而提供给人类的一种可利用的能量，空气流具有的动能称为风能。太阳辐射造成地球各部分受热不均匀，引起各地温差和气压不同，导致空气运动而产生能量。利用风力机可将风能转换成电能、机械能和热能等。风能利用的主要形式有风力发电、风力提水、风力致热及风帆助航等。

4. 小水电（水能）

所谓小水电，通常是指小水电站及与其相配套的小电网的统称。目前在我国小水电是指由地方、集体或个人集资兴办与经营管理的，装机容量25000千瓦及以下的包括中型水电站在内的水电站和配套的地方供电电网。我国目前确定的容量范围是，电站总容量在5万千瓦以下的为小型；5万~25万千瓦的为中型；25万千瓦以上的为大型。

5. 地热能

地热能是由地壳抽取的天然热能，这种能量来自地球内部的熔岩，并以热力形式存在，是引致火山爆发及地震的能量。地热资源，按赋存形式可分为水热型（又分为干蒸汽型、湿蒸汽型和热水型）、地压型、干热岩型和岩浆型四大类；按温度高低可分为高温型、中温型、低温型。地热能的利用方式主要有地

---

① 生物质的热化学转换，是指在一定温度和条件下，使生物质气化、炭化、热解和催化液化，以生产气态燃料、液态燃料和化学物质的技术。生物质的生物化学转换，包括有生物质—沼气转换和生物质—乙醇转换等。沼气转换是有机物质在厌氧环境中，通过微生物发酵产生一种以甲烷为主要成分的可燃性混合气体即沼气。乙醇转换是利用糖质、淀粉和纤维素等原料经发酵制成乙醇。

② 太阳热水系统是太阳能热利用的主要形式。它是利用太阳能将水加热储于水箱中以便利用的装置。利用光生伏打效应原理制成的太阳电池，可将太阳的光能直接转换成为电能加以利用，称为光电转换即太阳能光电利用。光化学转换尚处于研究开发阶段，这种转换技术包括半导体电极产生电而电解水产生氢、利用氢氧化钙或金属氢化物热分解储能等。

热发电和地热直接利用两大类。

6. 海洋能

海洋能是指蕴藏在海洋中的可再生能源，包括潮汐能、波浪能、潮流能、海流能、海水温度差能和海水盐度差能等不同的能源形态。海洋能按储存的能量形式可分为机械能、热能和化学能。潮汐能、波浪能、海流能、潮流能为机械能；海水温度差能为热能；海水盐度差能为化学能。

7. 其他种类

可再生能源处于不断开发的过程中，新的能源种类随着科技的不断发展也再得到利用，比如说氢能和燃料电池。除空气外，氢以化合物的形态储存于水中，特别是广阔海洋的海水中，资源极其丰富。氢能不但清洁干净、效率高，而且转换形式多样，可以制成以其为燃料的燃料电池。同时，燃料电池也正在成为一种最具有竞争力的全新发电方式，可望在清洁煤燃料电站、电动汽车、移动电源、不间断电源、潜艇及空间电源等方面获得应用。[1]

(三) 可再生能源的特点

可再生能源作为能源的分支，既有一般能源的共同点，又有其独有的特征。

1. 资源权属上的公共物品性

与传统能源相比，可再生能源具有资源权属上的公共物品性。煤炭、石油、天然气等传统能源数量有限，在可预见的年代内不可再生，其权属是国家所有。可再生能源是人类生活离不开的自然资源，无处不在，在经济学上属于公共物品。所谓公共物品有两个特性，一是消费上的非竞争性；二是享受上的非排他性。每个人对它的消费并不减少任何其他人也消费这一产品的机会，以太阳能为例，一个人享受光照，并不导致其他人光照的减少。任何人都无法将享受阳光的权利作为商品在市场上交换。因此，这从经济学角度来说，可再生能源的"原材料"——风能、太阳能等是经济学上无价值的公共物品。

2. 开发利用上的高科技性

尽管可再生能源来源丰富，但要使其成为人们所能利用的能源不通过一定技术手段转化无法实现。可再生能源的能量密度低，开发利用通常需要较大空间，能量间断式，波动大，对连续性利用不利。这些特点决定了开发利用可再生能源需要先进的科学技术，其开发利用需要大量的科技投入与创新。

---

[1] 王长贵：《新能源和可再生能源的分类》，《太阳能》2003 年第 1 期，第 14~15 页。

3. 可持续性

可再生能源资源非常丰富，有的随季节变化循环往复，有的是永续不断的，"在充分短暂、与人类相关的时间间隔内可自然更新"。从长期来看，可再生能源具有可持续性，用完之后自然界还会不断地生产出来。相比之下，常规能源则大多属于矿产资源，是经过若干地质年代形成的化石资源，在可预见的地质年代里不会再生。它的数量有限，具有稀缺性、可耗竭性，其利用方式也是不可持续的。

4. 清洁性

常规能源如煤、石油等，它的利用过程会产生大量的有害物质，如温室气体，对环境造成污染。而可再生能源则是清洁无污染的能源，对环境的破坏极小，不会对环境构成威胁，破坏生态的可持续性。可再生能源分布广泛，有利于小规模、分散式利用，适宜在广大农村中进行。

5. 不稳定性

一般来说，可再生能源不能反复使用，也不易储存。从短期来看，又具有不稳定性。可再生能源中的气候性资源，如风能、太阳能，受气候、地理因素影响很大。各种自然因素的影响导致可再生能源的不稳定性与不易于储存。

二、可再生能源及可再生能源法在我国的发展

（一）我国可再生能源的发展概况

可再生能源的利用可谓历史悠久，古代砍柴做饭、取暖和照明就是对生物质能源的利用。现代意义上的可再生能源开发利用则是 20 世纪以后的事情。中国从 20 世纪 50 年代开始大力发展水电，20 世纪 80 年代后，风能、太阳能、生物质能等的技术应用和产业开发也逐渐得到很大发展。

第十届全国人民代表大会常务委员会第十四次会议于 2005 年 2 月 28 日通过了《中华人民共和国可再生能源法》，2006 年 1 月 1 日起施行。以此为契机，可再生能源产业的发展突飞猛进。水电、太阳能、风电、生物质能利用迅速发展，风电也开始进入规模发展阶段。到 2006 年，可再生能源在一次能源消费中的比例约为 8%。在国际市场的拉动下，我国太阳能光伏产业也出现了跳跃式发展。

在生物质能源方面，我国的沼气，尤其是户用沼气，在政府政策的大力推动下，已经形成了规模市场和产业。畜禽场、城市污水处理厂等的大中型沼气工程也开始发展。其他生物质能技术的应用处于产业化发展初期，我国基本掌

握了农林生物质发电、城市垃圾发电及生物质致密成型燃料等技术，除蔗渣发电和垃圾发电外，利用农林废弃物等生物质发电项目建设迅速。在生物液体燃料方面，以陈化粮为原料的燃料乙醇已开始在交通燃料中使用，以甜高粱等非粮作物为原料生产燃料乙醇的技术初步具备商业化发展条件。在地热能利用上，也有了一定的规模。在潮汐发电等海洋能利用方面的工作也在开展。

总体来说，我国可再生能源市场已经开始进入快速发展时期，可再生能源投入显著增加，大规模的开发利用已具备了坚实的基础。[①]

(二) 我国可再生能源法的发展

中国的可再生能源法经历了一个较长的发展过程。从 20 世纪 50 年代到 80 年代末，小水电是应用最为广泛的可再生能源，户用沼气也有一定的进展。在此期间，国家在农村能源建设政策方面提出了有关可再生能源的政策，如 1986 年原国家经济委员会下发了《关于加强农村能源建设的意见》，提出各省、自治区、直辖市在编制发展农村能源的长远规划时，应包括"节柴灶、沼气、森林能源、小水电、小火电、小窑煤、秸秆利用、太阳能、风能、地热能、海洋能等能源的研究开发和推广规划，农村用能规划（包括乡镇企业商品煤、电、油供应）和节能规划"；还提出"特别注意小煤窑、薪炭林、小水电的开发，同时，积极进行风能、太阳能、地热能、海洋能和能源作物方面的开发试点"。在法律层面，1988 年颁布的《水法》第 16 条明确规定"国家鼓励开发利用水能资源"。这一时期，有关可再生能源的政策与法律内容单薄稀少。[②]

20 世纪 90 年代之后，相关法律文件日益增多。这一时期，我国经济快速发展，传统化石能源无法满足需求。同时，传统化石能源消耗带来的大气污染问题越来越明显，国际上《气候变化框架公约》的缔结，要求各成员国尽可能减少温室气体的排放。在这一背景下，清洁的可再生能源的作用逐渐受到更多重视。1990 年之后，国家出台了一系列有关可再生能源的政策与法律。在政策层面，1992 年国务院提出我国环境与发展的十大对策和措施，明确要求"因地制宜地开发和推广太阳能、风能、地热能、潮汐能、生物质能等清洁能源"。1995 年原国家科学技术委员会、国家计划委员会和国家经济贸易委员会共同制

---

① 杜祥琬等：《我国可再生能源战略地位和发展路线图研究》，《中国工程科学》2009 年第 8 期，第 49~51 页。

② 李艳芳：《气候变化背景下的中国可再生能源法制》，《政治与法律》2010 年第 3 期，第 11~21 页。

定了《中国新能源和可再生能源发展纲要（1996~2010)》及"新能源可再生能源优先发展项目"等。这些文件成为指导中国新能源和可再生能源产业发展的纲领性文件。在法律层面，1995 年的《电力法》在总则第 5 条中规定："电力建设、生产、供应和使用应当依法保护环境，采取新技术，减少有害物质排放，防止污染和其他公害，国家鼓励和支持利用可再生能源和清洁能源发电。"在"农村电力建设和农业用电"一章中规定："国家提倡农村开发水能资源，建设中小电站，促进农村电气化。国家鼓励和支持农村利用太阳能、风能、地热能、生物质能和其他能源进行农村电源建设，增加农村电力供应。"1997 年 11 月 1日通过的《中华人民共和国节约能源法》第 4 条也明确规定："国家鼓励开发、利用新能源和可再生能源。"其第 38 条又规定："各级人民政府应当按照因地制宜、多能互补、综合利用、讲求效益的方针，加强农村能源建设，开发、利用沼气、太阳能、风能、水能、地热等可再生能源和新能源。"这两部法律明确要求发展新能源和可再生能源。1993 年 7 月通过的《中华人民共和国科学技术进步法》第 25 条规定"对在高新技术产业开发区和高新技术产业开发区外从事高新技术产品开发、生产的企业和研究开发机构，实行国家规定的优惠政策"，第 46 条规定"国家鼓励企业增强研究开发和技术创新的投入，企业的技术开发费按实际发生额计入成本费用"，这对大多数太阳能、沼气企业的发展起了保护作用，被赞誉为令"可再生能源企业和项目受益匪浅"的法律。尽管这一阶段，我国制定了一些有关可再生能源的政策与法律，但它们仍十分零散，对可再生能源的发展也只是提出了笼统的规定。

2006 年《可再生能源法》实施，此后，可再生能源法制建设进入快车道。2005 年《京都议定书》生效，这一法律文件虽然对中国等发展中国家没有硬性的减排约束，但中国作为碳排放大国，应对气候的态度受到国际社会的高度瞩目。而此时国内一方面面临十分严重的大气污染，另一方面油价居高不下，在这一背景下，可再生能源的开发利用受到了高度的关注。2006 年《可再生能源法》颁布实施，为开发利用可再生能源提供了基本的法律保障。同时，与此相配套的规章与技术规范也开始制定。这些规章包括：①水电适用《可再生能源法》的规定；②可再生能源资源调查和技术规范；③可再生能源发展的总量目标；④可再生能源开发利用规划；⑤可再生能源产业发展指导目录；⑥可再生能源发电上网电价政策；⑦可再生能源发电费用分摊办法；⑧可再生能源发展专项资金；⑨农村地区可再生能源财政支持政策；⑩财政贴息和税收优惠政策；⑪太阳能利用系统与建筑结合规范；⑫可再生能源电力并网及有关技术标准等。

此外，国家发展和改革委员会、财政部、建设部还针对可再生能源某些领域的情况，发布了一些专门的部门规章或者政策文件，例如国家发改委与财政部联合下发了《促进风电产业发展实施意见》《关于加强生物燃料乙醇项目建设管理，促进产业健康发展的通知》，财政部等五部委联合下发了《关于发展生物能源和生物化工财税扶持政策的实施意见》，财政部印发了《可再生能源建筑应用专项资金管理暂行办法》和《可再生能源建筑应用示范项目评审办法》等。这些部门规章和政策性文件对推动可再生能源的技术和产业发展发挥了重要的作用。最后，国家在应对气候变化的政策制定中也高度关注可再生能源。2007年6月4日国家发展和改革委员会发布的《中国应对气候变化国家方案》和2009年8月27日全国人大常委会《关于积极应对气候变化的决议》等都对可再生能源开发利用作了规定。2009年12月26日，全国人大常委会通过了《关于修改〈中华人民共和国可再生能源法〉的决定》，可再生能源法的发展进入了新的高度。至此，可再生能源法制已逐步形成一个规模庞大的体系。[①]

第二节　发达国家可再生能源法概况

由于可再生能源的非耗竭性和低碳性，各国将发展可再生能源作为保障能源安全和应对气候变化的重要途径。美国、德国和日本都非常重视发展可再生能源，并出台了相关法律制度促进可再生能源发展。分析发达国家的可再生能源法，对完善我国可再生能源立法，促进我国可再生能源和新能源的发展具有重要的参考价值。

一、美国的可再生能源法立法

美国可再生能源立法始于20世纪70年代初。美国能源利用传统上依赖石化能源，其能源立法重在通过对石化能源工业的扶持来确保美国能源供给安全、可靠。进入20世纪70年代，由于能源环境问题的出现及对能源可持续发展的影响，这种传统的能源法律开始受到挑战，有关可再生能源、替代性能源的议

---

① 李艳芳：《气候变化背景下的中国可再生能源法制》，《政治与法律》2010年第3期，第11~21页。

题开始受到美国立法关注。

（一）美国可再生能源立法概况

美国可再生能源立法最早可上溯到 20 世纪 60 年代末和 70 年代初。这一时期，美国环境保护运动蓬勃发展，空气和水的质量问题得到社会普遍关注。在此背景下，为确保水质和空气质量，在 1970 年《清洁空气法》和 1972 年《清洁水法》中规定了加强可再生能源利用的制度措施。1974 年至 1975 年发生能源危机、阿拉伯石油出口国禁运事件，1979 年和 1981 年再次发生能源危机，这些事件直接导致美国能源法律与政策发生重大变化，催生出以《1978 国家能源法》为核心的一系列能源立法。在这一立法中，规定了通过推广可再生能源来降低对化石能源的需求。20 世纪 80 年代油价回落，除了 1986 年颁布了能源使用标准之外，可再生能源立法鲜有实质性发展。进入 21 世纪，加州供电危机、美国东岸灯火管制、伊拉克战争、"911"事件、气候变化问题为可再生能源法的发展再次提供了契机。美国政府颁布的《2005 国家能源政策法》和 2007 年《国家能源安全法》中规定了大量有关可再生能源的内容。[1]

为提高国家能源安全，促进温室气体减排。美国政府出台多项激励措施，这些措施的核心是促进可再生能源开发利用。近年来美国联邦政府出台的多部能源法都与可再生能源发展有关，包括《2005 年能源政策法》《2007 年能源自主及安全法》《2008 年能源改进及延长法》《2009 年可再生能源许可法》和《2009 年可再生燃料管道法》等。此外，截至 2009 年 3 月美国已有 28 个州和哥伦比亚特区制定了专门的《可再生能源法》。[2]但严格地说，目前美国还没有专门的、系统的可再生能源立法体系。[3]

（二）美国可再生能源立法特点

美国可再生能源立法有以下一些基本特点：

1. 能源立法分为联邦和州两个层次，体系庞杂

在联邦层次，目前形成了以《1978 国家能源法》《1992 国家能源政策法》

---

① 侯佳儒：《美国可再生能源立法及其启示》，《郑州大学学报（哲学社会科学版）》2009 年第 6 期。

② 桑东莉：《美国可再生能源立法的发展新动向》，《郑州大学学报（哲学社会科学版）》2011 年第 1 期，第 49~53 页。

③ Gregory C. Jan tz，"Incentives for Electric Generation In frastructure Development" *Tex as Journal of Oil Gas and Energy Law*，no.2（2007）。

和《2005 国家能源政策法》为基本框架的联邦能源政策立法体系。在州一级，有不少州通过了相应的可再生能源立法。各州均有可再生能源项目，一些州还有次一级的地方政府（社区）的可再生能源发展项目。

2. 注重各部门之间的协调机制

可再生能源立法涉及多行业、多领域，内容庞杂。首先，可再生能源种类繁多，太阳能、风能、生物质能、潮汐能、地热能等可再生能源因种类不同，在开发利用上也具有不同的技术特征，法律政策在具体调整方式上也存在差别，可再生能源立法具有复杂性。其次，发展可再生能源涉及交通、运输、机械制造、工商、建筑等诸多行业，而其中每一行业涉及的可再生能源开发利用法律问题都具有自身的特殊性。另外，就法律而言，对于可再生能源问题也有丰富的制度内容。除了联邦和各州政府的可再生能源法律制度，在联邦和各州的环境保护立法中也存在大量涉及可再生能源开发利用的规定，如《清洁空气法》《清洁水法》等，甚至《濒危物种保护法》也牵涉可再生能源的发展问题。因此，美国注重各法律之间的协调机制。2009 年 5 月美国国会通过了《可再生能源许可法》，其中包含一项内容，即指导内政部长在 2009~2018 财政年度期间建立一个试点项目，以改善联邦可再生能源许可协调机制、提高可再生能源许可程序效率。根据《可再生能源许可法》，内政部应在该法颁布之日起 90 日内与农业部、环境保护局和工程师协会签订一个谅解备忘录，也可要求亚利桑那州、加利福尼亚州、内华达州和怀俄明州州长签订该谅解备忘录。自该谅解备忘录签订之日起 30 日内，上述协议各方应设定专门机构、指定专人负责相关协调工作，包括《濒危物种法》中有关生态要求的磋商与准备；联邦《水污染控制法》中要求的许可事务；《清洁空气法》要求的规制事项；《国家森林管理法》要求的规划事项；《国家环境政策法》要求的分析准备事项。同时，该法也要求负责上述事项工作人员自任命之日起 90 日内，向土地管理局提交相关报告，负责与其归属部门管辖权有关的所有事项，参与有关拟建能源项目、规划、环境分析等工作。各部门相互合作、注重协调是美国可再生能源法的一个重要特点。①

3. 确立了财政刺激手段和直接管制手段，尤其注重财政刺激手段

无论是联邦政府还是各州政府，都借助丰富多样的政策工具来推动可再生能源开发利用，而其中以财政刺激手段和直接管制手段最为常见。

---

① 侯佳儒：《美国可再生能源立法评介》，《风能》2010 年第 3 期。

以税收减免优惠制度为例。2005 年以来的美国联邦能源立法显著扩大了可再生能源税收减免的额度、适用范围与类型。《2005 年能源政策法》中，包含了商业太阳能投资税收减免、住宅能效设施税收减免[①]、可再生能源发电信用等激励措施。此外，《2005 年能源政策法》还确立了两项新的促进可再生能源发展的税收减免激励措施，包括清洁可再生能源债券[②]和商业燃料电池信用[③]。《2008 年能源改进及延长法》第 103 条至 106 条就可再生能源税收减免激励政策又做了规定，包括延长《2005 年能源政策法》所规定的家庭与商业可再生能源税收优惠政策的有效期限，其中大多数都被延长至 2016 年；废除购买民用太阳能光伏发电设施税收减免优惠 2000 美元封顶的规定；对小型商业风电系统投资另外给予 30%的投资税收减免优惠，但最高不超过 4000 美元；将生物柴油与可再生柴油所得税减免优惠政策的有效期延长；对利用生物质生产航空燃料的给予税收优惠；延长有效期原定到 2008 年年底的重要可再生能源税的适用期限，包括风能、地热能、填埋气体、特定的生物质能和水电设施的生产税减免优惠政策；将符合生产税减免政策的可再生能源技术扩展至包括海上风电技术、潮汐能发电技术和海洋能发电技术，等等。强化对发展可再生能源的经济激励政策，包括为可再生能源管线建设项目提供贷款担保，资助生物质能项目。[④]

4. 具有多元动机

20 世纪 60 年代末和 70 年代初，是为了保护环境来发展清洁能源。至 70 年代中后期，可再生能源立法被当作摆脱能源依赖、增强能源安全的措施。1992 年及其以后的可再生能源立法明显受到气候变化、能源安全、经济可持续

[①] 它规定在 2005 年 12 月 31 日至 2008 年 1 月 1 日期间，纳税人若在其家中安装特定民用能效设施的，可获得一定的税收减免优惠：购买符合条件的光伏发电设备或太阳能热水器的，可获得其花费 30%的税收减免，但减免额度最高不超过 2000 美元；购买符合条件的燃料电池发电设备的，可获得其花费 30%的税收减免，但减免额度最高不超过 500 美元或每千瓦时 0.5 美分。

[②] Clean Renewable Energy Bonds（CREBs），如果符合条件的某发行人利用此债券向符合可再生能源发电信用要求的项目提供资金的话，投资者可获得此种税收减免优惠。不过，此类债券用于向符合条件的项目提供资金，支出资金的比例不得低于 95%。根据规定，有资格的发行人包括政府机构、田纳西流域管理局、互助或合作电力公司、根据《乡村电气化法》（Rural Electrification Act）已获得贷款或贷款担保的任何非营利电力企业，以及清洁能源债券的债权人。

[③] 它规定商业机构购买符合条件的燃料电池发电，可获得 10%的税收减免。

[④] 侯佳儒：《美国可再生能源立法评介》，《风能》2010 年第 3 期。

发展等因素的影响。而进入新世纪的可再生能源立法，除了气候变化、能源安全和经济可持续发展等问题外，农业政策、贸易领域的国际竞争等也是政策制定考虑的重要因素。[①]

目前，可再生能源产业在美国得以快速发展，尤其是风力发电产业和生物燃料产业。从 1999 年到 2007 年美国风力发电装机容量由 2500 兆瓦增加至 16596 兆瓦，其中 2006 年新增装机容量为 2326 兆瓦，到 2007 年新增装机容量则达 5021 兆瓦且风力发电项目的空间范围也在扩大，到 2007 年拥有正在运营的风力发电项目的州已达 32 个，而在 1999 年则只有 13 个州[②]。根据美国能源部能源信息管理局《2009 年能源展望》，在所有预测情景下，到 2030 年可再生能源发电在美国电力消费结构中的份额将达到 14% 至 15%，与其他能源发电比例持平。到 2030 年美国非水电可再生能源电力所占份额将由 2007 年的 3% 提高至 9%，其中，全部电力增长的 33% 来自非水电可再生能源发电。[③]

二、德国可再生能源立法

德国人均能源消费量在欧盟排第四位，是一个能源资源消耗大国。同时德国也是一个能源资源比较紧缺的国家，除无烟煤和褐煤储量较丰富外，德国的石油、天然气资源相当贫乏。可再生资源的使用可减少对进口能源的依赖，使能源供应更加可靠。同时，作为清洁能源，可再生能源的发展有利于减少温室气体的排放，保护环境，促使德国达到其《京都议定书》中的减排承诺。可再生能源产业的发展还可带来诸多效应，例如，创造更多就业机会、促进农业复兴等，这些因素使得可再生能源在德国的发展非常迅速，其立法也发展很快。

（一）德国可再生能源立法概况

德国是典型的大陆法系国家，整个国家的政策实施和行为选择都强调理性

---

① 桑东莉：《美国可再生能源立法的发展新动向》，《郑州大学学报（哲学社会科学版）》，2011 年第 1 期，第 49~53 页。

② Girard P. Miller, "Developers See Green and Neighbors See Red: A Survey of Incentives and Mandates for the Development of Alternative Energy and the Unfolding Challenges," *Tex as Journal of Oil Gas and Energy Law*, no.3 (2008)。

③ U. S. Department of Energy, "Energy Information Administration," Annual Energy Outlook 2009: With Projections to 2030, 2009, http://www.eia.doe.gov/oiaf/aeo/pdf/0383.pdf。

的制度构建，在德国的立法进程中，联邦议院起着极其重要的作用。1974 年德国颁布了能源发展框架项目。1991 年的《电力输送法》、2000 年的《可再生能源法》和 2004 年的《可再生能源法》修正案，是德国最重要的可再生能源法律。其中 2004 年《可再生能源法》是核心法律。①

《电力输送法》制定于 1990 年 12 月 7 日，1991 年 1 月 1 日起施行，1994 年和 1998 年两次修订，1999 年年底失效。该法将固定电价制引入德国（该制度首创于美国），要求电网运营商不仅有义务接纳新能源和可再生能源电力并网，而且按固定电价收购新能源和可再生能源电力。固定电价制在德国施行后，实施效果十分显著。20 世纪 90 年代，德国可再生能源电力尤其是风电发展迅猛，一举超过美国，领先全球。2000 年德国颁布了《可再生能源优先法》，该法明确规定德国到 2020 年的可再生能源电力发展目标为在总电力供应中的比例不少于 30%。受欧盟 2009 年《可再生能源指令》推动，2008 年 8 月 7 日德国出台了《可再生能源供热法》。该法规定了可再生供热用能的发展目标，提出了使用可再生能源供热要求并出台了财政支持措施。另外，德国还在《引入生态税改革法》（1999）中免收生物质燃料的生态税，有力地促进了生物质燃料的发展。德国在《进一步发展生态税改革法》（2003）中，将生态税改革扩展至"生态财政"，规定了各种能源的生态税税率及对高耗能企业、公共交通企业和低收入家庭所采取的补偿措施。这些法律都推进了可再生能源在德国的发展。②

（二）德国可再生能源立法特点

德国可再生能源立法有以下独特之处：

第一，重视法律规范的科学性。强调法律背后的科学依据是德国可再生能源法的一个突出特点。这种科学性的特点在 2009 年《可再生能源法》修订案中得到了鲜明体现。在接入与输电配电、优惠措施、补偿机制几章内容中，这一特点表现得尤为突出。这种科学性增强了法律的可操作性，缓和了法律条文和现实之间的紧张关系，有利于法律的顺利实施。

第二，注重运用市场经济手段。德国可再生能源法的另一个突出特点就是其注重市场经济手段的运用。德国制定了《引入生态税改革法案》，将税收这一

---

① 蒋懿：《德国可再生能源法对我国立法的启示》，《时代法学》2009 年第 6 期，第 117~120 页。

② 慎先进、王海琴：《德国可再生能源法及其借鉴意义》，《经济研究导刊》2012 年第 35 期，第 154~155 页。

市场经济调节手段纳入可再生能源的投资开发中。在《可再生能源优先法》中，也强调运用经济手段来解决法律问题。可再生能源的开发往往成本高、投入大。市场手段的实质是将能源的外部成本纳入到能源价格构成中，通过国家财政投入和价格激励机制，平衡可再生能源和传统化石能源之间的价格差距。同时也为推广可再生能源技术服务，从而为可再生能源技术发电创造与传统化石能源平等的市场竞争空间。

第三，明确规定了法律主体的权利义务。在《可再生能源优先法》中，其行政主管部门、发电装置运营方、电网运营商等各方面的职责、权利、义务都有明确的规定，在可再生能源市场化过程中产生的成本由电网运营商、发电装置运营商等各方分担的比率也明确规定在法条中。

德国的可再生能源法施行之后，效果良好。据德国可再生能源协会的报告，2007 年德国可再生能源占能源消费总量的比重从前一年的 8% 上升到 9.1%。[①]

三、日本可再生能源立法

(一) 日本可再生能源立法概况

日本自 20 世纪 70 年代石油危机后，大力开发替代能源。走能源多元化之路，一直是日本能源战略的重点。1980 年，日本制定了《替代石油能源法》，该法设立了"新能源综合开发机构"，开始大规模推进石油替代能源的综合技术开发。1997 年日本制定了《促进新能源利用特别措施法》，大力发展风力、太阳能、地热、垃圾发电和燃料电池发电等新能源与可再生能源。此后，该法于1999 年、2001 年、2002 年先后进行了修改。为促进新能源的利用，日本制定了《关于推进采购环保产品法》，该法从 2001 年 4 月开始施行。该法规定国家机关必须依法带头采购太阳光发电系统和利用太阳能的热水器系统，采购低能耗、低公害汽车等。为完善电力事业者利用新能源的必要措施，增加新能源的利用，日本国会在 2002 年 6 月通过了《电力事业者新能源利用特别措施法》，以促进"新能源国家标准"的实施，该法于 2003 年 4 月生效。为配套该法的实施，日本政府还相继颁布了《电力事业者新能源利用特别措施法施行令》和

---

① 蒋懿：《德国可再生能源法对我国立法的启示》，《时代法学》2009 年第 6 期，第117~120 页。

《电力事业者新能源利用特别措施法施行规则》等法规。另外，日本于 2002 年制定了《独立行政法人新能源、产业技术综合开发机构法》，对"新能源综合开发机构"的设立目的、职责、业务等问题进行了专门规定。

（二）日本可再生能源立法特点

日本可再生能源立法有以下一些基本特点：

1. 可再生能源立法深受重视

日本一直重视发展可再生能源。2011 年 3 月福岛核事故发生后，多数核电国家开始重新审视核电安全问题，日本国内民众对核能的信心受到严重影响，对日本继续发展核电产生强烈的排斥心理。在此背景下，政府加强了新能源的开发力度。2011 年 5 月 10 日，菅直人首相宣布日本将中止核电计划，并指出核事故后要将重点转移至研究太阳能和风能等新能源的发展上，以使自然能成为日本电力的根本。2011 年 5 月 25 日，菅直人首相在经济合作与发展组织成立 50 周年庆典仪式上发表讲话，提出日本将力争到 21 世纪 20 年代将可再生能源在发电量中所占比例提高至 20%。日本政府大力发展可再生能源的序幕正式拉开。2011 年 8 月 26 日，日本参议院通过《可再生能源特别措施法》，该法案规定电力公司有义务购买个人和企业利用太阳能、风力和地热等方式生产的电力，以鼓励并普及可再生能源发电。[①]

2. 强调对新能源开发利用的管理

根据《促进新能源利用特别措施法》第 3 条的规定，经济产业省负责新能源的管理工作。该法第 4 条规定："能源使用者必须注意基本原则的规定，努力使用新能源。能源供给企业及制造企业必须注意基本原则的规定，努力促进新能源的利用。"在管理职责上，《促进新能源利用特别措施法》第 5 条规定，经济产业大臣应根据新能源利用的特性、新能源利用相关技术水平等相关事宜，注意保护环境，并在新能源种类和方法等相关事宜的推进利用上，为能源使用者制定方针并公布。

3. 颁布强制性措施，保障新能源开发利用目标的实现

日本新能源立法中对能源企业课以一些强制性义务，包括：①许可义务。根据《促进新能源利用的特别措施法》，在企业活动中欲使用新能源的，须制定

---

① 樊柳言、曲德林：《福岛核事故后的日本能源政策转变及影响》，《东北亚学刊》2012 年第 2 期，第 58~61 页。

与该新能源利用相关的计划，并向经济产业大臣提交，以获得对此利用计划的认定。如变更该利用计划，必须得到主管大臣的承认。如果该企业未按照该计划进行新能源利用，主管大臣可取消该认定。②政府的新能源利用义务。根据《关于推进采购环保产品法》，政府机关、公共机构有义务采购利用新能源的相关产品，如太阳光发电系统和利用太阳能的热水器系统，低能耗、低公害汽车等。③电力事业者的利用义务。除了对政府采购提出新能源利用义务外，日本新能源立法还在一定程度上规定了企业使用义务。根据《电力事业者新能源利用特别措施法》，电力事业者有利用特定限额新能源的义务。具体来说，电力事业者应当在每年按照经济产业省的规定，利用超过基准利用量的新能源电力，这些电力需来源于风能、太阳能、地热能、水能、生物质能等可再生能源。基准利用量以前一年度该电力事业者的电力供给量为基础进行测算。电力事业者有义务在下一年 6 月 1 日前，向经济产业省报告新能源的利用情况。如果所利用的新能源电力未达到基准利用量，并且没有正当理由时，经济产业大臣可以进行劝告。如果未达到经济产业省所规定的基准，经济产业大臣可以命令该电力事业者在一定期限内进行改正。不服从改正命令者，最高罚款可达 100 万日元。

4. 经济刺激措施

日本一贯注重通过经济手段实现政策目标，并将其在法律中予以确认。《促进新能源利用的特别措施法》及相关立法也制订了一系列推广新能源的奖励及补贴制度，在新能源开发利用方面提供补助金或融资。例如，对大规模引进风力发电、太阳光发电、太阳热利用及废弃物发电等，或宣导新能源的公共团体，补助 50% 以内的事业费及推广费。对于符合新能源法认可目标的新能源推广项目，则补助 1/3 以内的事业费。①

---

① 陈海嵩：《日本新能源开发政策及立法探析》，《淮海工学院学报（社会科学版）》2009年第 4 期，第 36~39 页。

第十四章 节约能源法律制度

节约能源是解决能源问题、保障能源安全的主要路径之一。我国经济的飞速发展很大程度上是一种粗放式、高能耗的发展，是以巨大的资源浪费和生态环境破坏为代价的。我国人均资源处于世界中下等水平，国际上的资源形势也不容乐观。节约能源是应对这一严峻形势的重要途径，节约能源法律制度则是节约能源、建设节约型社会的重要法制保障。

第一节 节约能源法概述

我国历来重视节能工作，早在 1980 年就确立了开发与节约并重的能源工作方针和政策。1997 年我国通过了《节约能源法》，并在 2008 年进行了修订。《节约能源法》的颁布实施标志着我国节能工作步入了法制化轨道，对我国节能工作的规范开展、能源利用效率的不断提高及社会经济的持续发展起到了很大的促进作用。

一、《节约能源法》的立法背景

从全球发展的角度来看，20 世纪 70 年代世界各国日益感受到能源危机的严重性。进入 21 世纪后，随着以工业经济为代表的世界经济发展的加速，人类社会对能源的消耗和需求日益加大，能否拥有充足的能源并安全节约地使用能源成为人类社会可持续发展的必备条件之一。为解决能源缺乏问题，发达国家就处理能源问题达成共识：节能并安全使用能源。美国、英国、日本等主要发达国家制定了各种节能政策，逐渐形成系统、相对稳定的节能法律制度，对节能问题进行全位、深层次的规制和调整。

对于我国来说，能源问题比世界其他国家更为严重和复杂。改革开放以来，我国经济飞速发展，这也带来了能源消费的快速增长，导致能源供求矛盾日益突出。原油进口大量增加，能源的对外依存度大幅攀升。这种情况在国内外经济发展中都是罕见的，不仅造成了能源供求高度紧张，能源安全缺乏保障，而且带来严重的环境污染。粗放式、高能耗的发展方式存在着巨大的资源浪费和生态环境破坏问题。这样发展下去，未来一个时期，我国的能源消费总量将可能远远超过预期目标，资源和环境都难以承受，能源安全也难以保障，社会经济可持续发展必然会受到严重威胁。我国是一个人口众多、资源能源不足、生态环境脆弱的发展中国家，同时国际上能源价格不断疯长，形势不容乐观。大力节约能源，实现节约型增长，是建设资源节约型社会的一项重要任务。[①]

面对这一严峻形势，我国十六大以后确立了以科学发展观为指导的可持续发展战略，提出了建设节约型社会的发展目标，在我国"十一五"规划中也提出建设节约型社会，建设节约型社会的关键是节约能源，因此，《节约能源法》成为建设节约型社会的重要法律。[②]

二、《节约能源法》的立法沿革

我国早在 1980 年就确定了"开发与节约并重"的能源发展方针，1986 年国务院发布了《节约能源管理暂行条例》，这些方针和法规的实施，对于促进节能工作的开展发挥了积极的作用。[③]然而，近十几年来我国社会经济的高速发展带来了国内对能源消耗与需求的急剧增加，能源供求矛盾日益凸显，能源安全问题日益紧迫。节约能源成为解决这些问题的重要路径之一，具有十分重要的意义。

在《节约能源管理暂行条例》基础上，1990 年我国开始了《节约能源法》的起草工作，1997 年通过了《节约能源法》。《节约能源法》对我国节能工作的规范开展、能源利用效率的不断提高及社会经济的持续发展起到了很大的促进作用。但是，处于转轨时期的中国，其社会经济情势的变迁十分迅速和巨大，

---

① 王兆国：《节约能源是全社会的共同责任——王兆国副委员长在全国人大常委会节约能源法执法检查组第一次全体会议上的讲话》，《中国人大》2006 年第 10 期，第 8~9 页。

② 张梓太：《我国〈节约能源法〉修订的新思维——在理念与制度层面的生成与展开》，《法学》2007 年第 2 期，第 116~121 页。

③ 陈和平：《贯彻实施节约能源法保障国民经济可持续发展——〈中华人民共和国节约能源法〉简介》，《资源节约和综合利用》1998 年第 1 期，第 5~9 页。

节能工作中的新情况、新问题和新要求不断出现，《节约能源法》在经过近 10 年的实施运行后于 2007 年 10 月 28 日对其进行了修订，并于 2008 年 4 月 1 日起施行。

（一）《节约能源法》的制定

《节约能源法》的立法过程，总的来讲可以分为两个过程，也就是草案形成过程和草案审议通过的过程。

草案形成的过程大体上分为三个阶段，第一阶段是国家计划委员会、国家经济贸易委员会草拟《节约能源法》阶段。《节约能源法》从 1982 年开始酝酿，1984 年当时的国家经委、计委提出了《节约能源法》大纲的设想方案，1986 年，国务院发布了《节约能源管理暂行条例》，这是我国第一部节约能源的行为法规。1989 年国家计委继续调查论证，在 1990 年提出了《节约能源法》的编写大纲，在大纲的基础上草拟了《节约能源法》的讨论稿。在以后的三年时间里，反复修改，修改了 11 稿，形成了《节约能源法》的草案送审稿，于 1993 年 7 月 14 日报送国务院。国务院法制局分别向各部门、各地区征求了意见并组织起草小组对"送审稿"进行了修改，提出了《节约能源法》修改稿，组织了协调会，并进行了调查。在此基础上，国务院法制局组织起草小组提出《节约能源法》第二次修改稿。第二个阶段是国务院法制局协调修改的阶段。国务院法制局受国务院的委托，对草案的送审稿，征求了各个方面的意见，并且会同国家计委、国家经贸委反复进行修改，于 1995 年年初，提交了国务院常务会议讨论。第三个阶段是国务院常务会议讨论通过。国务院召开第 31 次常务会议讨论通过了《节约能源法》草案的送审稿，形成《中华人民共和国节约能源法》的草案。1995 年 4 月 30 日，李鹏总理签署了《提请全国人大常委会审议节约能源法的议案》。①

制定《节约能源法》的第二个过程，是草案审议通过的过程。这个过程大体上分为四个阶段。第一个阶段是对草案进行初步审议。第二个阶段是有关专门委员会和法律委员会审议的阶段。第三个阶段是全国人大常委会审议草案修改稿。根据议事规则的规定，全国人大常委会审议通过法律，至少要经过两次常委会议。而《节约能源法》草稿经过了四次会议才予以通过。第四个阶段就是公布《节约能源法》。②

---

① 《〈节约能源法〉起草工作近况》，《资源节约和综合利用》1994 年第 2 期，第 14 页。

② 《〈节约能源法〉的立法过程和特点》，《电子节能》1998 年第 4 期，第 11~13 页。

（二）《节约能源法》的修订

1995 年颁布的《节约能源法》，计划经济色彩较浓，规定较为原则性，操作性不强，调整的范围不宽。国家发改委数据显示，2005 年中国一次能源生产总量为 20.6 亿吨标准煤，消费总量为 22.5 亿吨标准煤，分别占全球的 13.7%和 14.8%，是世界第二大能源生产和消费国。2006 年我国单位 GDP 能耗仅下降 1.2%，没有完成当年年初确定的 4%的目标，面对新的形势，1995 年的《节约能源法》已缺乏足够动力，亟待修订。

国际能源形势也十分严峻，气候变化问题日益受到国际社会关注，2005 年《京都议定书》出台，中国虽然没有被课以强制减排义务，但作为最大碳排放的发展中国家，其减排压力巨大，节能减排成为重要的国家政策导向。"经济要高速发展，能源消耗要降下来"，在这一大背景下，《节约能源法》开始了修订工作。第十届全国人大常委会第三十次会议表决通过了节约能源法修订草案，2008 年 4 月 1 日，修订后的《节约能源法》正式施行。①

节能法的修改主要包括扩大节能法的调整范围。经济社会的发展和城镇化进程的加快使得建筑、交通运输和公共机构等领域的能源消费增长很快，这些领域已经成为节能工作的薄弱环节。修订后的节能法对建筑节能、交通运输节能和公共机构节能做出了规定。新的节能法也增强了法律的可操作性，如明确节能监管主体等，②这些修订使节能法在法律调整范围和可操作性上有较大变化。

第二节　国外节能立法概况

从世界范围考察，严峻的能源危机和能源安全问题迫使各国思考应对措施，节能成为各国尤其是发达国家处理能源问题所达成的共识和采取的行动。在美国等主要发达国家制定了各种节能政策，并逐渐形成稳定、系统的节能法律制度，对节能问题进行全方位、深层次的规制和调整。

---

① 桂清：《国家发展改革委负责人谈：贯彻实施〈节约能源法〉》，《上海企业》2008 年第 7 期，第 18~19 页。

② 赵雷：《解读新〈节约能源法〉》，《投资北京》2008 年第 4 期，第 37~39 页。

一、美国节能立法

（一）美国节能立法概况

自 20 世纪 70 年代起，美国联邦政府和各州政府相继制定和推行节能法规。1975 年美国政府发布的《能源政策与节能法案》，核心是能源安全、节能及提高能效，法案中规定了家用电器主要产品效能的原则性指标和节能标志。1976 年《国家节能与政策法案》颁布，1979 年《紧急能源节约法》颁布，1987 年《国家电器节能法案》颁布，该法案对 13 类家用电器产品提出了明确的能效指标和有效期。1992 年美国国会又通过了《节能政策法案》（EPACT），1998 年公布了《国家能源综合战略》，要求提高能源系统效率。2005 年 8 月颁布施行了新的《能源政策法案》，对能效问题做了广泛地规定。[1]

（二）美国节能立法的特点

美国能效法的突显特点在于促进节能的原则是最大限度地发挥市场机制作用。具体来讲，有以下几个方面：

1. 促进政府机构节能

法案将促进能效设定为政府机构的法律义务并明确规定了具体要求。不管是联邦建筑、政府采购，以及公屋均纳入能效管理的框架。美国政府还制定了《政府节能采购指南》，要求在政府采购中优先考虑节能产品。在促进能源效率过程中，政府除了制定法规，监督法律法规执行，同时也积极参与到节能法规定的各项事物中。

2. 通过经济激励促进节能

有现金补贴、税收减免和低息贷款等，其中典型的经济激励机制就是税收优惠与资金支持。为了鼓励电力公司实施节能措施，美国政府规定，从 1993 年开始，电力公司向居民用户提供的用于安装节能设施的费用可免税。为了鼓励国民更多地使用公共交通设施，减少使用私人车辆，从总体上提高交通运输的能源效率，美国政府鼓励雇主为使用公共设施的雇员提供房屋维修资助，通过改善房屋隔热性能，减少热损失等措施提高能源使用效率。

3. 通过制定能源效率标准节能

美国颁布和实施的能源效率标准分为强制性和自愿性两类。强制性标准需

---

[1] 杜政清：《美国节能政策简介》，《外国经济与管理》1999 年第 3 期。

要经过国会讨论和批准，具有法律效力。标准在全国范围内实施，生产和销售达不到这些标准的产品将被追究法律责任。自愿性标准由企业界和公众认可。法案中确立了能源之星计划、能效标识制度。通过能效标准的设立来帮助、引导消费者购买高能效产品。

4. 通过技术开发、推广与应用节能

美国政府支持节能领域的基础科学研究和应用科学研究。在选择具体科研领域和项目时，美国政府强调对未来市场潜力巨大、近期效益尚不明显的基础科学进行研究，也注重对已经初步具备技术、经济可行性，需要实现市场化的项目科技进行开发。具体而言，一般先确定企业和市场在节能方面所面临的问题和未来发展趋势，然后再根据政府的能源战略和政策，考虑企业、社会的共同需要及企业、社会和政府能够提供支持的能力，选择科研方向和项目，决定各方的支持方式和比例。[1]

二、德国的节能立法

德国是世界上继美国、中国、俄罗斯和日本之后的第五大能源消费国。德国拥有较为丰富的煤炭资源，但石油、天然气资源相对贫乏，石油几乎100%依赖进口，天然气80%依赖进口。20世纪70年代石油危机发生后，德国努力进行结构调整、降低能耗，减轻对进口石油的依赖程度。节约能源是德国政府能源开发利用的一贯政策。

（一）德国节能立法概况

德国制定了较为完备的相关法律：1976年制定了《建筑物节能法》；1977年制定了《建筑物热保护条例》，提出了详细的建筑节能指标，该条例在1982、1995和2002年进行了三次修改；1978年制定了《供暖设备条例》，并在1982、1989、1994和1998年进行了修改；1981年制定了《供暖成本条例》，并在1984年和1989年进行了修改。2002年2月1日德国颁布了《节约能源条例》，取代了之前的《建筑物热保护条例》和《供暖设备条例》，2004年和2006年根据新的情况，该法进行了两次修改。[2]

---

① 李志英：《美国能源效率与节能法及对我国的启示》，《知识经济》2010年第17期，第31页。

② 杜群、陈海嵩：《德国能源立法和法律制度借鉴》，《国际观察》2009年第4期，第49~57页。

（二）德国节能立法的特点

1. 重视建筑节能

1976 年德国《建筑物节能法》颁布，以法律形式规定新建筑必须采取节能措施，新建房屋的采暖、通风及供水设备的安装和使用均应符合节能要求。在该法律的基础上，德国于 1977 年制定了《建筑物热保护条例》，更加详细地提出了对于新老建筑的节能措施要求，尤其对建筑墙壁和窗户的热传递系数规定了具体的指标。此外，德国还相继颁布了《供暖设备条例》和《供暖成本条例》等相关法规。以上法律法规都进行过多次修改，每次修改后节能指标都有所提高。

在对《节约能源条例》的解释中，德国政府指出，鉴于在建筑领域存在巨大的节能潜力，严格控制建筑物的能源消耗量便成为政府大气保护计划中的一个重要组成部分。其主要内容有：对建筑采暖和供水进行严格限制，鼓励利用可再生能源。如果能源消耗总量中可再生能源的比例超过 70%，则建筑物总能耗可以不受限制。同时，如果总能耗的 70% 来自热电联产的电厂，总能耗也不受限制。条例还对旧建筑的改造提出明确规定。例如，必须在 2005 年前更换老式的、效率明显低于当前技术水平的锅炉；屋顶和未加隔热层的供水管道等必须在 2005 年前加装隔热层等。条例不仅对建筑物墙壁的热传导率做出规定，还对整个建筑的热平衡提出要求，条例还规定了任何新建筑必须有能耗证明，包括建筑物能源利用方面的详细信息。[①]

2006 年《节约能源条例》进行了修改。新的条例充分考虑到各种实际因素，如不同地区及不同气候条件下的建筑特点，不同建筑对室内气候环境的不同需求，经济技术条件等，强调改善建筑整体能源利用效率和可实施性：①在建筑的建设、改造、销售、租赁各个方面，全面推行建筑能源证书制度，推动整个社会的建筑能耗降低。②对新建居住建筑，除了强调保温、隔热措施，节约生活热水能耗等外，还要求通过合理的整体设计，进一步有效节能。③对非居住建筑，如公共建筑、工业建筑等的空调、人工照明能耗提出了更准确的控制要求，建筑面积超过 1000 平方米的新建筑，必须全面、整体地进行建筑能耗评估，评估体系包括对可再生性能源、热电联产、热泵技术应用的可行性论证

---

① 孙颖、吕蓬、李祝华：《德国建筑节能法规及节能技术简述》，《中国能源》2003 年第 4 期，第 41 页。

等。评估须符合标准后才能建造。④对建筑中所使用的不同能源种类进行量化细分，准确控制一次性能源需求量，促进可再生能源的利用。⑤对不同类别建筑的最高允许原始能耗做出量化限制。⑥强调定期对建筑的采暖锅炉和空调系统能耗的检查，保证建筑的两种重要耗能设备系统运在低位。⑦为实现较高的可操作性，制定了新旧条例过渡时期的政策。①

2. 管理体制独特

德国节能的管理体制很独特。它是以国家控股的经营性实体作为主管部门，重要的国有银行也参与其中。德国节能工作的主管机构是德国能源事务公司。该机构在 2000 年秋成立，2001 年正式开始营业。该公司主要由德国联邦政府控股，其控股率达 50%，主要涉及联邦经济与技术部。其他股东包括德国复兴信贷银行，其控股率达 26%；安联欧盟股份有限公司，其控股率达 8%；还包括德意志银行股份公司和德国中央银行股份公司，两家公司的控股率皆为 8%。公司的工作领域为能源生产和能源利用两个方面，能源节约是该机构的主管工作之一。这样的体制，将节能的行政管理目标和节能利用、节能技术开发在利益联结和决策这个源头上紧密挂钩，有利于推进节能事业，发挥节能效益。

至 20 世纪 90 年代之后，世界许多国家的能源消耗都与经济增长呈正比发展，而如今德国的能源消耗减少了 15%。据统计，德国的节能环保产品和技术的出口已占世界份额的 18.7%，名列世界第一。②

三、日本节能立法概况

日本资源贫乏，但经济发达。日本政府一贯重视能源节约，积极提高能源效率，并通过了专门立法保障节能措施的执行。

(一) 日本节能立法概况

《节约能源法》（又称《合理用能法》）是日本在节能方面的专门立法。《节约能源法》于 1979 年 6 月 22 日制定，并分别于 1993、1997、1998、1999、2002、2005 和 2006 年进行了多次修订。2008 年 6 月 6 日，日本经济产业省发

---

① 卢求：《德国 2006 建筑节能规范及能源证书体系》，《建筑学报》2006 年第 11 期，第 26 页。

② 《德国全力打造节能社会》，《广西城镇建设》2005 年第 7 期，第 62 页。

布了该法的实施条例。除此之外，与节能相关的法律还有：1993 年制定的《合理用能及再生资源利用法》，该法于 2003 年修订；1993 年 3 月通过的《能源供需高级化法》和《节能、再生利用支援法》，前者以修改和强化 1979 年公布的《节约能源法》为中心，加入了《石油替代能源法》与《石油特别会计法》，考虑新的地球环境问题后，制定了各种活动的预算。后者规定对主动采取节能及资源再生循环利用的业主执行超级利率融资，给予债权保证及课税的优惠等支援制度。另外，为了落实 1997 年《京都议定书》中有关减少温室气体的承诺，日本制定了《关于推进地球温暖化对策的法律》，并于 1999 年 4 月起实施。该法律确定了防止地球温暖化的基本方针，要求国家和地方政府制定具体目标，要求企业根据新节能法进行能源高效管理，这一法律对节能工作也有重要的意义。[1]

通过上述节能立法，日本建立起了较为完备并具有特色的节能法律制度，择其要者，包括用能单位分类管理与"能源管理师"制度、"领跑者"制度、建筑物用能管理制度和能效标识制度。

（二）日本节能立法的主要特点

1. 强调用能单位的分类管理

《节约能源法》根据能源消耗的多少，对能源使用单位进行分类管理，促使企业不断提高能源使用效率。具体措施有：第一，根据上年度企业能耗大小，将超过一定能耗量的企业划分成两类进行管理。日本《节约能源法》指定年能源消耗折合原油 3000 升以上或耗电 1200 万千瓦时以上的单位为第一类能源管理单位，将年能源消耗折合原油 1500 升以上或耗电 600 万千瓦时以上的单位为第二类能源管理单位，上述单位必须每年减少 1% 的能源消耗。并且，要建立节能管理机制，任命节能管理负责人，定期报告能源的使用情况。第一类能源管理单位还必须向国家提交节能中长期计划。第二，每年对被管理的企业实施现场检查，并依据经济产业大臣制定的判断标准进行评分。第三，对评分不及格的第一类企业将采取通报、责令改正或罚款等措施，对评分不及格的第二类企业进行劝告，而对于节能达标的单位，政府在一定期限给予减免税的优惠。

---

① 蔡建军、任庚坡、王婷：《日本能源概况和推进节能减排工作的政策、举措和启示》，《上海节能》2013 年第 9 期。

2. 强调节能专门管理人员的培养

按照日本《节约能源法》的规定，在节能工作中必须推行能源管理师制度。能源管理师是专门的能源管理人员，具体分为能源管理师和能源管理员两类，其从业资格由国家统一认定。通过全国统一考试可以取得能源管理师的资格，考试每年一次，考试合格发给能源管理师执照。另外通过能源管理师进修也可以取得该资格，这要求具备 3 年实际工作经验。取得管理师资格后，通过能源管理员培训，并取得能源管理员培训结业证，可成为能源管理员。被选任后，每 3 年必须参加一次提高资质的培训。能源管理人员应维护消费能源的设备，提出改进和监视使用能源的方法，还可指挥和监督其他与节能有关的所有业务。业主必须尊重能源管理者的意见，工厂的员工必须遵循能源管理者的指示。

根据日本《节约能源法》，焦炭制造业、供电、供气、供热企业中的第一类能源管理单位，如果年能源消耗量在 3000~10 万升原油，需配备 1 名能源管理人员（具备能源管理师资格）；年能源消耗量在 10 万升原油以上的，需配备两名能源管理人员（具备能源管理师资格）。另外，第一类能源管理单位中除焦炭制造业、供电企业、供气企业、供热企业以外的单位（热能工厂），年能源消耗量在 3000~2 万升原油，需配备 1 名能源管理人员（具备能源管理师或能源管理员资格，以下同）；年能源消耗量在 2 万~5 万升原油，需配备两名能源管理人员；年能源消耗量在 5 万~10 万升原油，需配备 3 名能源管理人员；年能源消耗量在 10 万升原油以上的，需配备 4 名能源管理人员。日本《节约能源法》还规定：第一类能源管理单位中的电力工厂，年能源消耗量不满 2 亿千瓦时，需配备 1 名能源管理人员（具备能源管理师或能源管理员资格，以下同）；年能源消耗量在 2 亿~5 亿千瓦时，需配备两名能源管理人员；年能源消耗量在 5 亿千瓦时以上，需配备 3 名能源管理人员。而第二类能源管理单位，应选任 1 名能源管理人员（具备能源管理员资格即可）。该制度的实施，有效地监督和促进了重点用能企业的能源使用情况，起到了较好的效果。

3. 独创的"领跑者"制度

针对居民、商业及交通部门的用能不断增加的现状，日本于 1999 年 4 月修改《节约能源法》，加入了"领跑者"制度，这是日本独创的一项节能法律制度。所谓的领跑者，是指汽车、电器等产品生产领域能源消耗最低的行业标兵。该种商品均必须超过现有的同类产品，是其中节能性能最好的产品。因此，"领跑者"制度意味着节能标准的更新与提高。节能指导性标准按当时最先进的水平——领跑者制定，5 年后这个指导性标准就变成强制性标准，达不到标准的产品不允许在市场上销售，而新的指导性标准又同时出台。领跑者制度就是通过确立行业标杆，要求其他企业向其看齐，从而使汽车的油耗标准、电器产品等的节能标准得以逐渐提高。日本政府往往根据形势的变化，如技术进步、老百姓需求提高等的基础上扩大该制度的适用范围，例如，在 2006 年 4 月修订的《节约能源法》中，液晶、等离子电视机、DVD 录像机、保温电饭锅、微波炉、卡车、巴士等产品就被追加为"领跑者"对象。

"领跑者"标准，一开始并不是强制性的，但有一系列的规定来迫使企业去追赶"领跑者"，包括设定基准目标、不断改进的幅度要求、达标年度。在规定的时间内未达到该标准的制造商，政府可采取警告、公告、命令、罚款（100万日元以下）等措施，原产品也不许继续销售。同时，在出售时，每类产品均与领跑者的水平进行比较并贴放星级标签，以标示与领跑者的差距及使用一年所需的电费，检测结果由日本节能中心出具，标签由零售商加贴。"领跑者"制度很好地推进了日本企业及产品的技术更新，形成了以技术为导向的市场激励机制，激发了企业的创新动力。该制度实施以来，成效显著。如汽车行业，通过实施领跑者制度，2004 年度比 1995 年度能源消费效率提高了 22%，而日本各种电器都实现了超出当初预想的节能效率改善。[1]

另外，日本《节约能源法》还建立了节能评价制度、节能标识制度、建筑物用能管理制度。这些制度的实施，较好地提高了日本产品的能效水平，推动了节能工作的开展。

上述各国的节能法律制度虽各具特色，但大都注重以法律方式构建完善的节能管理制度，注重市场化机制的运用，强调节能技术的开发和推广。

第三节　节约能源法的主要制度

我国的《节约能源法》于 1997 年 11 月 1 日通过，内容涉及节能管理、能源的合理使用、促进节能技术进步、法律责任等内容。通过这部法律明确了我国发展节能事业的方针和重要原则，确立了合理用能评价、节能产品标识、节

---

[1] 陈海嵩：《日本的节能立法及制度体系》，《节能与环保》2010 年第 1 期，第 32~34 页。

能标准与能耗限额、淘汰落后高耗能产品、重点用能单位管理、节能监督与检查等一系列法律制度。经过 9 年多的施行，随着国内外能源形势的变化，《节约能源法》进行了修订，修订后的《节约能源法》于 2007 年 10 月通过，于 2008 年 4 月 1 日起施行。

一、《节约能源法》的主要制度

修订后的《节约能源法》为七章 87 条，分别为总则、节能管理、合理使用与节约能源、节能技术进步、激励措施、法律责任和附则。新的节能法规定了以下主要制度：

（一）节能规划计划制度

节能规划计划制度是指政府或用能单位在节能活动中，应当制定科学合理的规划和计划，并按所制定的规划和计划实施节能的制度。《节约能源法》第 5 条规定："国务院和县级以上地方各级人民政府应当将节能工作纳入国民经济和社会发展规划、年度计划，并组织编制和实施节能中长期专项规划、年度节能计划。"第 24 条规定："用能单位应当按照合理用能的原则，加强节能管理，制定并实施节能计划和节能技术措施，降低能源消耗。"节能规划计划制度对节能进行科学合理的规划和计划，有利于加强节能工作的指导、监督和考核，增强了节能工作的前瞻性和规范性。

（二）节能目标责任制和节能考核评价制度

《节约能源法》第 6 条规定："国家实行节能目标责任制和节能考核评价制度，将节能目标完成情况作为对地方人民政府及其负责人考核评价的内容。省、自治区、直辖市人民政府每年向国务院报告节能目标责任的履行情况。"第 25 条规定"用能单位应当建立节能目标责任制"。节能目标责任制和节能考核评价制度将节能工作纳入地方政府和企业目标责任制并实施考核评价，将节能目标明确化、具体化和定量化，有利于国家节能规划的落实，有利于国家提高能源利用效率。

（三）节能标准制度

《节约能源法》第 13 条规定："国务院标准化主管部门和国务院有关部门依法组织制定并适时修订有关节能的国家标准、行业标准，建立健全节能标准体系。国务院标准化主管部门会同国务院管理节能工作的部门和国务院有关部门制定强制性的用能产品、设备能源效率标准和生产过程中耗能高的产品的单位产品能耗限额标准。国家鼓励企业制定严于国家标准、行业标准的企业节能标准。省、自治区、直辖市制定严于强制性国家标准、行业标准的地方节能标准，由省、自治区、直辖市人民政府报经国务院批准；本法另有规定的除外。"节能标准制度提供节能的行为规范和准则，是政府对节约能源实施管理的重要措施，有利于能源方面的活动科学化、合理化、定量化、标准化和制度化。

（四）投资项目节能评估和审查制度

《节约能源法》第15条规定："国家实行固定资产投资项目节能评估和审查制度。不符合强制性节能标准的项目，依法负责项目审批或者核准的机关不得批准或者核准建设；建设单位不得开工建设；已经建成的，不得投入生产、使用。具体办法由国务院管理节能工作的部门会同国务院有关部门制定。"通过投资项目节能评估和审查制度，国家对固定资产投资项目，在开工建设前实施节能评估和审查，凡投资项目达不到国家规定的节能标准不予核准建设。实行固定资产投资项目节能评估和审查制度，是确保从源头上消除能源浪费，提高能源综合利用效率，优化能源结构，遏制高耗能产业过快增长，缓解我国能源供需矛盾的必要手段。

（五）用能产品、设备和工艺淘汰制度

用能产品、设备和工艺淘汰制度，是指国家对不符合节能标准的用能产品、设备和生产工艺强制其退出的制度。为促进企业加强技术改造，采用先进工艺、技术和设备，提高我国企业整体能源利用水平，《节约能源法》第16条规定："国家对落后的耗能过高的用能产品、设备和生产工艺实行淘汰制度。淘汰的用能产品、设备、生产工艺的目录和实施办法，由国务院管理节能工作的部门会同国务院有关部门制定并公布。"第17条规定："禁止生产、进口、销售国家明令淘汰或者不符合强制性能源效率标准的用能产品、设备；禁止使用国家明令淘汰的用能设备、生产工艺。"所谓落后的、耗能过高的用能产品、设备，是指已经投入使用、在使用过程中对能源的消耗已经超过国家的强制性能源效率标准，或者在经济和技术上均有替代品的情况下，继续使用该类产品和设备将导致严重浪费的用能产品和设备。对这一类产品，由国务院有关部门按照一定的程序公布目录和期限，由县级以上人民政府有关部门监督各生产者、销售者、进口者和使用者在规定的期限内停止生产、销售、进口和使用。这一方面把住了高耗能产品、设备和生产工艺的市场入口关，另一方面也加强了淘汰力度。

（六）节能产品标识制度

企业可以根据自愿原则，按照国家有关产品质量认证的规定，向国务院产品质量监督管理部门或者国务院产品质量监督管理部门授权部门认可的认证机构提出用能产品节能质量认证申请。经认证合格后，取得节能质量认证证书，在用能产品或者其包装上使用节能质量认证标志。任何生产用能产品的单位和个人，都不得使用伪造的节能质量认证标志或者冒用节能质量认证标志。

（七）节能技术进步制度

国务院管理节能工作的部门应当会同国务院有关部门规定通用的和分行业的具体的节能技术指标、要求和措施，并根据经济和节能技术的发展情况适时修订，提高能源利用效率，降低能源消耗，使我国能源利用状况逐步赶上国际先进水平。各行业应当制定行业节能技术政策，发展、推广节能新技术、新工艺、新设备和新材料，限制或者淘汰能耗高的老旧技术、工艺、设备和材料。国家大力发展下列通用节能技术：①推广热电联产、集中供热，提高热电机组的利用率，发展热能梯级利用技术，热、电、冷联产技术和热、电、煤气三联供技术，提高热能综合利用率。②逐步实现电动机、风机、泵类设备和系统的经济运行，发展电机调速节电和电力电子节电技术，开发、生产、推广质优、价廉的节能器材，提高电能利用效率。③发展和推广适合国内煤种的流化床燃烧、无烟燃烧和气化、液化等洁净煤技术，提高煤炭利用效率。④发展和推广其他在节能工作中证明技术成熟、效益显著的通用节能技术。

（八）节能监督与检查制度

国务院管理节能工作的部门主管全国的节能监督管理工作，国务院有关部门在各自的职责范围内负责节能监督管理工作。国务院管理节能工作的部门应当会同国务院有关部门对生产量大、面广的用能产品的行业加强监督，采取节能措施，努力提高产品的设计和制造技术，逐步降低本行业的单位产品能耗。县级以上地方人民政府管理节能工作的部门主管本行政区域内的节能工作。县级以上地方人民政府有关部门在各自的职责范围内负责节能监督管理工作。县级以上各级人民政府管理节能工作的部门应当组织有关部门对重点用能单位的能源使用情况进行监督检查，可以委托具有检验测试技术条件的单位依法进行节能的检验测试。

（九）法律责任制度

违反《节约能源法》，由县级以上人民政府节能管理部门处理或者提出意见，报请同级人民政府按照国务院规定的权限处理的，有3条：①使用国家明令淘汰的用能设备的，由县级以上人民政府管理节能工作的部门责令停止使用，没收国家明令淘汰的用能设备；情节严重的，县级以上人民政府管理节能工作的部门可以提出意见，报请同级人民政府按照国务院规定的权限责令停业或者关闭。②国家明令禁止新建的高耗能工业项目，由县级以上人民政府管理节能工作的部门提出意见，报请同级人民政府按照国务院规定的权限责令停止投入生产或者停止使用。③超过单位产品能耗限额用能，情节严重，经限期治理逾期不治理或者没有达到治理要求的，由县级以上人民政府管理节能工作的部门提出意见，报请同级人民政府按照国务院规定的权限责令停业整顿或者关闭。违反《节约能源法》，由县级以上人民政府产品质量监督等部门处理的有 4 条：①生产、销售国家明令淘汰的用能产品的，由县级以上人民政府管理产品质量监督工作的部门责令停止生产、销售国家明令淘汰的用能产品，没收违法生产、销售的国家明令淘汰的用能产品和违法所得，并处违法所得一倍以上五倍以下的罚款；由县级以上人民政府工商行政管理部门吊销营业执照。②将淘汰的用能设备转让他人使用的，由县级以上人民政府管理产品质量监督工作的部门没收违法所得，并处违法所得一倍以上五倍以下的罚款。③未在产品说明书和产品标识上注明能耗指标的，由县级以上人民政府管理产品质量监督工作的部门责令限期改正，可以处五万元以上的罚款。在产品说明书和产品标识上注明的能耗指标不符合产品的实际情况的，除依照前款规定处罚外，还应依照有关法律的规定承担民事责任。④使用伪造的节能质量认证标志或者冒用节能质量认证标志的，由县级以上人民政府管理产品质量监督工作的部门责令公开改正，没收违法所得，可以并处违法所得一倍以上五倍以下的罚款。

　　为保证国家工作人员公正执法、自觉守法，《节约能源法》还规定：国家工作人员在节能工作中滥用职权、玩忽职守、徇私舞弊，构成犯罪的，依法追究刑事责任；尚不构成犯罪的，依法给予行政处分。《节约能源法》的颁布实施，对于推进全社会节约能源，提高能源利用效率和经济效益，保护环境，保障国民经济和全社会可持续发展，满足人民生活需要，具有十分重要的意义。①

二、《节约能源法》的特点

　　《节约能源法》是我国第一部节约能源方面的法律。其特色主要有：

---

　　① 陈和平：《贯彻实施节约能源法保障国民经济可持续发展——〈中华人民共和国节约能源法〉简介》，《资源节约和综合利用》1998 年第 1 期，第 5~9 页。

1. 强调了节约能源的重要性

《节约能源法》第 4 条提出："节约资源是我国的基本国策。国家实行节约与开发并举、把节约放在首位的能源发展战略。"原《节约能源法》认为"节能是国家发展经济的一项长远战略方针"，较之于原节能法的定位，这一修改明确了节约能源资源的极其重要性和紧迫性，更加符合当前我国能源利用的国情。我国能源消费增长快、能耗高、能效较低，节能工作形势严峻，这一规定说明节能工作应该得到高度重视，以实现节约能源、提高能效、保护环境、促进可持续发展的目标。

2. 强调政府主导，完善和强化了政府在节能管理方面的职责

政府在节能方面有两方面的职责，一是节能管理的职责，二是政府机构自身的节能工作。法律规定，国务院和省、自治区、直辖市人民政府应当加强节能工作，合理调整产业结构、企业结构、产品结构和能源消费结构，推动企业降低单位产值能耗和单位产品能耗，淘汰落后的生产能力，改进能源的开发、加工、转换、输送、储存和供应，提高能源利用效率。同时，《节约能源法》第 6 条规定："国家实行节能目标责任制和节能考核评价制度，将节能目标完成情况作为对地方人民政府及其负责人考核评价的内容。"这一规定将节能工作纳入地方政府和企业目标责任制并实施考核评价，使节能目标明确化、具体化和定量化，并根据节能目标和任务，对节能管理机构、节能管理负责人和相关人员实施考核，强化了政府在节能管理方面的职责，这有利于国家节能规划的落实，是国家提高能源利用效率的重要手段。《节约能源法》还提出政府部门自身节能，专设"公共机构节能"一节，规定了对政府机构，包括其他使用公共资金的公共机构的节能问题。《节约能源法》规定："公共机构是指全部或者部分使用财政性资金的国家机关、事业单位和团体组织""公共机构应当厉行节约，杜绝浪费，带头使用节能产品、设备，提高能源利用效率"。根据法律规定，公共机构应当制定年度节能目标和实施方案，加强能源消费计量和监测管理。国务院和县级以上地方各级政府管理机关事务工作的机构会同同级有关部门按照管理权限，制定本级公共机构的能源消耗定额，财政部门根据该定额制定能源消耗支出标准。同时，节能法明确规定了公共机构在节能方面的义务。公共机构采购用能产品、设备，应当优先采购列入节能产品、设备政府采购名录中的产品、设备。禁止采购国家明令淘汰的用能产品、设备。节能法还规定，公共机构应当按照规定进行能源审计，并根据能源审计结果采取提高能源利用效率的措施。同时

还规定，国务院和省、自治区、直辖市人民政府应当加强节能工作，合理调整产业结构、企业结构、产品结构和能源消费结构，推动企业降低单位产值能耗和单位产品能耗，淘汰落后的生产能力，改进能源的开发、加工、转换、输送、储存和供应，提高能源利用效率。

3. 与发展可再生能源相结合

《节约能源法》在强调提高能源利用效率的同时，也鼓励推广可再生能源利用技术。新节能法规定，国家鼓励、支持在农村大力发展沼气，推广生物质能、太阳能和风能等可再生能源利用技术，按照科学规划、有序开发的原则发展小型水力发电，推广节能型的农村住宅和炉灶等，鼓励利用非耕地种植能源植物，大力发展薪炭林等能源林。国家鼓励、支持开发和利用新能源、可再生能源。石油企业在生产中积极选用节能设备。

4. 政策激励力度加大

新节能法设立的"激励措施"一章，明确了国家实行促进节能的财政、税收、价格、信贷和政府采购政策，如对列入推广目录的需要支持的节能技术和产品实行税收优惠，并通过财政补贴支持节能照明器具等节能产品的推广和使用；实行有利于节约能源资源的税收政策，健全能源矿产资源有偿使用制度，促进能源资源的节约及其开采利用水平的提高。

5. 增强了《节约能源法》的可操作性

与原节能法相比，修订后的《节约能源法》可操作性得到了增强。与原节能法相比，新的节能法进一步明确了节能执法主体，强化了节能法律责任，使之更具可操作性。如修改后的节能法规定，国家对落后的耗能过高的用能产品、设备和生产工艺实行淘汰制度。禁止使用国家明令淘汰的用能设备、生产工艺。淘汰的用能产品、设备、生产工艺的目录和实施办法，由国务院管理节能工作的部门会同国务院有关部门制定并公布。

《节约能源法》加强了对重点用能单位节能的监管。修改后的节能法专设"重点用能单位节能"一节，明确指出：年综合能源消费总量10000吨标准煤以上的用能单位；国务院有关部门或者省、自治区、直辖市人民政府管理节能工作的部门指定的年综合能源消费总量5000吨以上不满10000吨标准煤的用能单位均为重点用能单位。重点用能单位节能管理办法，由国务院管理节能工作的部门会同国务院有关部门制定。

《节约能源法》鼓励利用公共交通工具出行。修改后的节能法在"交通运输节能"一节中明确指出，县级以上地方各级人民政府应当优先发展公共交通，加大对公共交通的投入，完善公共交通服务体系，鼓励利用公共交通工具出行；鼓励使用非机动交通工具出行。国务院有关交通运输主管部门应当加强交通运输组织管理，引导道路、水路、航空运输企业提高运输组织化程度和集约化水平，提高能源利用效率。①

---

① 李天星：《新〈节约能源法〉解读》，《中国石油企业》2007 年第 11 期，第 19~26 页。

参考文献

[1] 陈新华. 能源改变命运 [M] . 北京：新华出版社，2008：62.

[2] 中国大百科全书出版社编辑部. 能源百科全书 [M] .北京：中国大百科全书出版社，1997.

[3] 王革华，欧训民等. 能源与可持续发展 [M] . 北京：化学工业出版社，2014.

[4] 《中华人民共和国节约能源法》征求意见稿 [EB/OL] . 国家发改委网站，2007-12-3.

[5] 《中华人民共和国可再生能源法》征求意见稿 [EB/OL] . 国家发改委网站.

[6] 张文显. 法哲学范畴研究（修订版） [M] . 北京：中国政法大学出版社，2001.

[7] 王树义，桑东莉. 客观地认识环境法的调整对象 [J] . 法学评论，2003（4）.

[8] 杨震. 法价值哲学导论 [M] . 北京：中国社会科学出版社，2004.

[9] 龚向前. 试论德国能源安全法律及启示 [J] . 德国研究，2006（4）.

[10] 谭柏平，黄振中. 论我国能源法的四项基本原则 [J] . 中外能源，2010，15（8）.

[11] 崔民选. 2007 中国能源发展报告 [M] . 北京：社会科学文献出版社，2007.

[12] 《中国的能源状况与政策》白皮书 [EB/OL] . 中国国务院新闻办公室，2007.

[13] 莫神星. 论在能源开发利用中坚持科技创新与技术进步原则 [J] . 上海节能，2012（3）.

[14] 世界环境与发展委员会. 我们共同的未来 [M] . 王之佳等，译. 长春：吉林人民出版社，1997.

[15] 冯威. 法律体系如何可能？——从公理学、价值秩序到原则模式 [J] .

苏州大学学报（法学版），2014（1）.

[16] 肖国兴.《能源法》与中国能源法律制度结构 [J].中州学刊，2010（6）.

[17] 朱蓉.论我国能源法律体系的构建 [D].北京：中国地质大学，2009.

[18] 李威.论国际能源法在国际法体系中的定位 [J].河南工程学院学报（社会科学版），2010，25（4）.

[19] 余敏友.国际能源法的演进 [N].人民法院报，2007-10-18（5）.

[20] 李扬勇.国际能源法刍议.http：//erelaw.tsinghua.edu.cn/news_view.asp?newsid=409.

[21] 耿丽君.能源的国际法律机制研究 [D].桂林：广西师范大学，2008.

[22] 马俊驹，龚向前.论能源法的变革 [J].中国法学，2007（3）.

[23] 黄振中，赵秋雁，谭柏平.中国能源法学 [M].北京：法律出版社，2009.

[24] 张勇.能源基本法研究 [M].北京：法律出版社，2011.

[25] 〔澳〕艾德里安，布拉德布鲁克等主编.能源法与可持续发展 [M].北京：法律出版社，2005.

[26] 赵仕玲.能源法立法研究 [D].北京：中国地质大学，2008.

[27] 陈海嵩，任世丹.德国能源立法及其对我国的启示 [J].政法学刊，2009（2）.

[28] 肖乾刚，肖国兴编.能源法 [M].北京：法律出版社，1996.

[29] 宁琛.我国能源法基本制度体系研究——以环境风险预防原则为视角 [D].北京：中国政法大学，2007.

[30] 〔美〕史蒂文·瓦戈.法律与社会 [M].梁冲等，译.北京：中国人民大学出版社，2011.

[31] 肖国兴.《能源法》制度设计的困惑与出路 [J].法学，2012（8）.

[32] 美国《能源政策法2005》第九篇第902节.

[33] 陈海嵩.日本能源法律制度及其对我国的启示 [J].金陵科技学院学报（社会科学版），2009，23（1）.

[34] 吴寄南.能源转型能否如愿？解读日本《2007能源白皮书》.中国石油石化，2007（13）.

[35] 何晓明.澳大利亚海上石油天然气开发监管模式及启示 [N].中国经济时报，2005，3.

[36] 杜群. 澳大利亚的能源法律制度及其借鉴 [J]. 时代法学，2009，7（3）.

[37] 林安薇. 能源安全观与能源法的理性建构. http://www.riel.whu.edu.cn/show.asp?ID=4418.

[38] 龚向前. 能源法的变革与低碳经济时代 [N]. 中国石油报，2006-6.

[39] 〔英〕房姆斯·米德. 效率、公平与产权 [M]. 施仁，译. 北京：北京经济学院出版社，1992.

[40] 肖国兴. 能源效率与法律制度的理性选择 [J]. 环境保护，2005（12）.

[41] 叶荣泗. 能源新时代的立法格局 [N]. 国家电网报，2006-10-5.

[42] 〔英〕约瑟夫·拉兹. 法律体系的概念 [M]. 吴玉章，译. 北京：中国法制出版社，2003.

[43] 胡孝红. 各国能源法新发展 [M]. 厦门：厦门大学出版社，2012.

[44] 清华大学环境资源与能源法研究中心课题组. 中国能源法（草案）专家建议稿与说明. 2008.

[45] 岳树梅. 国际能源合作法律问题研究 [D]. 重庆：西南政法大学，2007.

[46] 肖国兴. 论能源战略与规划的法律界定 [J]. 郑州大学学报（哲学社会科学版），2009（5）.

[47] 胡税根. 论新时期我国政府规制的改革 [J]. 政治学研究，2001（4）.

[48] 邓海峰，赵明. 能源立法模式与核心制度选择 [J]. 政法论丛，2011（4）.

[49] 陈柳钦. 驱动能源革命唯有创新 [N]. 中国能源报，2013-5-27.

[50] 邓海峰，郑明珠. 能源法的立法模式与制度选择 [J]. 公民与法，2010（10）.

[51] 崔金星. 气候变化背景下能源法变革与制度创新 [J]. 学习论坛，2011，27（4）.

[52] 刘亮. 国际能源法主体初论 [J]. 太原理工大学学报（社会科学版），2012，30（6）.

[53] 孙国华，朱景文. 法理学 [M]. 北京：中国人民大学出版社，1999.

[54] 杨泽伟. 国际能源法——国际法的新分支 [J]. 武大国际法评论，2009（2）.

[55] 王铁崖. 国际法 [M]. 北京：法律出版社，1995.

[56] 詹宁斯·瓦茨修订. 奥本海国际法：第一卷第一分册 [M]. 王铁崖，陈公绰，汤宗腕，译. 北京：中国大百科全书出版社，1995.

[57] 吕振勇. 能源法简论 [M]. 北京：中国电力出版社，2008.

[58] 张文显. 法理学（第三版）[M]. 北京：法律出版社，2007.

[59] 新华网. 《能源法》征求意见稿公布公开征集意见（全文）[EB/OL]. http://news.xinhuanet.com/legal/2007-12/04/content_7196543.htm.

[60] 何振红，小禾，能言. 社会责任：能源企业的新"能源" [N]. 经济日报，2006-2-25 （5）.

[61] 刘军华. 论国际损害责任 [J]. 南京财经大学学报，2005 （6）.

[62] 国家对市场经济的法律规制课题组. 国家对市场经济的法律规制 [M]. 北京：中国法制出版社，2005.

[63] 张剑虹. 美国、日本和中国能源法律体系比较研究 [J]. 中国矿业，2009，18 （11）.

[64] 宋红旭，张斌. 美国等西方国家的能源安全战略 [J]. 经济研究参考，2002 （3）.

[65] 于文轩. 美国能源安全立法及其对我国的借鉴意义 [J]. 中国政法大学学报，2011 （6）.

[66] 孙必干. 奥巴马新中东政策和我国能源安全 [J]. 亚非纵横，2009 （5）.

[67] 毛锐. 撒切尔政府私有化政策研究 [M]. 北京：中国社会科学出版社，2005.

[68] 孟凡伟. 撒切尔政府时期英国能源政策研究 [D]. 临汾：山西师范大学，2009.

[69] 柯婉志. 英国能源监管优化及其对中国的启示 [D]. 北京：华北电力大学，2011.

[70] 杨泽伟. 欧盟能源法律政策及其对我国的启示 [J]. 法学，2007 （2）.

[71] 许莉. 世界煤炭资源供需形势分析 [J]. 中国煤炭地质，2012 （6）.

[72] 我国煤炭工业"十二五"发展规划 [J]. 煤炭科技，2012 （2）.

[73] 吴晓煜. 《煤炭法》立法目的和主要法律制度 [J]. 煤炭经济研究，1996 （11）.

[74] 傅英. 中国矿业法制史 [M]. 北京：中国大地出版社，2001.

[75] 李显冬. 中国矿业立法研究 [M]. 北京：中国人民公安大学出版社，

2006.

[76] 江柄成. 论中国煤炭资源管理的立法完善 [J] . 中国矿业, 2011 （4） .

[77] 陈丽萍. 美国煤炭资源立法概览 [J] . 国土资源情报, 2007 （4） .

[78] 窦永山, 王万生. 英国的煤矿安全检查体系 [J] . 当代矿工, 2002 （4） .

[79] 潘伟尔. 我国能源管理体制探讨 [J] . 经济研究参考, 2002 （8） .

[80] 侯玉新. 我国煤炭资源法制研究——从执法视角论煤炭资源法治 [D] . 哈尔滨: 东北林业大学, 2005.

[81] 仇建农. 关于加强基层地矿部门行政执法工作的思考 [J] . 资源产业, 2001 （3） .

[82] 黄清. 我国煤炭资源地质勘探存在的问题及对策 [J] . 煤炭经济研究, 2005 （1） .

[83] 王昕然. 试论矿产资源法律体系之完善 [D] . 北京: 中国政法大学, 2006.

[84] 粟楠. 不可再生资源可持续利用制度的经济学分析 [D] . 长春: 吉林大学, 2007.

[85] 段治平, 周传爱, 姜爱萍. 我国煤炭成本核算存在的问题及对策建议 [J] . 价格理论与实践, 2007 （6） .

[86] 何刚, 张国枢. 国外煤矿安全生产管理经验对我国的启示 [J] . 中国煤炭, 2006 （7） .

[87] 何国家. 国外煤炭行业管理和政策对我国的启示 [J] . 中国煤炭, 2007 （1） .

[88] 秦建芝, 郝庆军. 我国煤炭资源合理开发利用的法律对策 [J] . 山西煤炭管理干部学院学报, 2005 （1） .

[89] 朱莲美, 刘成杰. 我国煤炭资源税税制改革探讨 [J] . 煤炭经济研究, 2005 （11） .

[90] 肖国兴. 煤炭资源开发利用中的国家行政权制度研究 （上） [J] . 煤炭经济研究, 1994 （1） .

[91] 戴文益. 矿难频发考验政府执政能力 [J] . 安全与健康, 2005 （2） .

[92] 白中科, 耿海清, 郭二民, 宋鹭. 关于煤炭开发生态补偿的若干意见 [J] . 环境保护, 2006 （5） .

[93] 张晶. 我国煤炭资源立法研究 [D] . 西安: 西安建筑科技大学, 2008.

[94] 肖太寿.煤炭管理体制创新研究 [D] .北京：中国社会科学院，2006.

[95] 唐敏.电力行业竞争法律机制研究 [M] .北京：法律出版社，2013.

[96] 沈志斌.新版电力法实例说 [M] .长沙：湖南人民出版社，2006.

[97] 从荣刚.可再生能源发电优化模型及其应用 [J] .电力建设，2012 （10） .

[98] 陶涛.浅析电力市场营销 [J] .中国电力教育，2005 （3） .

[99] 王重阳，赵海荣.我国地方电力立法初探 [J] .法治论坛，2013 （3） .

[100] 吕忠梅.体制改革后的电力立法模式选择 [J] .理论月刊，2003 （11） .

[101] 吴江.解析电力管制与竞争 [J] .中国电力企业管理，2008 （1） .

[102] 国家经贸委电力司.英国电力工业改革 [M] .北京：中国电力出版社，2001.

[103] 夏珑.论电力市场管理规则的重建 [J] .学术论坛，2012 （3） .

[104] 孙耀唯.俄罗斯电力改革的启示 [J] .中国电力企业管理，2008 （9） .

[105] 肖勇.电业权法律制度与我国电力体制改革的关系 [J] .上海电力学院学报，2004 （2） .

[106] 王长贵.新能源和可再生能源的分类 [J] .太阳能，2003 （1） .

[107] 杜祥琬等.我国可再生能源战略地位和发展路线图研究 [J] .中国工程科学，2009 （8） .

[108] 李艳芳.气候变化背景下的中国可再生能源法制 [J] .政治与法律，2010 （3） .

[109] 侯佳儒.美国可再生能源立法及其启示 [J] .郑州大学学报 （哲学社会科学版），2009 （6） .

[110] 桑东莉.美国可再生能源立法的发展新动向 [J] .郑州大学学报 （哲学社会科学版），2011 （1） .

[111] Gregory C.Jantz. Incentives for Electric Generation Infrastructure Development [J] .Tex as Journal of Oil Gas and Energy Law，2007 （2） .

[112] Girard P.Miller. Developers See Green and Neighbors See Red：A Survey of Incentives and Mandates for the Development of Alternative Energy and the Unfolding Challenges [J] . Tex as Journal of Oil Gas and Energy Law，2008 （3） .

[113] U. S. Department of Energy，Energy Information Administration. Annual Energy Outlook 2009：With Projections to 2030 [EB/OL] . http：//www.eia.doe.gov/

oiaf/aeo/pdf/0383，2009.

[114] 蒋懿. 德国可再生能源法对我国立法的启示 [J] . 时代法学，2009
（6）.

[115] 慎先进，王海琴. 德国可再生能源法及其借鉴意义 [J] . 经济研究导
刊，2012（35）.

[116] 樊柳言，曲德林. 福岛核事故后的日本能源政策转变及影响 [J] . 东北
亚学刊，2012（2）.

[117] 陈海嵩. 日本新能源开发政策及立法探析 [J] . 淮海工学院学报（社会
科学版），2009（4）.

[118] 王兆国. 节约能源是全社会的共同责任——王兆国副委员长在全国人
大常委会节约能源法执法检查组第一次全体会议上的讲话 [J] . 中国人大，2006
（10）.

[119] 张梓太. 我国《节约能源法》修订的新思维——在理念与制度层面的
生成与展开 [J] . 法学，2007（2）.

[120] 陈和平. 贯彻实施节约能源法保障国民经济可持续发展——《中华人民
共和国节约能源法》简介 [J] . 资源节约和综合利用，1998（1）.

[121] 《节约能源法》起草工作近况 [J] . 资源节约和综合利用，1994
（2）.

[122] 《节约能源法》的立法过程和特点 [J] . 电子节能，1998（4）.

[123] 桂清. 国家发展改革委负责人谈：贯彻实施《节约能源法》[J] . 上海
企业，2008（7）.

[124] 赵雷. 解读新《节约能源法》 [J] . 投资北京，2008（4）.

[125] 杜政清. 美国节能政策简介 [J] . 外国经济与管理，1999（3）.

[126] 李志英. 美国能源效率与节能法及对我国的启示 [J] . 知识经济，2010
（17）.

[127] 杜群，陈海嵩. 德国能源立法和法律制度借鉴 [J] . 国际观察，2009
（4）.

[128] 孙颖，吕蓬，李祝华. 德国建筑节能法规及节能技术简述 [J] . 中国能
源，2003（4）.

[129] 卢求. 德国2006建筑节能规范及能源证书体系 [J] . 建筑学报，2006
（11）.

[130] 蔡建军，任庚坡，王婷. 日本能源概况和推进节能减排工作的政策、

举措和启示 [J] . 上海节能，2013（9）．

　　[131] 陈海嵩. 日本的节能立法及制度体系 [J] . 节能与环保，2010（1）．

　　[132] 李天星. 新《节约能源法》解读 [J] . 中国石油企业，2007（11）．

后　记

　　根据《能源科学与管理论丛》的编写计划，我接受了《能源法学》一书的编写任务并主笔第一、二、三、四、五、六、七、十、十一章，中南林业科技大学陈熹副教授编写了第一、十三、十四章，英国 CMS Cameron Mckenna 律师事务所高级法律顾问彭亮编写了第八、九、十二章，青岛科技大学的硕士生石敏、陈媛、许多多、孙照参与了上编的编写任务，全书由石敏校对。

　　本书从编写提纲到完成初稿，都得到了青岛科技大学博士生导师雷仲敏教授的精心指导；中南大学博士生导师漆多俊教授、中国海洋大学博士生导师徐祥民教授对本书的编写也提出了宝贵的意见和建议；在撰写过程中，参考并引用了许多专家学者的观点和资料；在审稿和出版过程中，得到了《能源科学与管理论丛》编委会和山西经济出版社的大力支持。可以说，没有这些专家学者的支持，要完成本书是不可能的。在此，谨向为本书做出贡献的各位专家学者表示诚挚的谢意！

　　能源法学这门学科兼具经济法学、环境法学特点并以法理分析为基础，同时又广泛涉及经济学、管理学等学科门类，具有综合性、交叉性和系统性，在调整对象和调整方法上具有较强的自身特点。也正因为如此，使得法学界对能源法体系的把握具有一定的难度。尽管本人做出了很大努力，但由于时间较短，加上自身水平与条件限制，本书的不足和错漏之处在所难免，欢迎读者批评指正。

李响

2015 年 1 月

图书在版编目（CIP）数据

能源法学／李响，陈熹，彭亮编著．—太原：山西经济出版社，2016.1

（能源科学与管理论丛／雷仲敏主编）

ISBN 978-7-80767-942-4

Ⅰ．①能…　Ⅱ．①李…②陈…③彭…　Ⅲ．①能源法—研究—中国　Ⅳ．①D922.674

中国版本图书馆 CIP 数据核字（2015）第 206592 号

能源法学

编　　著：李　响　陈　熹　彭　亮
出 版 人：孙志勇
责任编辑：申卓敏
装帧设计：赵　娜

出 版 者：山西出版传媒集团·山西经济出版社
地　　址：太原市建设南路 21 号
邮　　编：030012
电　　话：0351-4922133（发行中心）
　　　　　0351-4922085（综合办）
E - mail：scb@ sxjjcb.com（市场部）
　　　　　zbs@ sxjjcb.com（总编室）
网　　址：www.sxjjcb.com

经 销 者：山西出版传媒集团·山西经济出版社
承 印 者：山西人民印刷有限责任公司

开　　本：787mm×1092mm　1/16
印　　张：18.25
字　　数：318 千字
印　　数：1—1000 册
版　　次：2016 年 1 月　第 1 版
印　　次：2016 年 1 月　第 1 次印刷
书　　号：ISBN 978-7-80767-942-4
定　　价：48.00 元